2020年第三季度

Quarter Three, 2020

中国货币政策执行报告

CHINA MONETARY POLICY REPORT

中国人民银行货币政策分析小组

Monetary Policy Analysis Group of the People's Bank of China

中国金融出版社

CHINA FINANCIAL PUBLISHING HOUSE

责任编辑：童祎薇
责任校对：潘　洁
责任印制：程　颖

图书在版编目（CIP）数据

2020年第三季度中国货币政策执行报告/中国人民银行货币政策分析小组编.
—北京：中国金融出版社，2021.3
ISBN 978-7-5220-1029-8

Ⅰ.①2…　Ⅱ.①中…　Ⅲ.①货币政策—工作报告—中国—2020　Ⅳ.①F822.0

中国版本图书馆CIP数据核字（2021）第026819号

2020年第三季度中国货币政策执行报告
2020 NIAN DI-SAN JIDU ZHONGGUO HUOBI ZHENGCE ZHIXING BAOGAO

出版
发行　中国金融出版社
社址　北京市丰台区益泽路2号
市场开发部　（010）66024766，63805472，63439533（传真）
网 上 书 店　www.cfph.cn
　　　　　　（010）66024766，63372837（传真）
读者服务部　（010）66070833，62568380
邮编　100071
经销　新华书店
印刷　北京侨友印刷有限公司
装订　保利达印务有限公司
尺寸　210毫米×285毫米
印张　12.25
字数　256千
版次　2021年3月第1版
印次　2021年3月第1次印刷
定价　108.00元
ISBN 978-7-5220-1029-8
如出现印装错误本社负责调换　联系电话（010）63263947

本书执笔人

总　　纂：刘国强　孙国峰

审　　稿：郭　凯　吕　政　霍颖励　邹　澜　孙天琦
阮健弘　朱　隽　张雪春　丁志杰

统　　稿：林振辉

执　　笔：

第一部分：刘　琼　罗嗣源　李玉辉　张　翔　付竞卉

第二部分：董忆伟　蔡春春　宋婧瑄　徐　伟　杨　超
高　婧　曾冬青　张淳奕　后新宇　王　琦
贺　洋

第三部分：毛奇正　秦碧莹　谢　霏

第四部分：李小平　杨　帆　申　琳　单敬雯　李润冬
赵亚琪　郭媛媛　苏乃芳

第五部分：程艳芬　胡　婧　徐　琨

提供材料：黄明皓　李　航　时昱旻　赵　北　洪　伟
鞠　可　张　骥　周　炜　邱　夏　刘　瑶

英文总纂：冯润祥

英文审稿：张　勤　陈苏燕　以及前述审稿人、执笔人
Nancy Hearst（美国哈佛大学费正清东亚研究中心）

英文翻译：陈　松　刘翔宇　何君玲　何亦周　刘孜群
张　勤　周　萍　郑朝亮　陈苏燕　章　曦
周璐珍　丁　韡　钟　文

Contributors to This Report

CHIEF EDITORS:
LIU Guoqiang SUN Guofeng
READERS:
GUO Kai LÜ Zheng HUO Yingli ZOU Lan SUN Tianqi RUAN Jianhong
ZHU Jun ZHANG Xuechun DING Zhijie
EDITORS:
LIN Zhenhui
AUTHORS:
PART ONE: LIU Qiong LUO Siyuan LI Yuhui ZHANG Xiang FU Jinghui
PART TWO: DONG Yiwei CAI Chunchun SONG Jingxuan XU Wei
YANG Chao GAO Jing ZENG Dongqing ZHANG Chunyi
HOU Xinyu WANG Qi HE Yang
PART THREE: MAO Qizheng Qin Biying XIE Fei
PART FOUR: LI Xiaoping YANG Fan SHEN Lin SHAN Jingwen
LI Rundong ZHAO Yaqi GUO Yuanyuan SU Naifang
PART FIVE: CHENG Yanfen HU Jing XU Kun
OTHER CONTRIBUTORS: HUANG Minghao LI Hang SHI Yumin
ZHAO Bei HONG Wei JU Ke ZHANG Ji
ZHOU Wei QIU Xia LIU Yao

ENGLISH EDITION
CHIEF EDITORS: FENG Runxiang
EDITORS: ZHANG Qin CHEN Suyan above-mentioned authors and readers
Nancy Hearst (Fairbank Center for East Asian Research, Harvard University)
TRANSLATORS: CHEN Song LIU Xiangyu HE Junling HE Yizhou
LIU Ziqun ZHANG Qin ZHOU Ping ZHENG Zhaoliang
CHEN Suyan ZHANG Xi ZHOU Luzhen DING Wei
ZHONG Wen

内容摘要

2020年以来，新冠肺炎疫情给我国经济社会发展带来严重冲击。在党中央坚强领导下，全国上下齐心协力，统筹疫情防控和经济社会发展工作取得重大战略成果。我国经济增长好于预期，供需关系逐步改善，市场活力动力增强。前三季度经济增长由负转正，第三季度国内生产总值（GDP）同比增长4.9%，前三季度居民消费价格指数（CPI）同比上涨3.3%，就业形势总体稳定，进出口贸易稳中向好。

中国人民银行坚持以习近平新时代中国特色社会主义思想为指导，坚决贯彻党中央、国务院的决策部署，响应及时有力，加大宏观政策应对力度，稳健的货币政策更加灵活适度、精准导向。坚持以总量政策适度、融资成本明显下降、支持实体经济三大确定性应对高度不确定的形势，根据疫情防控和经济社会发展的阶段性特征，灵活把握货币政策调控的力度、节奏和重点，为保市场主体稳就业营造了适宜的货币金融环境，为疫情防控、经济恢复增长提供了有力支持。2020年以来已推出涉及9万亿元货币资金的货币政策应对措施，前10个月金融部门向实体经济让利约1.25万亿元。

一是保持流动性合理充裕。合理把握中期借贷便利、公开市场操作等货币政策工具的力度和节奏，保持短、中、长期流动性供给和需求均衡，有效稳定市场预期，引导市场利率围绕政策利率平稳运行。二是持续深化贷款市场报价利率改革。按期完成存量浮动利率贷款的定价基准集中转换工作，贷款利率隐性下限被完全打破。三是完善结构性货币政策工具体系，突出分层次、有梯度的内在逻辑，增强直达性、精准性。四是以我为主，兼顾对外均衡。人民币汇率以市场供求为基础双向浮动，弹性增强，市场预期平稳，跨境资本流动有序，市场供求平衡。五是牢牢守住不发生系统性风险的底线，有效防控金融风险。

总体来看，稳健的货币政策体现了前瞻性、主动性、精准性和有效性，成效显著，传导效率进一步提升，金融支持实体经济力度稳固。2020年9月末，广义货币供应量（M2）同比增长10.9%，社会融资规模存量同比增长13.5%，增速均明显高于2019年。9月企业贷款加权平均利率为4.63%，较上年12月下降0.49个百分点。货币信贷结构持续优化，9月末普惠小微贷款同比增长29.6%，制造业中长期贷款同比增长30.5%。人民币汇率双向浮动，在合理均衡水平上保持基本稳定。9月末，中国外汇交易中心（CFETS）人民币汇率指数报94.40，较上年末升值3.29%。

我国已转向高质量发展阶段，继续发展具有多方面优势和条件。也要看到，国际环境日趋复杂，不稳定性不确定性明显增加，国内经济面临不少挑战，经济运行还存在一些结构性、体制性、周期性问题，发展不平衡不充分问题仍然突出。对此要深刻认识和辩证看待，增强机遇意识和风险意识，将改革和调控、短期和长期、内部均衡和外部均衡结合起来，集中精力办好自己的事，努力实现高质量发展。下一阶段，中国人民银行将坚持以习近平新时代中国特色社会主义思想为指导，坚决贯彻落实党中央、国务院决策部署，统筹常态化疫情防控和经济社会发展工作，全力做好“六稳”、“六保”和“十三五”规划收官工作，确保实现全面建成小康社会奋斗目标。同时，将力量更加集中到深入贯彻落实党的十九届五中全会精神上来，把握新发展阶段，贯彻新发展理念，构建新发展格局，完善宏观经济治理，搞好跨周期政策设计，促进经济总量平衡、结构优化、内外均衡。建设现代中央银行制度，完善货币供应调控机制，健全市场化利率形成和传导机制，构建金融有效支持实体经济的体制机制。

稳健的货币政策要更加灵活适度、精准导向，更好适应经济高质量发展需要，更加注重金融服务实体经济的质量和效益。完善货币供应调控机制，把好货币供应总闸门，根据宏观形势和市场需要，科学把握货币政策操作的力度、节奏和重点，保持流动性合理充裕，保持广义货币供应量和社会融资规模增速同反映潜在产出的名义国内生产总值增速基本匹配。健全市场化利率形成和传导机制，深化贷款市场报价利率改革，继续释放改革促进降低贷款利率的潜力，综合施策推动社会融资成本明显下降，发挥市场在人民币汇率形成中的决定性作用。增强结构性货币政策工具的精准滴灌作用，提高政策直达性。重视预期管理，保持物价水平稳定。处理好内外部均衡和长短期关系，尽可能长时间实施正常货币政策，保持宏观杠杆率基本稳定。打好防范化解重大金融风险攻坚战，健全金融风险预防、预警、处置、问责制度体系，维护金融安全，牢牢守住不发生系统性金融风险的底线。以创新驱动、高质量供给引领和创造新需求，加快形成以国内大循环为主体、国内国际双循环相互促进的新发展格局。

Executive Summary

Since the beginning of 2020, the COVID-19 pandemic has dealt a heavy blow to China's economic and social development. Under the strong leadership of the CPC Central Committee, the entire nation has made concerted efforts and achieved significant strategic results in coordinating pandemic containment and economic and social development. Economic growth has been better than expected, with the relationship between supply and demand gradually improving and market vitality being enhanced. In the first three quarters, economic growth turned from negative to positive, with the year-on-year gross domestic product (GDP) growth registering 4.9 percent in Q3. In the first three quarters, the consumer price index (CPI) rose 3.3 percent year on year, employment was generally stable, and import and export trade was stable with promising signs.

Upholding the guidance of Xi Jinping Thought on Socialism with Chinese Characteristics for a New Era, the People's Bank of China (PBC) resolutely implemented the decisions and arrangements of the CPC Central Committee and the State Council, and responded quickly and forcefully with intensified macro policies. The sound monetary policy was more flexible, appropriate and targeted. The PBC remained committed to the specific goals of maintaining an appropriate aggregate policy, notably lowering financing costs and supporting the real economy in addressing the great uncertainties, and flexibly managed the intensity, pace and focus of policy adjustments based on the characteristics of pandemic containment, and work and production resumption at different stages, hence cultivating a proper monetary and financial environment for achieving success in supporting market entities and securing employment, and providing strong support for pandemic containment and economic recovery. The monetary policies introduced by the PBC in response to the pandemic released RMB 9 trillion worth of funds in 2020, and the profits waived by the financial sector in support of the real economy approximated RMB 1.25 trillion in the first ten months of the year.

First, liquidity was kept adequate at a reasonable level. By effectively managing the intensity and pace of monetary policy tools, including the Medium-term Lending Facility (MLF) and open market operations (OMOs), the PBC managed to keep a supply-demand balance for short, medium and long-term liquidity, and thus stabilized market expectations and guided market rates to move smoothly around the policy rates. Second, the reform of the loan prime rate (LPR) was carried forward. The work of shifting the pricing benchmark for outstanding floating-rate loans collectively was completed on schedule, and the implicit floor of loan rates was removed. Third, the set of structural monetary policy tools was improved. The differentiated policy design was highlighted and its directness and accuracy in supporting the real economy were enhanced. Fourth, efforts were made to strike a balance between internal and external equilibria, with attention mainly focused on domestic conditions. The RMB exchange rate moved in both directions based on market supply and demand with more flexibility amid stable market expectations. Cross-border capital flowed in an orderly way as the market equilibrium was maintained. Fifth, work was done to safeguard the bottom line that no systemic risk should occur. Financial risks were effectively managed.

Overall, the sound monetary policy proved to be forward-looking, proactive, precise and effective. It produced remarkable results, with the transmission efficiency further enhanced and the financial sector extending solid support to the real economy. At end-September 2020, broad money (M2) and aggregate financing to the real economy (AFRE) grew 10.9 percent and 13.5 percent year on year respectively, significantly higher than the growth in 2019. The weighted average rate on corporate loans registered 4.63 percent in September, down 0.49 percentage points from December 2019. The structure of money and credit continued to improve. At end-September, the inclusive loans to micro and small businesses (MSBs) and the medium and long-term (MLT) loans to the manufacturing sector grew by 29.6 percent and 30.5 percent year on year, respectively. The RMB exchange rate moved in both directions and remained basically stable at an adaptive and equilibrium level. The China Foreign Exchange Trade System (CFETS) RMB Index registered 94.40 at end-September, 3.29 percent higher than that at end-2019.

Having entered the stage of high-quality development, China boasts advantages and favorable conditions in multiple respects for future development. However, it should also be noted that the international environment is becoming increasingly complicated, with a noticeable increase of instabilities and uncertainties, and the domestic economy is facing many challenges. There are still some structural, institutional and cyclical problems with China's economy, and the problem of unbalanced and inadequate development remains prominent. Therefore, it is necessary to have an in-depth knowledge and a dialectical view of the situation, and to strengthen the awareness of opportunities and risks. By taking into consideration the reform and adjustments, short-term and long-term development, as well as internal and external equilibria as a whole, the PBC will manage its own affairs well and strive to achieve high-quality development. In the next stage, the PBC will firmly uphold the guidance of Xi Jinping Thought on Socialism with Chinese Characteristics for a New Era and resolutely implement the decisions and arrangements of the CPC Central Committee and the State Council. Coordinating pandemic containment and economic and social development, the PBC will make all-out efforts to ensure stability on six fronts, namely employment, the financial sector, foreign trade, foreign investment, domestic investment and expectations, to maintain security in six areas, namely, employment, people's basic livelihood, operations of market entities, food and energy security, stable industrial and supply chains, and the normal functioning of primary-level governments, as well as to wrap up 13th Five-year Plan smoothly, in a bid to give utmost support to achieving the goal of building a moderately prosperous society in all respects. At the same time, the PBC will further focus its efforts on thoroughly implementing the guidelines of the Fifth Plenary Session of the 19th CPC Central Committee. In understanding the new development stage, applying the new development philosophy, and building the new development paradigm, the PBC will improve macroeconomic governance, conduct cross-cyclical policy designs, foster an aggregate balance, optimize the economic structure, and strike a balance between internal and external dynamics. The PBC will make efforts to build a modern central banking system by upgrading the mechanism of money supply management, improving the formation and transmission mechanism of market-oriented interest rates, and developing institutional mechanisms to provide effective financial support for the real economy.

The sound monetary policy will be more flexible, appropriate and targeted, and it will be better adapted to the needs of high-quality economic development and more focused on the quality and efficiency of the financial sector in serving the real economy. The mechanism of money supply management will be improved so as to ensure a proper control of the aggregates. Based on the macro situation and market needs, the PBC will scientifically manage the intensity, pace and focus of monetary policy operations to keep liquidity adequate at a reasonable level and the growth of M2 and AFRE basically in line with that of nominal GDP, which reflects the potential output. The PBC will improve the formation and transmission mechanism of market-oriented interest rates, deepen the LPR reform, and continue to unleash the potential of reform in lowering lending rates. It will adopt a mix of policies to significantly reduce the overall financing costs and enable the market to play a decisive role in the formation of the RMB exchange rate. The role of structural monetary policy tools in targeted liquidity provision will be enhanced so that policy measures will provide more direct support for the real economy. Importance will be attached to expectation management to keep prices stable. The PBC will balance domestic and external dynamics as well as short-term and long-term goals, maintain a normal monetary policy for as long as possible, and keep the macro leverage ratio basically stable. To ensure success in the tough battle of forestalling and defusing major financial risks, efforts will be made to reinforce the institutional system for financial risk prevention, early warnings, resolution and accountability, to safeguard financial security, and to firmly defend the bottom line that no systemic risk should occur. With innovation and high-quality supply guiding and creating new demands, the PBC will make its contribution to accelerating the establishment of a new development paradigm with domestic circulation as the mainstay and domestic and international circulation reinforcing each other.

目 录

图

① 数据来源：中国人民银行、国家统计局、商务部、海关总署、国家外汇管理局、世界银行、国际货币基金组织、世界贸易组织、联合国贸易和发展会议等。

① 数据来源：相关中央银行、国家统计机构、世界银行、国际货币基金组织等。

Contents

Tables

Figures

1. Sources: The People's Bank of China, National Bureau of Statistics, Ministry of Commerce, General Administration of Customs, State Administration of Foreign Exchange, the World Bank, International Monetary Fund, World Trade Organization, and United Nations Conference on Trade and Development, etc..

1. Source: Central banks, national statistical agencies in relevant countries, the World Bank, IMF, etc..

第一部分 货币信贷概况

2020年以来，中国人民银行坚决贯彻落实党中央、国务院决策部署，稳健的货币政策更加灵活适度、精准导向，货币信贷和社会融资规模合理增长，结构持续优化，金融服务实体经济的质量和效率明显提升，有力推动宏观经济稳定复苏，稳企业保就业工作取得积极成效。

一、银行体系流动性合理充裕

2020年第三季度以来，中国人民银行根据经济金融形势变化，合理把握中期借贷便利（MLF）、公开市场操作等货币政策工具的力度和节奏，及时满足金融机构合理的流动性需求，始终将银行体系流动性总量保持在合理充裕水平，保持短、中、长期流动性供给和需求均衡，调节银行体系流动性的能力进一步增强。同时，中国人民银行通过提前公告货币政策操作安排等方式加强预期管理，及时熨平市场短期扰动。进一步完善政策利率体系，引导货币市场利率围绕公开市场操作利率平稳运行，利率的波动性进一步下降。市场预期平稳使得金融机构对流动性的预防性需求减少。9月末金融机构超额准备金率为1.6%，比上年同期低0.2个百分点。

二、金融机构贷款合理增长，信贷结构优化，贷款利率下降

贷款保持合理增长，金融支持实体经济稳步复苏。中国人民银行实施稳健的货币政策，按照灵活适度、精准导向的要求，合理把握调控的力度、节奏和重点，持续释放贷款市场报价利率（LPR）改革降低融资成本的潜力，发挥结构性货币政策精准导向的作用，引导贷款进一步向小微、民营企业倾

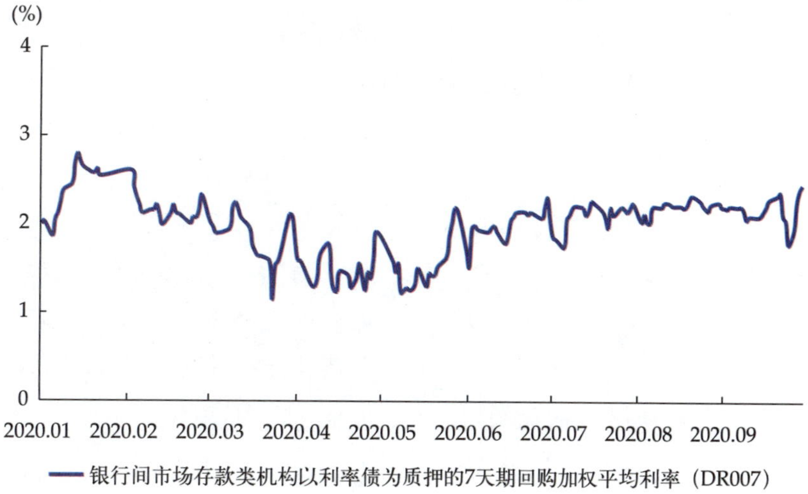

数据来源：中国货币网。

图1　货币市场利率走势

表 1　2020 年前三季度人民币贷款结构

单位：亿元

项目	9 月末余额	同比增速（%）	当年新增额	同比多增额
人民币各项贷款	1 693 665	13.0	162 554	26 286
住户贷款	614 431	14.7	61 241	4 464
企（事）业单位贷款	1 068 347	12.4	105 632	23 464
非银行业金融机构贷款	5 107	-35.5	-4 720	-1 879
境外贷款	5 780	10.3	401	238

注：企（事）业单位贷款是指非金融企业及机关团体贷款。
数据来源：中国人民银行。

表 2　2020 年前三季度分机构新增人民币贷款情况

单位：亿元

机构类别	新增额	同比多增
中资大型银行①	74 344	16 449
中资中小型银行②	88 053	10 770
小型农村金融机构③	22 833	4 585
外资金融机构	545	-196

注：①中资大型银行是指本外币资产总量大于等于2万亿元的银行（以2008年末各金融机构本外币资产总额为参考标准）。
②中资中小型银行是指本外币资产总量小于2万亿元的银行（以2008年末各金融机构本外币资产总额为参考标准）。
③小型农村金融机构包括农村商业银行、农村合作银行、农村信用社。
数据来源：中国人民银行。

斜。9月末，金融机构本外币贷款余额为175.5万亿元，同比增长12.8%，比年初增加16.9万亿元，同比多增3.1万亿元。人民币贷款余额为169.4万亿元，同比增长13.0%，比年初增加16.3万亿元，同比多增2.6万亿元。

信贷结构明显优化，制造业中长期贷款和小微企业贷款较快增长。9月末，企（事）业单位贷款比年初增加10.6万亿元，同比多增2.3万亿元；制造业中长期贷款增速为30.5%，增速连续11个月上升；普惠小微贷款余额14.6万亿元，同比增长29.6%，近7个月增速连创有统计以来新高；支持小微经营主体3 128万户，同比增长21.8%。前三季度，普惠小微贷款增加3万亿元，同比多增1.2万亿元。

贷款加权平均利率维持在较低水平，企业贷款利率继续下行。9月，1年期和5年期以上LPR分别为3.85%和4.65%，比上年12月分别低0.3个和0.15个百分点。9月，贷款加权平均利率为5.12%，比上年12月下降0.32个百分点，同比下降0.5个百分点。其中，一般贷款加权平均利率为5.31%，比上年12月下降0.43个百分点，同比下降0.65个百分点；企业贷款加权平均利率为4.63%，比上年12月下降0.49个百分点，明显超过同期LPR降幅，有利于降低企业融资成本。

9月，利率高于LPR的贷款在一般贷款

表 3 2020 年 9 月新发放贷款加权平均利率情况

项目	9 月（%）	比上年 12 月变化（个百分点）	同比变化
新发放贷款加权平均利率	5.12	−0.32	−0.50
一般贷款加权平均利率	5.31	−0.43	−0.65
其中：企业贷款加权平均利率	4.63	−0.49	−0.61
票据融资加权平均利率	3.23	−0.03	−0.10
个人住房贷款加权平均利率	5.36	−0.26	−0.19

数据来源：中国人民银行。

表 4 2020 年 1 ～ 9 月金融机构人民币贷款利率区间占比

单位：%

月份	LPR 减点	等于 LPR	LPR 加点					
			小计	（LPR, LPR+0.5%）	[LPR+0.5%, LPR+1.5%）	[LPR+1.5%, LPR+3%）	[LPR+3%, LPR+5%）	LPR+5% 及以上
1 月	20.63	1.75	77.62	19.95	24.70	16.83	8.95	7.17
2 月	31.41	2.12	66.47	17.72	21.02	12.29	6.91	8.53
3 月	24.42	2.75	72.83	19.39	22.81	14.35	8.87	7.42
4 月	20.72	3.72	75.56	17.40	25.35	14.91	9.88	8.01
5 月	22.36	5.24	72.41	14.76	25.31	14.10	9.88	8.36
6 月	24.00	5.97	70.03	14.95	25.63	13.21	8.84	7.40
7 月	21.69	5.86	72.45	13.63	26.19	14.17	9.48	8.97
8 月	24.48	6.29	69.23	13.26	23.77	13.62	9.41	9.15
9 月	24.89	7.41	67.70	13.31	23.74	14.09	8.78	7.79

数据来源：中国人民银行。

中的占比为67.70%，利率等于LPR的贷款占比为7.41%，利率低于LPR的贷款占比为24.89%，贷款利率加减点区间整体较6月有所下移。

受发达经济体货币政策持续宽松影响，外币存贷款利率有所下降。9月，活期、3个月以内大额美元存款加权平均利率分别为0.21%和0.72%，分别较6月上升0.01个和下降0.03个百分点；3个月以内、3（含）～6个月美元贷款加权平均利率分别为1.37%和1.24%，分别较6月下降0.20个和0.23个百分点。

存款增长加快。9月末，金融机构本外币各项存款余额为216.9万亿元，同比增长10.7%，比上年末高2.1个百分点。人民币各项存款余额为211.1万亿元，同比增长10.7%，比上年末高2个百分点。外币存款余额为8 487亿美元，比年初增加909亿美元，同比多增862亿美元。由于财政收入减少，疫情防控等支出增加，专项债资金拨付加快，财政性存款同比下降2.9%。

表 5　2020 年 1 ～ 9 月大额美元存款与美元贷款平均利率

单位：%

月份	大额存款						贷款				
	活期	3 个月以内	3（含）~6 个月	6（含）~12 个月	1 年	1 年以上	3 个月以内	3（含）~6 个月	6（含）~12 个月	1 年	1 年以上
1 月	0.31	1.94	2.46	2.61	2.61	2.62	2.88	2.78	2.58	2.52	3.71
2 月	0.28	1.97	2.47	2.48	2.52	2.47	2.76	2.76	2.43	2.58	3.49
3 月	0.21	1.43	1.84	1.72	1.77	1.68	2.19	1.92	1.80	1.57	2.85
4 月	0.21	1.06	1.90	2.02	2.08	1.88	2.15	2.26	1.97	1.82	2.43
5 月	0.21	0.95	1.32	1.38	1.61	1.74	1.71	1.73	1.59	1.62	2.27
6 月	0.20	0.75	1.32	1.30	1.41	1.45	1.57	1.47	1.41	1.46	2.42
7 月	0.21	0.70	1.07	1.16	1.39	1.46	1.53	1.43	1.32	1.32	2.17
8 月	0.23	0.73	0.96	1.24	1.36	1.43	1.46	1.40	1.28	1.30	1.95
9 月	0.21	0.72	0.92	1.16	1.18	1.39	1.37	1.24	1.35	1.29	2.46

数据来源：中国人民银行。

表 6　2020 年前三季度人民币存款结构

单位：亿元

项目	9 月末余额	同比增速（%）	当年新增额	同比多增额
人民币各项存款	2 110 774	10.7	181 511	49 337
住户存款	912 537	13.9	99 505	14 182
非金融企业存款	649 315	12.4	54 875	39 646
机关团体存款	311 944	1.5	14 775	-6 988
财政性存款	47 118	-2.9	6 278	-1 709
非银行业金融机构存款	177 228	10.0	4 765	3 537
境外存款	12 632	9.5	1 312	669

数据来源：中国人民银行。

三、货币供应量、社会融资规模增速合理增长

9月末，广义货币供应量（M2）余额为216.4万亿元，同比增长10.9%，比上年末高2.2个百分点。狭义货币供应量（M1）余额为60.2万亿元，同比增长8.1%，比上年末高3.7个百分点。流通中货币（M0）余额为8.2万亿元，同比增长11.1%，比上年末高5.7个百分点。前三季度现金净投放5 181亿元，同比多投放4 260亿元。

据初步统计，9月末社会融资规模存量为280.07万亿元，同比增长13.5%，增速比上年末高2.8个百分点。2020年前三季度社会融资规模增量累计为29.62万亿元，比上年同期多9.01万亿元。前三季度社会融资规模增量主要有以下特点：一是人民币贷款同比多增较多。二是委托贷款降幅收窄，未贴现银行承兑汇票同比多增。三是企业债券和股票融资同比增加较多。四是政府债券融资同比明显多增。五是存款类金融机构资产支持证券融资同比多减，贷款核销同比多增。

表 7　2020 年前三季度社会融资规模

项目	2020 年 9 月末		2020 年前三季度	
	存量（万亿元）	同比增速（%）	增量（亿元）	同比增减（亿元）
社会融资规模	280.07	13.5	296 200	90 095
其中：人民币贷款	168.26	13.2	166 881	27 919
外币贷款（折合人民币）	2.35	7.7	3 052	3 863
委托贷款	11.13	-5.1	-3 190	3 264
信托贷款	7.03	-8.5	-4 137	-3 059
未贴现银行承兑汇票	3.90	18.7	5 676	10 900
企业债券	27.39	20.6	40 966	16 537
政府债券	44.46	20.2	67 313	27 434
非金融企业境内股票融资	7.97	10.0	6 099	3 756
其他融资	7.36	21.6	7 036	-1 037
其中：存款类金融机构资产支持证券	1.63	11.3	-532	-2 385
贷款核销	4.83	32.0	7 644	1 166

注：①社会融资规模存量是指一定时期末实体经济从金融体系获得的资金余额。社会融资规模增量是指一定时期内实体经济从金融体系获得的资金额。

②从2019年12月起，人民银行进一步完善社会融资规模统计，将“国债”和“地方政府一般债券”纳入社会融资规模统计，与原有“地方政府专项债券”合并为“政府债券”指标，指标数值为托管机构的托管面值；从2019年9月起，人民银行完善“社会融资规模”中的“企业债券”统计，将“交易所企业资产支持证券”纳入“企业债券”指标；从2018年9月起，人民银行将“地方政府专项债券”纳入社会融资规模统计；从2018年7月起，人民银行完善社会融资规模统计方法，将“存款类金融机构资产支持证券”和“贷款核销”纳入社会融资规模统计，在“其他融资”项下单独列示。

③表中同比数据按可比口径计算。

数据来源：中国人民银行、中国银行保险监督管理委员会、中国证券监督管理委员会、中央国债登记结算有限责任公司、银行间市场交易商协会等部门。

专栏1　正确理解中央银行资产负债表与货币供应的关系

传统观点认为，广义货币M2的变动是基础货币变动通过货币乘数放大而引起的。由于基础货币主要由现金、法定存款准备金和超额存款准备金构成，是中央银行负债的主体和货币政策实施结果的反映，数值上接近央行资产负债表规模，因此央行资产负债表规模变动容易被视同为货币政策取向发生变化。但事实上，广义货币M2增长与央行资产负债表规模、基础货币之间并无固定关联。

广义货币创造的直接主体是银行而非央行，现实中的广义货币M2由银行通过贷款等信用扩张创造而来，是由银行自主实现的，并不需要用到基础货币。中央银行通过调节基础货币为银行货币创造提供支持和约束，银行贷款创造存款货币时，要根据央行的要求将数量上等同于新增存款货币一定比例的超额存款准备金转存为法定存款准备金，但中央银行并不是货币创造的主体。

应当看到，超额存款准备金是可以支持银行货币创造的银行体系流动性，而法

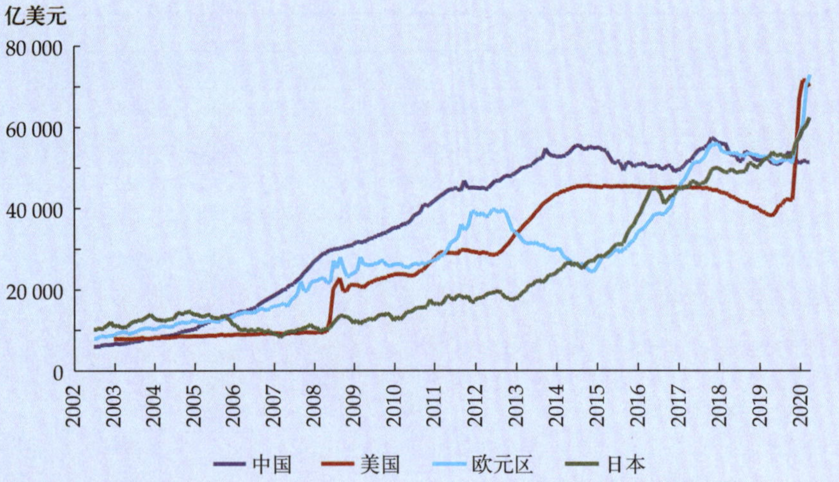

资料来源：Wind。

图2 中国、美国、欧元区、日本央行资产负债表规模

定存款准备金是被“冻结”的银行体系流动性，不能支持银行货币创造。央行资产负债表和基础货币中包含了上述两项的加总，简单用于分析货币政策取向的意义不大。比如，2008年国际金融危机前美联储资产负债表规模保持基本不变，但主要通过政策利率调节使货币政策松紧发生了变化。再如，从2000年初至2013年末，我国中央银行资产负债表累计扩张了8倍，但其间我国货币政策也经历过不同取向。

拉长时间轴看，我国央行扩表幅度与主要发达经济体央行扩表幅度大体相当。从2000年初至2020年9月末，我国央行资产负债表扩张了9.6倍，与同期美联储（9.5倍）、欧央行（7.1倍）和日本央行（5.2倍）的扩表幅度大体相当（见图2）。我国央行扩表始于21世纪初，属于外汇占款增长引起的被动扩表模式，对应基础货币增长主要来自被“冻结”的法定存款准备金，降准会将部分法定存款准备金“解冻”转为超额存款准备金，这可以增加银行体系流动性、支持货币创造，但央行资产负债表规模和基础货币保持不变，甚至因银行把释放的存款准备金归还对央行的借款，短期内还可能有所减少。相较而言，主要发达经济体央行大幅扩表多始于2008年国际金融危机后，是其在正常货币政策空间耗尽的情况下，进一步通过量化宽松政策投放流动性以刺激经济所引起的，央行扩表与超额存款准备金增加基本对应，与我国存在本质差异。

近年来，我国央行摆脱了外汇占款增长导致的被动扩表模式，货币政策自主性明显增强，银行作为货币创造中枢的作用充分发挥。2020年以来，中国人民银行主要运用降准和再贷款工具对冲新冠肺炎疫情影响，但反映在央行资产负债表上，缩表的降准和扩表的再贷款两者相互抵消，央行资产负债表规模保持基本稳定，同时广义货币M2和社会融资规模增速明显高于

2019年，对比主要发达经济体央行资产负债表规模大幅上升，突出反映了我国保持了正常货币政策且传导顺畅。

需要强调的是，货币乘数是广义货币M2和基础货币之间的恒等式比例。广义货币M2的创造取决于银行行为，而银行贷款创造存款后所产生的缴纳法定准备金的需求，央行既可以通过缩表的降准对冲，也可以通过扩表的再贷款工具提供。这意味着货币乘数其实是一种事后的恒等式结果，并不存在分子和分母之间的直接逻辑关联。传统货币乘数观点反映了对货币创造的机械式观察，未充分认识到商业银行才是货币创造的主体，已不适用于对货币的现实分析。

总体而言，央行资产负债表规模、货币乘数与广义货币M2增长之间并无必然的逻辑关联，且我国作为全球为数不多的仍坚持货币政策正常化的大型经济体，不需要以央行大规模扩表的方式投放流动性，不宜简单根据央行资产负债表扩张幅度、货币乘数来衡量货币政策效果。观察货币政策的松紧，关键还是看作为货币政策中介目标的货币供应量和社会融资规模。只要保持了货币信贷合理增长，就说明银行货币创造的市场化功能正常发挥，中央银行提供的基础货币是适度的。下一步，中国人民银行将继续按照党中央、国务院部署，稳健的货币政策更加灵活适度、精准导向，搞好跨周期政策设计，完善货币供应调控机制，发挥基础货币投放对推动经济高质量发展的积极作用。

四、人民币汇率略有升值，跨境人民币业务保持增长

2020年以来，跨境资本流动和外汇供求基本平衡，市场预期总体平稳。人民币汇率以市场供求为基础，有贬有升，双向浮动，在合理均衡水平上保持基本稳定。前三季度，人民币对一篮子货币汇率有所升值。9月末，中国外汇交易中心（CFETS）人民币汇率指数报94.40，较上年末升值3.29%；参考特别提款权（SDR）货币篮子的人民币汇率指数报92.45，较上年末升值0.70%。根据国际清算银行的计算，截至9月末，人民币名义和实际有效汇率较上年末分别升值2.67%和升值2.19%；2005年人民币汇率形成机制改革以来至2020年9月末，人民币名义和实际有效汇率分别升值35.85%和升值49.66%。

前三季度，人民币对美元汇率弹性增强，小幅升值。9月末，人民币对美元汇率中间价为6.8101元，较上年末升值2.44%，2005年人民币汇率形成机制改革以来累计升值21.53%。前三季度，人民币对美元汇率年化波动率为4.25%。2020年10月27日，中国外汇市场自律机制秘书处称，部分人民币对美元中间价报价行基于自身对经济基本面和市场情况的判断，陆续主动将人民币对美元中间价报价模型中的“逆周期因子”淡出使用。调整后的报价模型有利于提升报价行中间价报价的透明度、基准性和有效性，也是外汇市场自律机制中市场主体发挥作用的体现。

跨境人民币业务保持增长，收支基本平衡。2020年前三季度，跨境人民币收付金额合计20.8万亿元，同比增长44%，其中实收

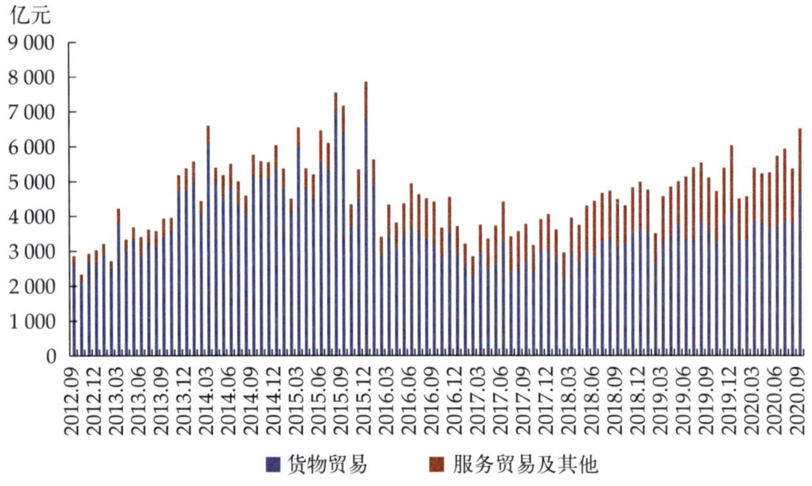

数据来源：中国人民银行。

图3 经常项目人民币收付金额按月情况

10.3万亿元，实付10.5万亿元。经常项目下跨境人民币收付金额合计4.9万亿元，同比增长11%，其中，货物贸易收付金额为3.4万亿元，服务贸易及其他经常项目下收付金额为1.5万亿元；资本项目下人民币收付金额合计15.9万亿元，同比增长58%。

第二部分 货币政策操作

2020年以来，面对新冠肺炎疫情的严峻挑战，人民银行以习近平新时代中国特色社会主义思想为指导，坚决贯彻落实党中央、国务院决策部署，响应及时有力，稳健的货币政策更加灵活适度、精准导向。灵活把握调控的力度、节奏和重点，坚持以总量政策适度、融资成本明显下降、支持实体经济三大确定性方向应对高度不确定的形势，全力做好“六稳”“六保”工作，为保市场主体稳就业营造了适宜的货币金融环境，为疫情防控、经济恢复增长提供了有力支持。

一、灵活开展公开市场操作

保持银行体系流动性合理充裕。2020年第三季度以来，中国人民银行综合考虑银行体系流动性形势、金融机构流动性需求情况和政府债券密集发行等因素，灵活开展公开市场操作，加强与中长期货币政策工具的协调配合，始终保持银行体系流动性总量合理充裕，既不松，也不紧，短、中、长期流动性供给均保持在与市场需求相匹配的合理均衡水平。同时，通过在《公开市场业务交易公告》中提前披露当月MLF操作规划等多种方式进一步加强市场沟通，提高货币政策透明度，有效稳定市场预期。

引导货币市场利率围绕公开市场操作利率平稳运行。第三季度以来，我国公开市场7天期逆回购中标利率始终保持在2.20%不变，未受发达经济体持续实施宽松货币政策的影响，稳定释放政策利率信号，展现稳健货币

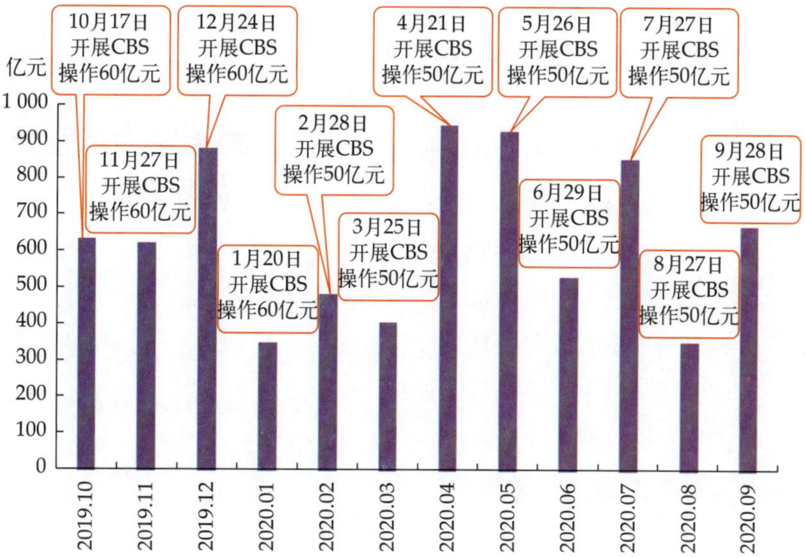

数据来源：中国人民银行。

图4 银行永续债现券交易成交金额

政策姿态。同时，合理搭配7天、14天等公开市场操作品种，及时对冲税期高峰、政府债券密集发行、季节性因素等带来的流动性短期波动，引导货币市场利率围绕公开市场操作利率在合理区间内平稳运行，利率波动性进一步下降，公开市场操作利率作为市场短期利率中枢的作用持续增强。2020年第三季度，银行间市场存款类机构7天期回购加权平均利率（DR007）均值为2.15%，比2019年第三季度降低44个基点；9月末DR007为2.45%，比2019年9月末降低40个基点。

连续开展央行票据互换（CBS）操作。第三季度，中国人民银行开展了3次共计150亿元的CBS操作，期限均为3个月，费率均为0.10%。2020年以来，人民银行以每月一次的频率稳定开展CBS操作，累计操作量为460亿元，对于提升银行永续债的二级市场流动性，支持银行特别是中小银行发行永续债补充资本发挥了积极作用。

常态化在香港发行央行票据。第三季度，中国人民银行在香港成功发行3期共400亿元人民币央行票据。其中，3个月期200亿元、6个月期和1年期各100亿元。2020年前三个季度，中国人民银行总共在香港发行9期、1200亿元人民币央行票据。香港人民币央行票据常态化发行不仅丰富了香港市场人民币投资产品系列和流动性管理工具，而且带动了境内外金融机构、企业等发债主体在离岸市场发行人民币债券，对促进离岸人民币市场持续健康发展发挥了积极作用。据统计，2020年1~9月，除中国人民银行以外的各类发债主体总共发行离岸人民币债券超过990亿元，比上年同期增长25%。如果没有疫情影响，市场发债意愿可能更强。而且，随着发行量持续增长，离岸人民币债券的发行方式和发行地点也日益多样化，市场活跃度明显提升。

二、开展中期借贷便利和常备借贷便利操作

适时开展中期借贷便利操作。保证中长期流动性合理供给，发挥中期政策利率信号作用和利率引导功能。1~9月，累计开展中期借贷便利操作27 000亿元，期限均为1年，其中第三季度开展操作共17 000亿元，净投放中长期流动性5 500亿元。9月末，中期借贷便利余额为41 000亿元，比年初增加4 100亿元。最新一期1年期操作中标利率为2.95%，与6月末持平。

及时开展常备借贷便利操作。对地方法人金融机构按需足额提供短期流动性支持，发挥常备借贷便利利率作为利率走廊上限的作用，促进货币市场平稳运行。1~9月，累计开展常备借贷便利操作共1 574亿元，其中第三季度开展操作共60亿元。9月末，常备借贷便利余额为25亿元，隔夜、7天、1个月常备借贷便利利率分别为3.05%、3.2%和3.55%，与6月末持平。

三、加大对冲新冠肺炎疫情影响的货币信贷支持力度

统筹常态化疫情防控和经济社会发展工作，货币政策根据不同阶段的特点把握好调控的力度、节奏和重点，提高政策直达性，强化对稳企业保就业的金融支持，扎实做好“六稳”工作，全面落实“六保”任务。

一是保持流动性合理充裕。通过下调法定准备金率、中期借贷便利操作和公开市场操作，保持流动性合理充裕，维护市场利率平稳运行，为特别国债和地方政府专项债发

行营造了适宜的流动性环境。在金融市场春节开市后提供了1.7万亿元的短期流动性，有效稳定了市场预期，1~9月三次降低存款准备金率，释放了1.75万亿元长期资金。

二是分层次、有梯度地出台并落实好1.8万亿元再贷款、再贴现政策。在疫情暴发初期，人民银行于1月31日设立了第一批3 000亿元专项再贷款，支持银行向医疗和生活物资重点企业提供优惠利率贷款，财政给予50%贴息后，企业实际融资成本降至1.6%以下，有力支持了医疗和生活物资保供任务；在疫情蔓延势头得到初步控制、进入有序复工复产阶段，人民银行于2月26日增加第二批5 000亿元再贷款、再贴现额度，商业银行以不超过1年期LPR+50个基点的利率发放贷款，有力支持复工复产；在疫情防控取得重大阶段性成果、生产生活秩序加快恢复阶段，人民银行于4月20日增加第三批1万亿元普惠性再贷款、再贴现额度，支持银行加大对涉农、小微和民营企业的信贷投放力度，平均融资成本控制在5.5%以内，全力以赴保市场主体。3 000亿元专项再贷款和5 000亿元再贷款、再贴现政策已于6月末顺利收官，1万亿元再贷款、再贴现政策截至9月末已落实超过80%，对支持疫情防控、复工复产和保市场主体发挥了积极作用。

三是突出直达性、精准性特点，积极推进两个直达实体经济的货币政策工具，稳企业保就业并支持中小企业发展。2020年6月1日，人民银行创设两个直达实体经济的货币政策工具。普惠小微企业贷款延期支持工具按月操作，累计向地方法人银行提供激励资金47亿元，支持其6~9月对普惠小微企业贷款延期本金共计4 695亿元，加权平均延期期限为12.6个月，减轻了小微企业阶段性还本付息压力；普惠小微企业信用贷款支持计划按季操作，累计向地方法人银行提供优惠资金932亿元，支持其在3~9月发放小微企业信用贷款共计2 646亿元，有效缓解了小微企业融资难问题。

四是发挥好各类金融机构力量。加大对受疫情影响较大地区的金融支持力度，督促国有大型银行加大力度支持普惠小微企业，落实好政策性银行专项信贷支持，引导地方法人银行服务好基层。金融管理部门通过深化LPR改革促进降低贷款利率、实施两项直达实体经济的货币政策工具、减少收费等方式，引导金融部门向实体经济让利。据估算，截至10月末已实现让利约1.25万亿元。预计随着各项政策措施效果进一步显现，全年可实现让利1.5万亿元目标。

四、继续完善宏观审慎政策框架

发挥好宏观审慎评估（MPA）在优化信贷结构和促进金融供给侧结构性改革中的作用。2020年第三季度，中国人民银行继续完善宏观审慎评估中有关小微企业、民营企业和制造业融资的考核要求，确保新增融资重点流向制造业、中小微企业。完善LPR运用相关考核，推动银行加快存量浮动利率贷款定价基准转换工作，推动实体部门综合融资成本进一步下降。

适时调整外汇风险准备金率。2020年以来，人民币汇率以市场供求为基础双向浮动，弹性增强，市场预期平稳，跨境资本流动有序，外汇市场运行保持稳定，市场供求平衡。为此，中国人民银行决定自2020年10月12日起，将远期售汇业务的外汇风险准备金率从20%下调为0，保持人民币汇率在合理均衡水平上的基本稳定。

建立逆周期资本缓冲机制。2020年9月，中国人民银行、中国银行保险监督管理委员会联合发布《关于建立逆周期资本缓冲机制的通知》（银发〔2020〕233号），明确建立逆周期资本缓冲机制，同时设置银行业金融机构初始逆周期资本缓冲比率为零。未来，人民银行、银保监会将综合考虑宏观经济金融形势、宏观杠杆率水平、银行体系稳健性及系统性金融风险表现等因素适时评估和调整逆周期资本缓冲比率。

推动金融控股公司规范发展。2020年9月，国务院公布《关于实施金融控股公司准入管理的决定》（国发〔2020〕12号，以下简称《准入决定》），中国人民银行公布《金融控股公司监督管理试行办法》（中国人民银行令〔2020〕第4号，以下简称《金控办法》），遵循宏观审慎管理理念，以并表为基础，按照全面、持续、穿透的原则，对非金融企业投资控股形成的金融控股公司依法准入并实施监管，规范金融控股公司的经营行为。《准入决定》和《金控办法》的实施，继续坚持金融业总体分业经营为主的原则，从制度上隔离实业板块与金融板块，有利于金融控股公司持续健康发展，防范风险交叉传染，进一步促进经济金融良性循环。

五、积极发挥结构性货币政策工具作用

积极运用信贷政策支持再贷款、再贴现和抵押补充贷款等工具，引导金融机构加大对小微、民营企业、“三农”、扶贫等国民经济重点领域和薄弱环节的支持力度。运用好专项扶贫再贷款支持扩大“三区三州”信贷投放，降低“三区三州”融资成本，促进实现精准扶贫、精准脱贫目标。第三季度发放专项扶贫再贷款72亿元，9月末，全国专项扶贫再贷款余额为291亿元。9月末，全国支农再贷款余额为3 784亿元，支小再贷款余额为8 008亿元，扶贫再贷款余额为1 723亿元，再贴现余额为4 822亿元。1~9月，中国人民银行对政策性银行和开发性银行净收回抵押补充贷款共1 031亿元，其中第三季度净收回747亿元，9月末余额为34 343亿元。

当季度到期的定向中期借贷便利以中期借贷便利的形式续做。定向中期借贷便利为金融机构扩大对小微、民营企业的信贷投放提供了低成本长期稳定资金来源。2020年7月15日，人民银行开展了4 000亿元中期借贷便利操作，期限为1年，利率为2.95%，其中包含对当月到期的定向中期借贷便利的续做，该工具可滚动续做，总期限为3年。9月末，定向中期借贷便利余额为2 966亿元。

专栏2　直达实体经济的货币政策工具落地见效

为贯彻落实党中央、国务院关于“六稳”“六保”决策部署，按照2020年《政府工作报告》要求，人民银行于2020年6月1日创设“普惠小微企业贷款延期支持工具”和“普惠小微企业信用贷款支持计划”两项直达实体经济的货币政策工具，进一步完善结构性货币政策工具体系，增强对稳企业、保就业的金融支持力度。

一、创设普惠小微企业贷款延期支持工具，切实缓解小微企业贷款还本付息压力

受疫情影响，中小微企业普遍出现资金周转困难的问题。为缓解中小微企业贷款的还本付息压力，人民银行会同银保监会及时出台中小微企业贷款延期还本付息政策，明确中小微企业贷款还本付息最长可延期至2021年3月31日，其中对普惠小微企业贷款“应延尽延”，对其他困难企业贷款协商延期。按此政策，对2020年末前到期的普惠小微企业贷款，小微企业均可以向金融机构申请一次延期还本付息。只要小微企业在申请延期时承诺保持就业岗位基本稳定，金融机构即予以延期，做到“应延尽延”。截至2020年9月末，全国银行业金融机构已累计对189万家市场主体的贷款本金和91万家市场主体的贷款利息实施了延期，共涉及4.7万亿元到期贷款本息。

为鼓励地方法人银行对普惠小微企业贷款“应延尽延”，人民银行创设普惠小微企业贷款延期支持工具，提供400亿元资金，以通过特定目的工具（SPV）与地方法人银行签订利率互换协议的方式，向地方法人银行提供激励，激励资金约为地方法人银行延期贷款本金的1%。普惠小微企业贷款延期支持工具按月操作，合计对地方法人银行6~9月延期的4 695亿元普惠小微企业贷款本金提供激励资金47亿元，惠及50万家小微企业。

二、创设普惠小微企业信用贷款支持计划，有效提升小微企业信用贷款比重

小微企业经营风险相对较大，银行发放贷款时多要求小微企业提供抵（质）押担保，目前地方法人银行发放的小微企业信用贷款占其贷款总额的比重只有8%左右。为缓解小微企业缺乏抵（质）押担保的难点痛点，提高地方法人银行发放小微企业信用贷款的比重，人民银行创设普惠小微企业信用贷款支持计划，提供4 000亿元资金，通过特定目的工具（SPV）与地方法人银行签订信用贷款支持计划合同，向地方法人银行提供优惠资金支持。

信用贷款支持计划主要面向经营状况较好的地方法人银行。最近一个季度央行金融机构评级为1~5级的地方法人银行可申请信用贷款支持计划。对评级达标的地方法人银行于2020年3月1日至12月31日新发放的期限不少于6个月的普惠小微企业信用贷款，人民银行通过信用贷款支持计划，按地方法人银行实际发放信用贷款本金的40%提供优惠资金，期限1年。支持计划惠及的小微企业要承诺保持就业岗位基本稳定。

2020年3月至9月，全国银行业金融机构累计发放普惠小微企业信用贷款2.3万亿元，比上年同期多发放7 961亿元。其中，1~5级地方法人银行发放9 733亿元，比上年同期多发放3 499亿元。普惠小微企业信用贷款支持计划按季操作，累计向1~5级的地方法人银行提供优惠资金932亿元，支持其3~9月发放小微企业信用贷款共计2 646亿元，惠及233万家小微企业。

三、坚持市场化原则，增强资金支持的直达性和精准性

一是市场化。坚持金融机构自主经营、自担风险的商业化原则，通过创新货币政策工具交易方式，设计激励相容机制，充分调动金融机构积极性，促使金融机构主动提升对小微企业的金融服务。

二是直达性。直达实体经济并不意味着人民银行直接向企业提供资金，两项直达工具提供的资金支持仍通过金融机构向实体经济传导。直达工具将货币政策操作与金融机构对小微企业提供的金融支持直接关联，只要小微企业承诺保持就业岗位基本稳定，地方法人银行按规定办理小微企业贷款延期或发放信用贷款，即可获得工具支持，保证资金高效直达实体经济。

三是精准性。两项直达工具明确了政策支持的对象和范围，对象为主要服务小微企业的地方法人银行，范围为普惠小微企业贷款延期还本付息和新发放的普惠小微企业信用贷款，确保资金通过地方法人银行精准滴灌至小微企业。

下一步，人民银行将继续按步骤实施好上述两项直达实体经济的货币政策工具，切实缓解小微企业还本付息压力，提高信用贷款比重，增强对稳企业、保就业的金融支持力度。

六、发挥信贷政策的结构引导作用

人民银行以高质量发展为导向，引导金融机构继续加大对国民经济重点领域、薄弱环节的支持力度，着力稳企业保就业，确保完成决战决胜脱贫攻坚目标任务，实现全面建成小康社会奋斗目标。一是加快推进金融支持稳企业保就业。多次召开专题会议推动金融支持稳企业保就业，持续加强中小微企业信贷支持，促进中小微企业融资实现“增量、降价、提质、扩面”。创新直达实体经济的货币政策工具，印发《关于落实好中小微企业贷款延期还本付息和小微企业信用贷款支持政策的通知》，进一步明确并完善政策，定期监测通报，加强宣传交流，强化政策落实传导。聚焦重点支持群体和重点企业，创新开展多种形式的政银企对接活动，提高融资对接有效性、精准性。二是扎实推进金融精准扶贫工作。强化对深度贫困地区和未摘帽贫困县的金融支持，加大金融支持产业扶贫力度，巩固提升贫困地区基础金融服务质量，推进完善贫困地区金融扶贫配套机制，做好金融扶贫领域风险防范，推动建立金融支持巩固脱贫长效机制。三是不断加大乡村振兴金融投入。持续做好生猪生产等领域金融保障，加大高标准农田建设和农村土地整治信贷支持力度，配合中央农办出台《关于扩大农业农村有效投资　加快补上“三农”领域突出短板的意见》，加大对农业农村有效投资的金融支持，抓好新型农村经营主体和小农户金融服务，有效满足其经营发展融资需求。

七、深化利率市场化改革

推动完成贷款市场报价利率（LPR）改革，促进降低贷款利率。一是存量浮动利率贷款定价基准转换工作顺利完成。截至8月末，存量贷款定价基准转换进度已达92.4%。其中，存量企业贷款转换进度为90%，存量个人住房贷款转换进度为99%，已转换的存量贷款中，91%转换为参考LPR定价。随着存量贷款定价基准转换的完成，LPR变动可影响到绝大部分贷款，贷款利率隐性下限被完

表8　2020年第三季度银行间外汇即期市场人民币对各币种交易量

单位：亿元人民币

币种	美元	欧元	日元	港元	英镑	澳大利亚元	新西兰元
交易量	149 659.58	4 186.93	697.75	576.87	153.82	59.43	29.84
币种	新加坡元	瑞士法郎	加拿大元	马来西亚林吉特	俄罗斯卢布	南非兰特	韩元
交易量	251.08	13.06	36.03	1.01	6.03	0.81	15.65
币种	阿联酋迪拉姆	沙特里亚尔	匈牙利福林	波兰兹罗提	丹麦克朗	瑞典克朗	挪威克朗
交易量	0.33	0.30	2.86	2.84	4.64	4.07	0.03
币种	土耳其里拉	墨西哥比索	泰铢	柬埔寨瑞尔	哈萨克斯坦坚戈	蒙古图格里克	
交易量	0.20	0	128.15	0.04	0.01	0	

数据来源：中国外汇交易中心。

全打破，货币政策的传导效率进一步提升，降低融资成本的效果更加明显。二是金融机构内部定价的市场化程度明显提高。随着LPR改革的深入推进，市场化形成的LPR逐渐取代贷款基准利率成为商业银行内部转移定价（FTP）的主要参考基准。截至目前，所有全国性银行均已建立FTP体系，并实现贷款FTP与LPR联动。大部分地方法人金融机构也已建立FTP机制，并将LPR纳入FTP。三是LPR衍生品较快发展。随着存量贷款定价基准转换为LPR，挂钩LPR的基础资产增加，金融机构和企业对冲LPR资产或负债利率风险的需求上升，LPR衍生品交易增长较快。四是LPR改革对存款利率市场化改革也起到重要推动作用。2020年9月，三年和五年期存款加权平均利率分别为3.67%和3.8%，分别较上年12月下降5个和26个基点。

八、完善人民币汇率市场化形成机制

继续推进汇率市场化改革，完善以市场供求为基础、参考一篮子货币进行调节、有管理的浮动汇率制度，保持人民币汇率弹性，发挥汇率调节宏观经济和国际收支自动稳定器的作用。同时，注重预期引导，保持人民币汇率在合理均衡水平上的基本稳定。

第三季度，人民币对美元汇率中间价最高为6.7591元，最低为7.0710元，66个交易日中42个交易日升值、24个交易日贬值。最大单日升值幅度为0.59%（397点），最大单日贬值幅度为0.41%（277点）。人民币对国际主要货币汇率有贬有升，双向浮动。9月末，人民币对美元、欧元、英镑、日元汇率中间价分别较上年末升值2.44%、贬值2.23%、升值4.48%和贬值0.53%。2005年人民币汇率形成机制改革以来至2020年9月末，人民币对美元汇率累计升值21.53%，对欧元汇率累计升值25.27%，对日元汇率累计升值13.39%。银行间外汇市场人民币直接交易成交较为活跃，流动性平稳，降低了微观经济主体的汇兑成本，促进了双边贸易和投资。

9月末，在中国人民银行与境外货币当局签署的双边本币互换协议下，境外货币当局动用人民币余额为328.26亿元，中国人民银行动用外币余额折合4.47亿美元，对促进双边贸易投资发挥了较好作用。

专栏3 走向更加市场化的人民币汇率形成机制

自1994年开始，人民币汇率形成机制不断向着越来越市场化的方向改革，逐步形成了以市场供求为基础、参考一篮子货币进行调节、有管理的浮动汇率制度，汇率市场化水平不断提高，市场在汇率形成中发挥了决定性作用。近几年来，这一汇率制度经受住了多轮冲击的考验。人民币汇率形成机制改革将继续坚持市场化方向，优化金融资源配置，增强汇率弹性，注重预期引导，在一般均衡的框架下实现人民币汇率在合理均衡水平上的基本稳定。

一、当前人民币汇率形成机制特点

一是人民银行退出常态化干预，人民币汇率主要由市场决定。两年多来，人民银行通过加大市场决定汇率的力度，大幅减少外汇干预，在发挥汇率价格信号作用的同时，提高了资源配置效率。

二是人民币汇率双向浮动。2019年到2020年第三季度，人民币对美元汇率中间价在427个交易日中有216个交易日升值、211个交易日贬值。近期人民币有所升值，主要是我国经济基本面良好的体现，我国率先控制了疫情，率先实现复工复产和经济恢复正增长，出口增长较快，境外主体持续增持人民币资产。总的来看，人民币仍是双向浮动的。

三是人民币汇率形成机制经受住了多轮冲击考验，汇率弹性增强，较好发挥了宏观经济和国际收支自动稳定器的作用。2020年前9个月，人民币对美元汇率年化波动率为4.25%，与国际主要货币基本相当。9月末，人民币对美元汇率较年初升值2.4%，衡量人民币对一篮子货币的中国外汇交易中心（CFETS）指数升值3.3%，升值幅度比较适中，同期欧元、日元对美元汇率分别升值约4.5%和3%。

四是社会预期平稳，外汇市场运行有序。近年来，尽管外部环境更趋复杂，但人民银行加强预期引导，外汇市场预期保持平稳，中间价、在岸价、离岸价实现“三价合一”，避免了汇率超调对宏观经济的冲击。外汇市场深度逐步提升，市场承受冲击能力明显增强，银行结售汇基本平衡，市场供求保持稳定。

五是市场化的人民币汇率促进了内部均衡和外部均衡的平衡。随着人民币汇率弹性增强，货币政策自主性提高，人民银行主要根据国内经济形势实施稳健的货币政策，避免了内部均衡和外部均衡的目标冲突。在此基础上，人民币汇率有序调整，合理反映了外汇市场供求变化，实现了国际收支的自主平衡，促进了内外部均衡。2020年上半年经常项目呈现顺差，资本项目呈现逆差，跨境资本双向流动特征明显。一方面，境外资本流入增多，改善了境内资产的持有人结构。另一方面，资本自主流出增多，主因是境内银行等主体自主增加境外资产，境内主体提高了境外资产占比。这种格局是健康的。

二、坚持更加市场化的人民币汇率形成机制

人民币汇率形成机制改革将继续坚持市场在人民币汇率形成中起决定性作用，

优化金融资源配置。

一是坚持以市场供求为基础、参考一篮子货币进行调节、有管理的浮动汇率制度。作为一个新兴市场经济体，有管理的浮动汇率制度是当前合适的汇率制度安排。继续坚持让市场供求决定汇率水平，不进行外汇市场常态化干预。与此同时，我国的贸易和投资结构日趋多元化，对主要贸易和投资伙伴的汇率水平变动都将影响我国的国际收支和内外部均衡，继续参考一篮子货币能有效增强汇率对宏观经济的调节作用和指示意义。

二是继续增强人民币汇率弹性，更好发挥汇率调节宏观经济和国际收支自动稳定器的作用。当今国际环境更趋复杂，国际金融市场波动明显，投资者对预期变动比较敏感，一些消息面的冲击容易引发市场大幅震荡。只有增强人民币汇率弹性，才能帮助对冲外部不稳定性不确定性的冲击，保持货币政策自主性。同时要注重预期引导，为外汇市场的有序运行和人民币汇率在合理均衡水平上的基本稳定创造条件。

三是加强外汇市场管理。由于外汇市场异质性预期特征明显，预期变化更容易形成“羊群效应”，对汇率走势形成较大影响。要充分发挥外汇市场自律机制作用，要求金融机构保持“风险中性”，加强对企业进行外汇衍生品交易的真实性审核，防止部分企业脱离实需、加杠杆炒汇、投机套利行为带来金融机构的信用风险。

四是把握好内外部均衡的平衡，在一般均衡的框架下实现人民币汇率在合理均衡水平上的基本稳定。人民币汇率是联系实体经济部门和金融部门、国内经济和国外经济、国内金融市场和国际金融市场的重要纽带，是协调好本外币政策、处理好内外部均衡的关键支点。我国是超大体量的新兴市场经济体，货币政策制定和实施必须以我为主，市场化的汇率有助于提高货币政策自主性，促进经济内部均衡和外部均衡的平衡，进而在一般均衡的框架下实现人民币汇率在合理均衡水平上的基本稳定。

九、稳妥有序推进金融风险处置，深化金融机构改革

高风险中小金融机构处置顺利实施。人民银行会同各部门各地方密切配合、通力协作，努力克服疫情影响，推动高风险中小金融机构处置取得关键进展和重要阶段性成果，包商银行、锦州银行等重点金融机构的改革重组方案顺利实施，确保了关键敏感时期金融体系的平稳运行，守住了不发生系统性金融风险的底线。

稳妥有序推进包商银行风险处置。接管包商银行是防范化解金融风险攻坚战的关键战役，也是存款保险制度自2015年建立以来，采用收购承接模式处置的第一家问题银行。目前，包商银行相关业务已由蒙商银行、徽商银行顺利收购承接并平稳运行。根据清产核资结果，包商银行严重资不抵债，将被依法提起破产清算，原股东的股权和未

予保障债权将依法分摊损失。此外，有关部门正依法依规对相关人员进行追责问责。实践表明，包商银行的接管工作行动果断、成效显著，有序化解了包商银行风险，顺利实现防范系统性风险、维护金融稳定和切实防范道德风险、严肃市场纪律的双重政策目标。

持续深化开发性、政策性金融机构改革。推动全面落实开发性、政策性金融机构改革方案，厘清职能定位，明确业务边界，完善治理体系和约束激励机制，防范金融风险，引导开发性、政策性金融机构坚守定位，聚焦主业，在加强风险防控的基础上，发挥好在支持国民经济重点领域、薄弱环节和关键时期的作用，更好服务国家发展战略。

十、深化外汇管理体制改革

进一步优化贸易外汇管理。一是继续扩大贸易外汇收支便利化试点地区。截至2020年9月末，试点范围已扩大至全国19个地区、56家试点银行及374家企业。二是清理优化经常项目外汇法规。2020年8月，国家外汇管理局发布《关于印发〈经常项目外汇业务指引（2020年版）〉的通知》（汇发〔2020〕14号），实现经常项目外汇业务办理"一本通"，大幅精简法规数量和冗余条款，废止法规29件。

助力贸易新业态创新发展。一是个人通过外汇储蓄账户即可办理个人对外贸易资金结算。二是中信银行等6家银行可开展凭交易电子信息办理跨境外汇业务。三是跨境电商企业境外仓储、物流、税收等费用可与出口货款轧差结算。四是境内国际寄递企业、物流企业、跨境电商平台企业可为客户代垫境外仓储、物流等费用。五是完善了全国31个试点市场采购贸易资金结算。六是支持外贸综合服务（以下简称外综服）企业代办出口收汇，惠及300多家外综服企业、近10万家小微外贸企业。七是企业可以自身名义汇总申报小额涉外收支，支持小微企业积累信用，降低贸易成本。

推进个人外汇业务规范创新。一是推进中资企业驻外员工薪酬便利化结汇。截至2020年9月末，共办理业务1.2万笔，涉及金额1.39亿美元。二是新增部分商业银行办理线上不占便利化额度的留学购付汇业务。截至2020年9月末，共办理业务1 189笔，金额2 612万美元。三是批准北京、重庆等5个地区开展在华外籍人才薪酬购付汇便利化试点。四是批复部分商业银行实施境外个人境内经常项目小额消费便利化方案。

维护外汇市场秩序。强化跨境资金流动风险监测与分析，突出打击地下钱庄、跨境赌博和网络炒汇等非法金融活动，为"六稳""六保"工作保驾护航。2020年前三季度，共查处外汇违规案件1 618起，罚没款约6亿元。

第三部分　金融市场运行

2020年第三季度，金融市场整体平稳运行。货币市场利率平稳，市场交易活跃，各类债券发行利率顺应经济稳定复苏而有所回升，债券现券发行、交易量增加较多。股票市场继续回暖，成交量和筹资额同比增加。

一、金融市场运行概况

（一）货币市场利率平稳，市场交易活跃

货币市场利率7~8月上行，9月有所回落。9月同业拆借月加权平均利率为1.8%，质押式回购月加权平均利率为1.93%，比6月水平分别下降5个和上升4个基点。银行业存款类金融机构间利率债质押式回购月加权平均利率为1.73%，低于质押式回购月加权平均利率20个基点。9月末，隔夜和1周Shibor分别为2.36%和2.33%，较6月末分别上升58个和10个基点。

银行间回购和拆借交易活跃。前三季度，银行间市场债券回购累计成交733.3万亿元，日均成交3.9万亿元，同比增长19.4%；同业拆借累计成交116.4万亿元，日均成交6 191亿元，同比减少2.7%。从期限结构看，回购和拆借隔夜品种的成交量分别占各自总量的84.8%和90.5%，占比分别较上年同期下降0.4个和1.2个百分点。交易所债券回购累计

表9　2020年前三季度金融机构回购、同业拆借资金净融出、净融入情况

单位：亿元

机构类别	回购市场		同业拆借	
	2020年前三季度	2019年前三季度	2020年前三季度	2019年前三季度
中资大型银行[①]	-2 088 769	-1 459 948	-319 064	-219 620
中资中型银行[②]	-654 137	-557 039	-45 958	-106 491
中资小型银行[③]	-1 119	138 117	94 169	82 008
证券业机构[④]	820 183	633 339	205 936	195 045
保险业机构[⑤]	90 597	61 983	650	189
外资银行	58 785	70 940	-18 575	-17 989
其他金融机构及产品[⑥]	1 774 460	1 112 608	82 841	66 859

注：①中资大型银行包括中国工商银行、中国农业银行、中国银行、中国建设银行、国家开发银行、交通银行、中国邮政储蓄银行。

②中资中型银行包括政策性银行、招商银行等9家股份制商业银行、北京银行、上海银行、江苏银行。

③中资小型银行包括恒丰银行、浙商银行、渤海银行、其他城市商业银行、农村商业银行和合作银行、民营银行、村镇银行。

④证券业机构包括证券公司、基金公司和期货公司。

⑤保险业机构包括保险公司和企业年金。

⑥其他金融机构及产品包括城市信用社、农村信用社、财务公司、信托投资公司、金融租赁公司、资产管理公司、社保基金、基金、理财产品、信托计划、其他投资产品等，其中部分金融机构和产品未参与同业拆借市场。

⑦负号表示净融出，正号表示净融入。

数据来源：中国外汇交易中心。

成交206.9万亿元，同比上升15.1%。

同业存单和大额存单业务平稳运行。2020年第三季度，银行间市场发行同业存单7 147期，发行总量为5.4万亿元，二级市场交易总量为44.3万亿元，9月末同业存单余额为11.2万亿元。2020年第三季度，3个月期同业存单发行加权平均利率为2.61%，比同期限Shibor高8个基点。第三季度金融机构发行大额存单10 407期，发行总量为2.0万亿元，同比减少6 253亿元。

利率互换市场有序发展。2020年第三季度，人民币利率互换市场达成交易7.23万笔，同比增长14.94%；名义本金总额4.66万亿元，同比减少7.36%。从期限结构来看，1年期及以下交易最为活跃，名义本金总额达2.83万亿元，占总量的60.8%。人民币利率互换交易的浮动端参考利率主要包括7天回购定盘利率和Shibor，与之挂钩的利率互换交易名义本金占比分别为83.09%和14.29%。第三季度，以LPR为标的的利率互换成交380笔，名义本金566.63亿元。

LPR利率期权业务稳步发展。银行间市场LPR利率期权业务自2020年3月正式上线以来有序运行，市场机构类型丰富多元，覆盖大型商业银行、股份制商业银行、城商行、农商行、外资银行、证券公司等。第三季度共计成交利率期权交易154笔、金额366.5亿元。其中，LPR利率互换期权成交6笔、名义本金6.2亿元；LPR利率上/下限期权成交148笔、名义本金360.3亿元。

（二）债券发行利率回升，现券交易量、发行量增加

国债收益率整体震荡上行。2020年第三

表10　2020年第三季度利率互换交易情况

年/季度	交易笔数（笔）	交易量（亿元）
2020年第三季度	72 310	46 568.5
2019年第三季度	62 876	50 304.7

数据来源：中国外汇交易中心。

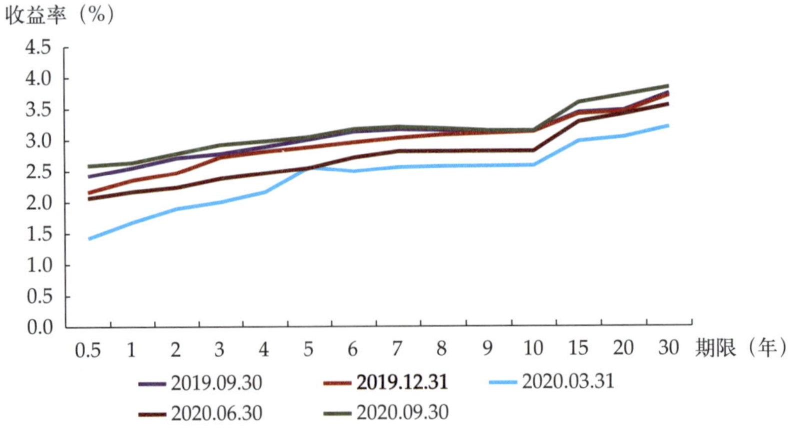

数据来源：中央国债登记结算有限责任公司。

图5　银行间市场国债收益率曲线变化情况

表 11 2020 年前三季度各类债券发行情况

单位：亿元

债券品种	发行额	较上年同期增减
国债	47 869	18 081
地方政府债券	56 789	14 967
中央银行票据	0	0
金融债券①	212 108	21 757
其中：国家开发银行及政策性金融债	43 783	14 873
同业存单	132 666	3 160
公司信用类债券②	107 139	30 013
其中：非金融企业债务融资工具	71 099	20 848
企业债券	4 150	544
公司债	23 293	6 512
国际机构债券	505	175
合计	424 410	84 993

注：①金融债券包括国家开发银行金融债、政策性金融债、商业银行普通债、商业银行次级债、商业银行资本混合债、证券公司债券、同业存单等。

②公司信用类债券包括非金融企业债务融资工具、企业债券以及公司债、可转债、可分离债、中小企业私募债、非金融企业发行的交易所资产支持证券等。

数据来源：中国人民银行、中国证券监督管理委员会、中央国债登记结算有限责任公司。

季度，经济基本面持续改善，市场避险情绪缓解，加上股债“跷跷板”效应影响，9月末1年期、10年期国债收益率较6月末分别上行47个、33个基点至2.65%、3.15%，收益率曲线平坦化上行。

债券发行利率回升。2020年9月续发行的10年期国债收益率为3.08%，比6月高23个基点；国家开发银行发行的10年期金融债利率为3.64%，比6月高56个基点；主体评级AAA级的企业发行的一年期短期融资券（债券评级A-1）平均利率为3.71%，比6月高135个基点。

银行间现券交易量同比上升，交易所交易量增长显著。2020年前三季度，债券市场现券总成交额为205.66万亿元，同比增长29.03%，其中银行间债券市场共成交192.07万亿元，日均成交1.02万亿元，同比增长25.4%；交易所债券共成交13.59万亿元，同比增长119.3%。债券借贷交易额为5.66万亿元，同比增长74.2%。

债券发行同比增长。2020年前三季度，债券市场共累计发行各类债券42.44万亿元（见表11），同比增长25.2%。截至9月末，债券市场托管余额约113.76万亿元，同比增长18.6%。前三季度，公司信用类债券合计发行10.71万亿元，同比增长38.9%。

（三）票据融资略有增长，票据市场利率较为平稳

票据承兑业务平稳发展。2020年1~9月，企业累计签发商业汇票16.5万亿元，同比上升10.1%；期末商业汇票未到期金额为13.9万亿元，同比上升11.9%。票据承兑余额略有下降，较年初增加1.2万亿元，较上季度末下降2 785亿元。由中小微企业签发的银行承兑汇票占70.3%。

票据融资持续增长，利率有所上行。2020年1~9月，金融机构累计贴现30.6万亿元，同比上升13.5%。9月末，票据融资余额为8.1万亿元，同比上升7.3%，占各项贷款的比重为4.8%，同比下降0.3个百分点。第三季度，票据市场利率有所上行。

（四）股票市场继续回暖，成交量和筹资额同比增加

股票市场指数继续回升。2020年9月末，上证综合指数收于3 218点，较6月末上升7.8%；深证成份指数收于12 907点，较6月末上升7.6%。股票市场成交量明显增加，前三季度，沪、深股市累计成交158.4万亿元，日均成交8 658亿元，同比增长58.6%。股票市场筹资额同比大幅增加，前三季度累计筹资8 038亿元，同比增长63.6%。

（五）保险业保费收入增速减缓，资产增速提高

2020年前三季度，保险业累计实现保费收入3.7万亿元，同比增长7.2%，比2019年全年增速低5个百分点；累计赔款、给付9 989亿元，同比增长6.1%，其中，财产险赔付同比增长7.7%，人身险赔付同比增长4.7%。

保险业资产增速提高。2020年9月末，保险业总资产22.4万亿元，同比增长12.4%，增速比上年末高0.2个百分点。其中，银行存款同比增长2.3%，投资类资产同比增长18.8%。

（六）外汇交易量同比下降

2020年前三季度，人民币外汇即期交易累计成交金额折合5.7万亿美元，同比减少5.3%；人民币外汇掉期交易累计成交金额折合12.1万亿美元，同比减少6%，其中隔夜美元掉期交易累计成交金额6.9万亿美元，占总成交金额的57.3%；人民币外汇远期交易累计成交金额折合754亿美元，同比增长26.6%。“外币对”累计成交金额折合5 149亿美元，同比增长51.2%，其中成交最多的产品为欧元对美元，市场占比为61.2%。

外汇市场交易主体持续扩大。2020年9月末，银行间外汇市场共有即期市场会员726家，远期、外汇掉期、货币掉期和期权市场会员各258家、252家、208家和159家，即期市场做市商30家，远掉期市场做市商27家。

（七）黄金市场运行平稳，价格整体上升

黄金价格先扬后抑。2020年9月末，国际金价收于1 886.90美元/盎司，较6月末上涨6.72%。上海黄金交易所AU99.99收于402.97元/克，较6月末上涨1.31%。前三季度，上海

表 12　2020 年 9 月末主要保险资金运用余额及占比情况

单位：亿元、%

项目	余额		占资产总额比重	
	2020 年 9 月末	2019 年 9 月末	2020 年 9 月末	2019 年 9 月末
资产总额	224 386	199 601	100.0	100.0
其中：银行存款	25 796	25 213	11.5	12.6
投资	181 266	152 558	80.8	76.4

数据来源：中国银行保险监督管理委员会。

黄金交易所黄金累计成交4.95万吨，同比下降9.87%；成交金额18.94万亿元，同比增长12%。

二、金融市场制度建设

（一）债券市场制度建设

落实资管新规，持续推进债券市场制度建设。2020年7月，人民银行、银保监会、证监会、外汇局联合发布《标准化债权类资产认定规则》（中国人民银行 中国银行保险监督管理委员会 中国证券监督管理委员会 国家外汇管理局公告〔2020〕第5号），明确了标债资产与非标资产的界限、认定标准及监管安排，引导市场规范发展。

（二）资本市场和证券期货业制度建设

进一步完善证券投资者保护制度。2020年7月，最高人民法院发布《关于证券纠纷代表人诉讼若干问题的规定》，对《民事诉讼法》及《证券法》中的代表人诉讼制度予以细化，明确规范普通代表人诉讼和特别代表人诉讼程序。该司法解释的出台标志着证券集体诉讼制度正式落地。

进一步完善证券经营机构风险处置机制。2020年7月，证监会发布《公开募集证券投资基金侧袋机制指引（试行）》，新增侧袋机制[①]作为公募基金流动性风险管理工具，并规定了侧袋机制的实施条件、启用程序以及基金管理人主体责任和托管人监督职责。

（三）保险市场制度建设

优化保险公司权益类资产配置监管。2020年7月，银保监会发布《关于优化保险公司权益类资产配置监管有关事项的通知》，设置差异化的权益类资产投资监管比例，引导保险公司开展审慎投资和稳健投资。

推动财产保险业向高质量发展转变。2020年7月，银保监会发布《关于印发推动财产保险业高质量发展三年行动方案（2020—2022年）的通知》，从行业转型发展、服务国民经济和社会民生能力、对外开放水平和国际影响力、监管政策和体制机制等方面对财产保险市场未来三年发展提出具体规划。

进一步规范保险资产管理产品业务发展。2020年9月，银保监会发布《保险资产管理产品管理暂行办法》一系列配套细则，明确产品登记时限、拓宽投资资产范围等。

优化保险机构投资管理能力监管。2020年9月，银保监会发布《关于优化保险机构投资管理能力监管有关事项的通知》，对保险机构各项投资管理能力建设的具体标准进行了细化设计。

（四）加强金融基础设施统筹监管

2020年7月，人民银行、证监会联合发布中国人民银行 中国证券监督管理委员会公告〔2020〕第7号，决定同意银行间债券市场与交易所债券市场相关基础设施机构开展互联互通合作，并将加强监管合作与协调，促进债券市场要素自由顺畅流动。

---

① 侧袋机制是在满足法定条件情况下，将难以合理估值的风险资产从基金组合资产中分离出来进行处置清算，以确保剩余基金资产正常运作的一种流动性风险管理工具。

（五）推动债券市场对外开放

2020年9月，人民银行、证监会、外汇局共同起草《关于境外机构投资者投资中国债券市场有关事宜的公告（征求意见稿）》，明确中国债券市场对外开放的整体性制度安排，就进一步便利境外机构投资者配置人民币债券资产有关安排征求市场意见。

2020年9月，富时罗素公司宣布中国国债将于2021年10月被纳入富时世界国债指数（WGBI）。至此，全球三大债券指数提供商都已经和计划将中国债券纳入相关指数，充分反映了国际投资者对于中国经济长期健康发展、金融持续扩大开放的信心。

第四部分 宏观经济分析

一、世界经济金融形势

（一）主要经济体经济和金融市场概况

全球经济总体延续复苏态势，部分经济体经济指标继续边际改善，也要看到近期新冠肺炎疫情反复，未来仍面临不确定性。国际货币基金组织（IMF）10月预测2020年全球经济萎缩4.4%，2021年增长5.2%，较6月预测分别上调0.8个百分点和下调0.2个百分点。第三季度，美国实际GDP环比折年率反弹至33.1%，欧元区、英国实际GDP同比增速分别为-4.4%和-9.6%，降幅较上季度分别收窄10.4个和11.9个百分点，新兴市场经济体也表现出经济回暖迹象。主要经济体PMI普遍回升，美国、欧元区的制造业PMI均已回到荣枯线以上。同时，近期全球疫情反弹，疫苗有效性尚待观察，新一波疫情风险及其对未来世界经济平稳发展的影响也不容忽视。

表 13　主要发达经济体宏观经济金融指标

经济体	指标	2019 年第三季度			2019 年第四季度			2020 年第一季度			2020 年第二季度			2020 年第三季度		
		7 月	8 月	9 月	10 月	11 月	12 月	1 月	2 月	3 月	4 月	5 月	6 月	7 月	8 月	9 月
美国	实际 GDP 增速（环比折年率，%）	2.6			2.4			-5.0			-31.4			33.1		
	失业率（%）	3.7	3.7	3.5	3.6	3.5	3.5	3.6	3.5	4.4	14.7	13.3	11.1	10.2	8.4	7.9
	CPI（同比，%）	1.8	1.7	1.7	1.8	2.1	2.3	2.5	2.3	1.5	0.3	0.1	0.6	1.0	1.3	1.4
	DJ 工业平均指数（期末）	26 864	26 403	26 917	27 046	28 051	28 538	28 256	25 409	21 917	24 346	25 383	25 813	26 428	28 430	27 782
欧元区	实际 GDP 增速（同比，%）	1.4			1			-3.3			-14.8			-4.4		
	失业率（%）	7.5	7.5	7.5	7.4	7.4	7.4	7.4	7.3	7.2	7.4	7.6	7.9	8.1	8.3	8.3
	HICP 综合物价指数（同比，%）	1.0	1.0	0.8	0.7	1.0	1.3	1.4	1.2	0.7	0.3	0.1	0.3	0.4	-0.2	-0.3
	EURO STOXX 50（期末）	3 467	3 427	3 569	3 604	3 704	3 745	3 641	3 329	2 787	2 928	3 050	3 234	3 274	3 273	3 294
英国	实际 GDP 增速（同比，%）	1.0			1.0			-2.1			-21.5			-9.6		
	失业率（%）	3.8	3.9	3.8	3.8	3.8	3.8	3.9	4.0	4.0	4.0	4.1	4.1	4.3	4.5	4.8
	CPI（同比，%）	2.1	1.7	1.7	1.5	1.5	1.3	1.8	1.7	1.5	0.8	0.5	0.6	1.0	0.2	0.5
	富时 100 指数（期末）	7 587	7 207	7 408	7 248	7 347	7 542	7 286	6 581	5 672	5 901	6 077	6 170	5 898	5 964	5 866
日本	实际 GDP 增速（环比折年率，%）	0.2			-7.1			-2.3			-28.8			21.4		
	失业率（%）	2.3	2.3	2.4	2.4	2.2	2.2	2.4	2.4	2.5	2.6	2.9	2.8	2.9	3.0	3.0
	CPI（同比，%）	0.5	0.3	0.2	0.2	0.5	0.8	0.7	0.4	0.4	0.1	0.1	0.1	0.3	0.2	0
	日经 225 指数（期末）	21 522	20 704	21 756	22 927	23 294	23 657	23 205	21 143	18 917	20 194	21 878	22 288	21 710	23 140	23 185

数据来源：各经济体相关统计部门及中央银行。

劳动力市场改善放缓，更多暂时性失业可能转变为永久性失业。2020年4~9月，美国失业率从14.7%降至7.9%，研究显示虽然临时性失业从11.5%降至2.9%，但永久性失业却从3.2%上升到5%。4~9月，欧元区失业率从7.4%升至8.3%，日本失业率从2.6%升至3.0%，英国失业率从4.0%升至4.8%。

受疫情差异化冲击影响，价格走势分化。主要发达经济体通胀持续位于低位，甚至出现通缩。美国、英国、日本2020年9月CPI同比分别为1.4%、0.5%和0，欧元区9月HICP同比为-0.3%。多数新兴市场经济体通胀仍在正值区间，也有部分国家通胀保持高位运行。

全球股市继续反弹，但波动水平有所加大。美国纳斯达克指数、标准普尔指数分别于2020年6月上旬和8月下旬恢复至疫情暴发前水平，纳斯达克指数9月创年内新高，德国、日本、英国主要股指均较3月低点明显反弹。新兴市场股市明显好转，但多数国家尚未恢复至疫情前水平。

（二）主要经济体货币政策

主要发达经济体央行维持宽松货币政策力度不变。2020年第三季度，美联储、欧央行、英格兰银行、日本央行维持超低基准利率不变，保持资产购买力度、规模不变，资产负债表规模维持高位。美联储、英格兰银行继续修订完善应对疫情的紧急流动性救助工具，包括放宽申请条件，延长工具使用期限，进一步扩大救助范围、提高救助力度。

受困于近年来“低增长、低通胀、低利率”僵局，发达经济体央行陆续开展货币政策框架评估。2020年8月，美联储在完成评估后宣布修订货币政策框架，实施平均2%的通胀目标，并表示其货币政策对就业形势的响应将取决于实际就业“与最大化就业水平之间的缺口”，而不再是“与最大化就业水平之间的偏离”，同时强调需多维度综合研判就业形势。此外，欧央行、加拿大央行分别于1月和8月启动货币政策框架评估，预计在2021年完成。

新兴市场经济体央行继续降息。2020年第三季度，墨西哥央行连续2次下调基准利率，共75个基点；巴西、俄罗斯、南非、马来西亚和印度尼西亚等国央行均降息25个基点。

（三）值得关注的问题和趋势

一是全球疫情持续时间可能超预期。近期全球新增确诊病例快速攀升，美国、欧洲疫情出现反弹，一些发展中经济体疫情蔓延加速，全球疫情可能将在较长时间内持续，影响全球经济复苏。

二是财政可持续性风险值得关注。2020年美国预算赤字达到创纪录的3.1万亿美元，是2009年的两倍多。据IMF估算，截至9月，全球为应对疫情采取的财政措施占全球GDP之比约为12%，全球公共债务率将在2020年接近100%，公共债务未来很可能继续攀升。IMF呼吁各国政府提高财政支出效率，在促进经济复苏的同时解决庞大的财政赤字和大规模公共债务问题。

三是金融风险隐患上升。金融市场表现与经济基本面脱节，在实体经济复苏脆弱、公司盈利预期下调的背景下，全球股市强劲反弹，未来存在回调风险。非银行金融机构脆弱性突出，流动性错配明显，一旦金融市场剧烈波动，可能面临较大抛售压力，并向银行体系传导。

专栏4　我国宏观政策有力支持经济复苏

2020年以来，各国为应对疫情出台了一系列货币政策、财政政策，为全球经济稳定和复苏发挥了积极作用。为有效应对疫情，促进经济社会发展，我国先后出台了多项货币政策和财政政策措施。总体看，我国宏观政策的力度是合适的，较好地支持了实体经济增长，有效填补了疫情冲击下的全球防疫物资等必需品和其他工业品的供给缺口，为国内外经济复苏作出了重要贡献。在应对疫情和支持经济复苏的过程中，债务规模和杠杆率都必然出现阶段性上升，之后经济增长逐步恢复将为更好地长期保持合理的宏观杠杆率水平创造条件。

新冠肺炎疫情暴发后，中国人民银行果断推出涉及9万亿元货币资金的货币政策应对措施，主要包括：引导中期借贷便利和公开市场操作中标利率下行，推进LPR改革释放利率市场化红利，三次降低存款准备金率释放1.75万亿元长期资金，推出1.8万亿元再贷款、再贴现政策，创新两项直达实体经济的货币政策工具以支持小微企业融资4.7万亿元。金融部门通过降低利率、减少收费、贷款延期还本付息等措施向实体经济让利约1.25万亿元，全年可实现1.5万亿元的目标。货币政策保持流动性合理充裕，预计带动2020年全年人民币贷款新增20万亿元左右，社会融资规模增量超过30万亿元。广义货币和社会融资规模增速高于上年，金融对实体经济保持了较强的支持力度。

财政政策持续发力，有效缓解疫情对实体经济的冲击。2020年财政赤字规模比上年增加1万亿元，发行了抗疫特别国债1万亿元，安排地方政府专项债券3.75万亿元，比上年增加1.6万亿元。在上年财政政策高基数的基础之上，以上三项合计净增加3.6万亿元财政支持。此外，还通过减税降费、加大重点领域支出、增强重大项目建设保障支持力度等措施，为经济社会全面恢复发展提供内生动力。

从国内看，我国应对疫情的宏观政策力度是合适的，政策精准发力，宣布的政策全部及时落地、充分落实，取得了显著成效。一是有效控制了疫情，这是经济复苏的基本前提。我国在主要经济体中率先控制了疫情，2个月内将本土每日新增病例降至个位数，合理适度的宏观政策可以有效助力经济复苏。相反，如果疫情控制不力，力度再大的宏观政策也无法从根本上抵消经济面临的冲击。二是宏观政策与疫情防控节奏相适应，根据疫情防控和经济社会恢复发展的阶段性特点，分层次、有梯度地出台。在疫情的不同阶段，宏观政策各有侧重，有序支持了医疗和生活物资保供、复工复产、生产生活秩序加快恢复。三是从政策实施方式看，我国宏观政策精准导向，不搞大水漫灌。中国人民银行推出了两项直达实体经济的货币政策工具——普惠小微企业贷款延期支持工具、普惠小微企业信用贷款支持计划；财政部门创新转移支付机制，资金直达市县基层，发行了抗疫特别国债，支持抗疫和地方基础设施建设。四是从政策效果看，我国经济社会已全面恢复发展。第一季度我国GDP同比负增长6.8%，第二、第三季度GDP分别增长3.2%和4.9%，前三季度经济增速由负转正，消费、投资、出口等经济指标全面向好。

从全球看，中国宏观政策力度是合适的，支持经济快速恢复，对世界经济作出了重要贡献。一是阻止了全球经济陷入更大的萎缩。根据IMF预测，全球经济已陷入第二次世界大战以来最严重的衰退，2020年将萎缩4.4%，中国是唯一保持正增长的主要经济体，2020—2021年合计全球经济能实现正增长离不开中国经济的正增长。二是中国经济增长对全球有正的溢出效应，尤其促进了周边国家和主要贸易伙伴的经济复苏。三是在疫情冲击下，中国在某种程度上承担了全球最后供应商的角色，为全球疫情防控、经济恢复奠定了基础。中国生产的快速恢复有效补充了疫情冲击下全球防疫物资和其他工业品的供给缺口，向全球提供了大量必需物资和恢复生产急需的中间产品，为全球防疫和产业链恢复作出了重要贡献。

二、中国宏观经济形势

2020年前三季度，面对新冠肺炎疫情巨大冲击和复杂严峻的国内外环境，各地区各部门科学统筹常态化疫情防控和经济社会发展，有力有效推动生产生活秩序恢复，国民经济延续稳定恢复态势。初步核算，前三季度国内生产总值72.3万亿元，按可比价格计算，同比增长0.7%，经济增速由负转正，其中第三季度增长4.9%。前三季度全国居民消费价格同比上涨3.3%。

（一）消费逐步改善，投资、进出口增速由负转正

居民收入实际增速由负转正，消费意愿逐步改善。2020年前三季度，全国居民人均可支配收入为23 781元，同比名义增长3.9%，扣除价格因素实际增长0.6%，年内首次转正。居民工资性收入保持稳定，农村居民收入增速高于城镇居民。第三季度中国人民银行城镇储户问卷调查显示，倾向于“更多消费”的居民占23.5%，比上季度上升0.2个百分点。前三季度，社会消费品零售总额为27.3万亿元，同比下降7.2%，降幅较上半年收窄4.2个百分点，其中第三季度增长0.9%，季度增速年内首次转正。消费升级类商品和网上零售持续较快增长。

固定资产投资增速由负转正，高技术产业和社会领域投资持续回升。2020年前三季度，全国固定资产投资（不含农户）为43.7万亿元，同比增长0.8%，增速年内首次由负转正。当前投资呈现以下几个特征：一是制造业投资和基础设施投资明显恢复。基础设施投资增速年内首次由负转正，前三季度为增长0.2%。前三季度，制造业投资下降6.5%，降幅比上半年收窄5.2个百分点；民间投资24.4万亿元，下降1.5%，降幅比上半年收窄5.8个百分点。二是高技术产业投资增长加快。前三季度，高技术产业投资增长9.1%，增速比上半年提高2.8个百分点。三是社会领域投资回升。前三季度，社会领域投资增长

9.2%，增速比上半年提高3.9个百分点，其中卫生、教育投资分别增长20.3%、12.7%。

进出口好于预期，贸易结构持续优化。2020年前三季度，进出口总额同比增长0.7%，增速较上半年提高3.9个百分点，其中第三季度同比增长7.5%。前三季度出口增长1.8%，较上半年高4.8个百分点；进口下降0.6%，降幅较上半年收窄2.7个百分点；贸易顺差2.3万亿元。贸易结构继续优化，一般贸易和民营企业进出口比重提升。从商品结构看，机电产品出口比重有所提高，医疗器械和防疫物资出口较快增长。从贸易伙伴看，东盟成为我国第一大贸易伙伴，前三季度对东盟进出口值达3.38万亿元，同比增长7.7%，占外贸总值的比重为14.6%，较上年同期提高0.9个百分点。

外商投资加快向高技术产业聚集。2020年前三季度，全国实际使用外资7 188.1亿元，同比增长5.2%，增速实现由负转正。其中，第三季度增长20.4%，增速明显高于第一、第二季度的-10.8%和8.4%。从产业分布看，外商投资加快向高技术产业聚集。前三季度，高技术服务业实际使用外资同比增长26.4%。

2020年前三季度，我国对外非金融类直接投资5 515.1亿元人民币，同比下降0.6%，降幅有所收窄。对“一带一路”沿线国家非金融类直接投资130.2亿美元，同比增长29.7%。其中，租赁和商务服务业对外投资同比增长18.6%，批发和零售业对外投资同比增长41.1%。

（二）农业生产形势较好，工业生产加快，服务业稳步复苏

第三产业占比继续提高。2020年前三季度，三次产业同比增速分别为2.3%、0.9%和0.4%，占GDP比重分别为6.7%、37.9%和55.4%，第三产业占比高于第二产业17.5个百分点，比上年同期高1.2个百分点。

农业生产形势较好。2020年前三季度，农业增加值同比增长3.8%，增速与上半年持平，其中第三季度增长3.9%。秋粮播种面积稳中有增，主要秋粮作物总体长势较好，秋粮生产有望再获丰收。生猪产能逐步恢复。第三季度末，生猪存栏37 039万头，同比增长20.7%。

工业生产加快。2020年前三季度，全国规模以上工业增加值同比增长1.2%，上半年为下降1.3%。其中，第三季度同比增长5.8%，比上季度加快1.4个百分点。人民银行5 000户工业企业调查显示，第三季度企业经营景气指数为49.4%，比上季度提高6.6个百分点；企业盈利指数为57.0%，比上季度提高7.3个百分点。

服务业稳步复苏，现代服务业增势较好。2020年第三季度，服务业增加值同比增长4.3%，增速比上季度加快2.4个百分点。前三季度，全国服务业生产指数同比下降2.6%，降幅比上半年收窄3.5个百分点。9月，交通运输、电信互联网软件、住宿餐饮等行业商务活动指数保持在60%以上。服务业业务活动预期指数为62.2%，比8月上升0.9个百分点，企业对市场发展信心增强。

（三）居民消费价格涨幅小幅回落，生产价格降幅收窄

居民消费价格涨幅小幅回落。2020年第三季度，居民消费价格（CPI）同比上涨2.3%，涨幅比上季度回落0.4个百分点，各月涨幅分别为2.7%、2.4%和1.7%。猪肉价格企

稳，叠加基数效应，食品价格涨幅回落，第三季度同比上涨10.8%，涨幅比上季度回落1.4个百分点。非食品价格涨幅小幅回落，消费品价格和服务价格涨幅均回落。

生产价格降幅收窄。2020年第三季度，工业生产者出厂价格（PPI）同比下降2.2%，降幅比上季度收窄1.1个百分点，各月分别下降2.4%、2.0%和2.1%。工业生产者购进价格（PPIRM）同比下降2.7%，降幅比上季度收窄1.7个百分点。人民银行监测的企业商品价格（CGPI）前三季度同比下降1.4%，增速与上半年持平。

（四）财政收入降幅收窄，就业形势总体稳定

财政收入降幅收窄。2020年前三季度，全国一般公共预算收入14.1万亿元，同比下降6.4%，降幅比上半年收窄4.4个百分点。其中，税收收入11.9万亿元，同比下降6.4%；非税收入2.2万亿元，同比下降6.7%。国内增值税、国内消费税、企业所得税同比分别下降13.5%、5%和4.9%，个人所得税同比增长7.3%。

财政支出逐步回升。2020年前三季度，全国一般公共预算支出17.5万亿元，同比下降1.9%，增速比上半年回升3.9个百分点，比上年同期低11.3个百分点。从支出结构上看，与医疗卫生、社会保障相关的支出增长平稳，卫生健康支出同比增长4%，社会保障和就业支出同比增长8.2%。商业服务业、资源勘探工业信息支出同比大幅增长，增幅分别为24.5%、20.9%。

2020年前三季度，全国政府性基金预算收入5.5万亿元，同比增长3.8%，其中土地出让收入同比增长10.3%。全国政府性基金预算支出7.8万亿元，同比增长26.6%。

就业形势总体稳定。2020年前三季度，全国城镇新增就业人员898万人，完成全年目标任务的99.8%。9月，全国城镇调查失业率为5.4%，比8月下降0.2个百分点，其中25~59岁人口调查失业率为4.8%，低于全国城镇调查失业率0.6个百分点，与8月持平。全国企业就业人员周平均工作时间为46.8小时，同比上升0.1小时。第三季度末，农村外出务工劳动力总量17 952万人，比上年同期减少384万人，同比下降2.1%。

（五）国际收支及外债

我国国际收支保持在基本平衡的区间内。据初步统计，2020年前三季度我国经常账户顺差1 707亿美元。其中，货物贸易顺差3 398亿美元，服务贸易逆差1 169亿美元。资本和金融账户中直接投资顺差449亿美元。9月末，外汇储备余额31 426亿美元，较2019年末增加346亿美元。6月末，我国全口径（含本外币）外债余额为21 324亿美元。其中，短期外债余额为12 234亿美元，占外债余额的57%。

（六）行业分析

1. 房地产行业

2020年第三季度，全国房价总体稳定，商品房销售和房地产开发投资逐步恢复。9月，全国70个大中城市新建商品住宅价格同比上涨4.5%，涨幅较6月回落0.4个百分点；二手住宅价格同比上涨2.2%，涨幅与6月基本持平。1~9月，全国商品房销售面积同比下降1.8%，销售额同比增长3.7%。房地产开发投资逐步恢复。1~9月，全国房地产开发投资同比增长5.6%，增速较上半年提高3.7个百分

表 14　2020 年 1 ～ 9 月全国房屋新开工、施工、竣工面积情况

项目	数量（亿平方米）	同比增速（%）	增速较上半年变动（百分点）
房屋新开工面积	16.0	-3.4	4.2
房屋施工面积	86.0	3.1	0.5
房屋竣工面积	4.1	-11.6	-1.1

数据来源：国家统计局。

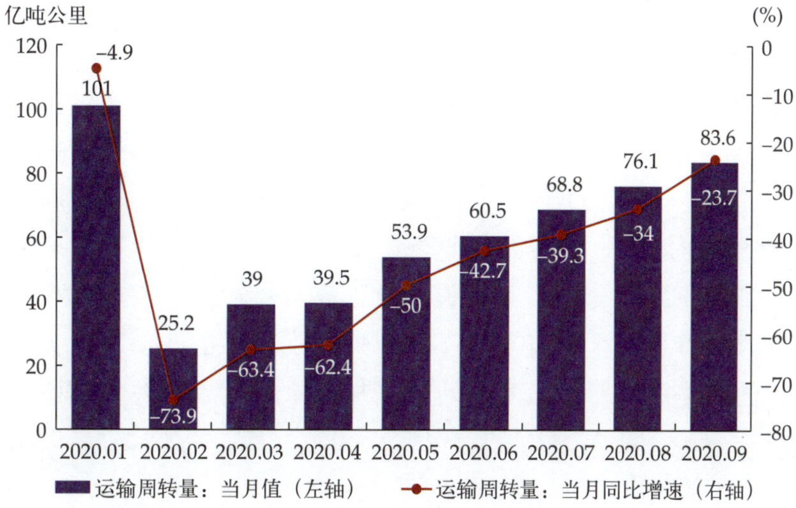

数据来源：中国民用航空局。

图6　2020年1～9月民航运输周转量及同比增速

点。其中，住宅开发投资同比增长6.1%，增速较上半年提高3.5个百分点，占房地产开发投资的比重为74.0%。

房地产贷款增速保持回落。2020年9月末，全国主要金融机构（含外资）房地产贷款余额为48.8万亿元，同比增长12.8%，增速较6月末回落0.3个百分点。房地产贷款占各项贷款余额的28.8%。其中，个人住房贷款余额为33.7万亿元，同比增长15.6%，增速较6月末回落0.1个百分点；住房开发贷款余额为9.3万亿元，同比增长11.4%，增速较6月末下降0.6个百分点。

2. 航空运输业

近年来，我国民航业快速发展，行业规模不断扩大，安全水平显著提高，发展质量稳步提升，运输效率和保障能力持续增强，社会重要性日益凸显。新冠肺炎疫情暴发后，民航业受到较大冲击。银保监会会同人民银行、民航局出台针对困难民航运输企业的应急贷款专项支持政策，人民银行提供专项再贷款，开发性银行、大型银行按照“分类施策、精准投放”原则，以优惠利率为部分困难民航运输企业纾困，有效缓解困难民航运输企业受疫情冲击的影响，帮助相关企业渡过难关。随着我国统筹疫情防控和经济社会发展工作取得重大战略成果，民航业总体呈现回升态势。一是运输生产稳步恢复。2020年第三季度，民航运输总周转量同比下

降32.4%，降幅较第一季度、第二季度分别收窄14.2个和19.3个百分点。二是旅客运输量和货邮运输量持续回升。2020年第三季度，民航旅客总运输量同比下降24.0%，降幅较第一季度、第二季度分别收窄30.0个和30.5个百分点。民航货邮总运输量同比下降8.8%，降幅较第一季度、第二季度分别收窄8.6个和3.6个百分点。三是航班效益不断提高。随着航空市场需求逐步恢复，2020年前三季度，航班客座率、载运率和飞机日利用率同比增速分别为-11.6%、-5.5%和-3.4%，降幅较上半年分别收窄3.2个、1.6个和0.7个百分点。

与此同时，我国民航业发展仍面临诸多挑战。一是空域资源配置不合理、基础设施发展较慢、专业人才不足、企业竞争力不强、管理体制有待理顺等制约了民航业的可持续发展。二是民航节能环保压力进一步加大，转变行业发展方式、实现绿色低碳发展的任务更加繁重。三是电商、快递、现代物流迅猛增长对航空货运提出了更高要求。四是全球经济贸易增长乏力，保护主义和地缘政治紧张局势抬头，再加上新冠肺炎疫情冲击，全球范围内的民航运输服务竞争和博弈更加激烈。

下一步，宜在做好疫情防控的同时，建设安全、便捷、高效、绿色的现代化民航体系。一方面，加强机场规划和建设，合理利用空域等资源，科学规划安排国内航线网络，促进航空货运设施发展，持续提升运输服务质量和航空安全水平。另一方面，深化民航改革，提升创新能力，加强人才培养，加快绿色民航建设，提升国际竞争力。

第五部分 货币政策趋势

一、中国宏观经济展望

2020年以来，新冠肺炎疫情给我国经济社会发展带来严重冲击。在党中央坚强领导下，全国上下齐心协力，统筹疫情防控和经济社会发展工作取得重大战略成果。经济增长好于预期，供需关系逐步改善，市场活力动力增强，前三季度经济增长由负转正，第三季度经济同比增长4.9%，实现全年经济正增长是大概率事件。中长期看，我国经济稳中向好、长期向好、高质量发展的基本面没有改变。

当前，我国已转向高质量发展阶段，继续发展具有多方面优势和条件。我国疫情防控和经济恢复都走在世界前列，供给基本恢复、需求加速改善，就业民生较好保障，市场预期总体稳定，IMF预测我国将是2020年主要经济体中唯一正增长的国家。当前和今后一个时期，我国发展仍然处于重要战略机遇期，经济潜力足、韧性大、活力强、回旋空间大。供给侧结构性改革深入推进，创新驱动发展战略和扩大内需战略大力实施，一系列新产业、新业态、新动能正在形成并快速发展，经济保持长期向好发展的多方面优势和条件没有变。金融服务实体经济特别是中小微、民营企业力度不断加大。稳妥果断防控金融风险，金融体系总体健康，具备化解各类风险的能力。人民币汇率在合理均衡水平上保持了基本稳定，外汇储备保持在3万亿美元以上，经济应对外部冲击的能力增强。

国际环境日趋复杂，不稳定性不确定性明显增加，国内经济还面临不少挑战。2020年第三季度以来主要经济体经济复苏力度较弱，部分国家疫情出现反弹，公共部门和实体部门债务攀升，财政可持续性面临严峻挑战，资本市场估值缺乏经济基本面支撑，极度宽松货币政策存在溢出效应。同时，保护主义、单边主义上升，地缘政治紧张局势抬头，部分国家间经贸摩擦日益深化，全球产业链供应链受非经济因素严重冲击，经济复苏进程的不稳定性不确定性较大。因此，我国防范疫情输入和国际经济金融风险的压力仍然较大。上半年为对冲疫情影响，逆周期调节力度有所加大，宏观杠杆率出现阶段性上升。未来随着经济增速逐步向潜在水平回归，宏观杠杆率有望趋于平稳。此外，疫情冲击带来的金融风险存在一定时滞，未来不良贷款有上升压力。我国经济运行中还存在一些结构性、体制性、周期性问题，发展不平衡不充分问题仍然突出。对此要深刻认识和辩证看待，增强机遇意识和风险意识，将改革和调控、短期和长期、内部均衡和外部均衡结合起来，集中精力办好自己的事，努力实现高质量发展。

物价涨幅总体延续下行走势，不存在长期通胀或通缩的基础。2020年7月、8月，受部分省份汛情影响，肉菜类价格一度有所回升，各部门多举措保供稳价，货币政策坚持稳健，近期已趋于回落。9月CPI涨幅已回落至2%以下，初步估计全年CPI涨幅均值将处于合理区间。工业生产持续复苏向好，内外需逐步回暖，PPI在第三季度各月均实现环比正增长，同比降幅总体呈收窄态势。不过，未来全球疫情演进及防控措施对供给端的冲击还有不确定性，基数效应、春节错位等因素可能对CPI形成一定扰动，仍需对短期物价走势保持密切关注。中长期看，我国经济运行总体平稳，总供求基本平衡，供给侧结构性改革深入推进，市场机制作用得到更好发挥，货币政策保持稳健，货币条件合理适度，不存在长期通胀或通缩的基础。

二、下一阶段主要政策思路

下一阶段，中国人民银行将坚持以习近平新时代中国特色社会主义思想为指导，坚决贯彻落实党中央、国务院决策部署，统筹常态化疫情防控和经济社会发展工作，全力做好"六稳""六保"和"十三五"规划收官工作，确保实现全面建成小康社会奋斗目标。同时，将力量更加集中到深入贯彻落实党的十九届五中全会精神上来，认识新发展阶段，贯彻新发展理念，构建新发展格局，完善宏观经济治理，搞好跨周期政策设计，促进经济总量平衡、结构优化、内外均衡。建设现代中央银行制度，完善货币供应调控机制，健全市场化利率形成和传导机制，构建金融有效支持实体经济的体制机制。

稳健的货币政策更加灵活适度、精准导向，更好适应经济高质量发展的需要，更加注重金融服务实体经济的质量和效益。完善货币供应调控机制，根据宏观形势和市场需要，科学把握货币政策操作的力度、节奏和重点，既保持流动性合理充裕，不让市场缺钱，又坚决不搞"大水漫灌"，不让市场的钱溢出来。健全市场化利率形成和传导机制，深化贷款市场报价利率改革，继续释放改革促进降低贷款利率的潜力，综合施策推动社会融资成本明显下降，发挥市场在人民币汇率形成中的决定性作用。增强结构性货币政策工具的精准滴灌作用，提高政策直达性。重视预期管理，保持物价水平稳定。处理好内外部均衡和长短期关系，尽可能长时间实施正常货币政策，保持宏观杠杆率基本稳定。打好防范化解重大金融风险攻坚战，健全金融风险预防、预警、处置、问责制度体系，维护金融安全，牢牢守住不发生系统性金融风险的底线。以创新驱动、高质量供给引领和创造新需求，加快形成以国内大循环为主体、国内国际双循环相互促进的新发展格局。

一是稳健的货币政策更加灵活适度、精准导向。完善货币供应调控机制，综合运用中期借贷便利、公开市场操作、再贷款再贴现等多种货币政策工具保持流动性合理充裕，把好货币供应总闸门，保持广义货币供应量和社会融资规模增速同反映潜在产出的名义国内生产总值增速基本匹配，支持经济向潜在产出回归。引导市场利率围绕公开市场操作利率和中期借贷便利利率平稳运行。健全可持续的资本补充体制机制，加大对中小银行发行永续债等资本补充工具的支持力度，提升银行服务实体经济和防范化解金融风险的能力。完善宏观经济治理，促进货币政策与财政、就业、产业、投资、消费、环保、区域等政策目标优化、分工合理、高效协同。

二是进一步落实和发挥好再贷款、再贴现和直达实体经济的货币政策工具的牵引带动作用，强化对稳企业保就业的金融支持。保持再贷款、再贴现政策稳定性，对涉农、小微企业、民营企业和受疫情影响较重行业提供普惠性、持续性的资金支持。积极推进两个直达实体经济的货币政策工具，提升精准调控效果，引导地方法人金融机构加大对保持就业岗位基本稳定的普惠小微企业的信贷支持力度，切实缓解小微企业还本付息压力，缓解融资难问题。引导金融部门完成向实体经济让利1.5万亿元的目标。

三是构建金融有效支持实体经济的体制机制。创新和完善结构性货币政策工具体系，精准设计激励相容机制，引导金融机构加大对符合新发展理念相关领域的支持力度。完善金融支持创新体系，促进新技术产业化规模化应用，围绕创新链和产业链打造资金链，形成金融、科技和产业良性循环和三角互动。推动供应链金融规范发展和创新，联合有关部门逐步落地具体配套政策，精准服务供应链产业链完整稳定。健全农村金融服务体系，研究做好金融支持脱贫攻坚与乡村振兴政策衔接，加快出台商业银行服务乡村振兴考核办法。推动商业银行改进内部资源配置和绩效考核评价，建立健全银行增加小微企业贷款投放的长效机制，引导金融机构加大对小微企业、民营企业、“三农”、制造业的信贷支持，提升金融科技水平，增强金融普惠性。牢牢坚持房子是用来住的、不是用来炒的定位，坚持不将房地产作为短期刺激经济的手段，坚持稳地价、稳房价、稳预期，保持房地产金融政策的连续性、一致性、稳定性，实施好房地产金融审慎管理制度。

四是深化利率、汇率市场化改革，提高金融资源配置效率。健全市场化利率形成和传导机制，持续深化LPR改革，巩固市场化LPR报价机制，督促金融机构更好地将LPR嵌入贷款FTP，增强贷款内外部定价与LPR的联动性，用改革的办法促进融资成本进一步下行，提高货币政策传导效率。发挥好市场利率定价自律机制作用，规范存款利率定价行为，强化对各类贷款主体贷款年化利率明示的自律，维护公平定价秩序和市场公平竞争，切实保护金融消费者权益。稳步深化人民币汇率市场化改革，完善以市场供求为基础、参考一篮子货币进行调节、有管理的浮动汇率制度，保持人民币汇率弹性，发挥汇率调节宏观经济和国际收支自动稳定器作用。稳定市场预期，保持人民币汇率在合理均衡水平上的基本稳定。加快发展外汇市场，引导企业树立“财务中性”理念，通过外汇衍生品管理汇率风险，引导金融机构坚持“风险中性”理念，为基于实需原则的进出口企业提供汇率风险管理服务。稳步推进人民币资本项目可兑换，完善人民币跨境使用的政策框架和基础设施，提高人民币在跨境贸易和投资使用中的便利化程度。

五是加强金融市场基础制度建设，切实发挥好金融市场在稳增长、调结构、促改革和防风险方面的作用。积极完善债券市场管理制度建设，促进公司信用类债券信息披露标准统一。坚持市场化、法治化原则，完善债券违约风险防范和处置机制。加强金融市场基础设施统筹监管，实现债券市场基础设施互联互通落地，持续推进托管行和交易报告库建设，确保金融市场整体安全稳定和高效运行。积极稳妥推动债券市场对外开放，整合入市渠道、优化入市流程，为境外投资者提供更加友好、便利的投资环境。

六是进一步推进金融机构改革，不断完善公司治理，优化金融供给。坚持以强化公司治理为核心，深化国有商业银行改革，建立中国特色现代金融企业制度，提高效率，更好服务小微企业、民营企业。从完善货币、监管、税收等制度入手，支持中小银行和农村信用社持续健康发展，促进中小银行和农村信用社回归当地、回归本源，建立有效的治理制衡机制，健全资本补充的长效机制。改革优化政策性金融，实行业务分账管理、分类核算，提升支持国家战略的能力。

七是健全金融风险预防、预警、处置、问责制度体系。维护金融安全，打好防范化解重大金融风险攻坚战，坚决守住不发生系统性金融风险的底线。健全金融风险预防预警体系，对银行体系开展全覆盖的压力测试，支持银行特别是中小银行多渠道补充资本和完善治理，加大不良贷款损失准备计提力度及核销处置力度，增强金融机构的稳健性和可持续经营能力。大力发展监管科技，提高监管的专业性、有效性和严肃性。稳妥推进各项风险化解任务，坚决不让局部风险发展成系统性风险、区域性风险演化为全国性风险。加快健全金融风险处置责任体系，压实股东、各类债权人、地方政府和金融监管部门责任。

PART 1 Money and Credit Analysis

Since the beginning of 2020, the People's Bank of China (PBC) has resolutely implemented the decisions and arrangements made by the CPC Central Committee and the State Council. With the sound monetary policy more flexible, appropriate, and targeted, money and credit as well as aggregate financing witnessed a reasonable growth in scale, the credit structure was further improved, and the quality and efficiency of financial services for the real economy were increasingly higher, thus driving the steady recovery of the macro economy and yielding positive results for stabilizing businesses and securing employment.

I. Liquidity in the banking system was adequate at a reasonable level

From the third quarter of 2020, amid the changes in economic and financial conditions, the PBC had a rational grasp of the intensity and pace of monetary policy tools, such as the Medium-term Lending Facility (MLF) and open market operations (OMOs) to promptly satisfy reasonable demands for liquidity in financial institutions. Liquidity in the banking system was constantly kept adequate at a reasonable level, and an equilibrium was maintained between liquidity supply and demand in the short, medium, and long terms. Capacity to adjust liquidity has been further improved. In the meanwhile, the PBC strengthened expectation management by announcing monetary policy arrangements in advance and it ironed out short-term fluctuations in the market in a timely manner. With the system of policy interest rates further refined, money market interest rates

Figure 1 Movement of Money Market Interest Rates

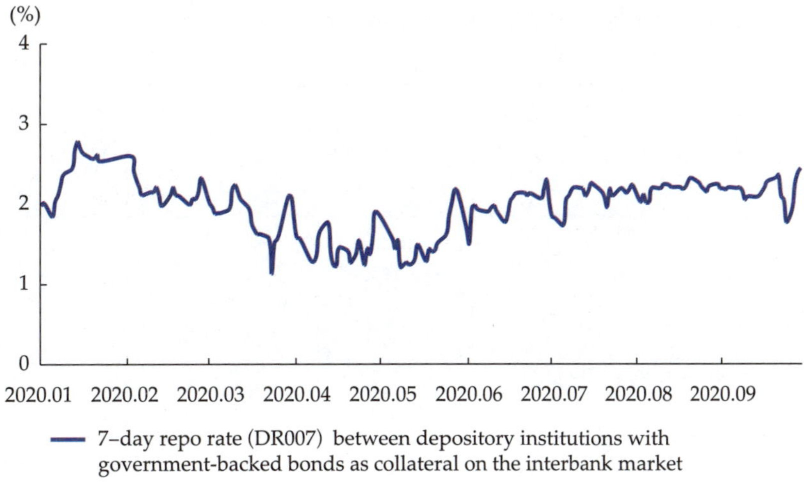

Source: www.chinamoney.com.cn.

were guided to move smoothly around the OMO rates, and the volatility of interest rates was further reduced. Stable market expectations enabled financial institutions to trim down their preventive demands for liquidity. At the end of September, the excess reserve ratio of financial institutions registered 1.6 percent, down 0.2 percentage points from the previous year.

II. Lending by financial institutions grew reasonably, with the credit structure optimized and the lending rates moving downwards

Loans grew at a reasonable rate and the financial sector continued to support the recovery of the real economy. Pursuing a sound monetary policy, the PBC properly managed the intensity, pace, and focus of adjustments in line with the requirement of being flexible, appropriate, and targeted, and it constantly released the potential of the loan prime rate (LPR) reform to lower financing costs. The role of a targeted structural monetary policy was brought into play to promote lending in favor of micro and small businesses (MSBs) and private enterprises. Outstanding loans issued by financial institutions in domestic and foreign currencies grew 12.8 percent year on year to RMB 175.5 trillion at end-September, increasing RMB 16.9 trillion from the beginning of the year and RMB 3.1 trillion more than the increase in the corresponding period of 2019. Outstanding RMB-denominated loans grew 13.0 percent year on year to RMB 169.4 trillion, up RMB 16.3 trillion from the beginning of the year and a larger increase of RMB 2.6 trillion compared with the corresponding period of the previous year.

The credit structure was remarkably optimized. Medium and long-term loans to the manufacturing sector and loans to MSBs recorded a rapid growth. At end-September, loans to enterprises and public entities grew by RMB 10.6 trillion from the beginning of the year, a year-on-year acceleration of RMB 2.3 trillion. Medium and long-term loans to the manufacturing sector gained 30.5 percent, an

Table 1 The Structure of RMB Loans in the First Three Quarters of 2020

Unit: RMB 100 million

Item	Outstanding amount at end-September	YOY growth (%)	Increase from the beginning of the year	YOY acceleration
RMB loans to	1,693,665	13.0	162,554	26,286
Households	614,431	14.7	61,241	4,464
Enterprises and public entities	1,068,347	12.4	105,632	23,464
Non-banking financial institutions	5,107	−35.5	−4,720	−1,879
Overseas	5,780	10.3	401	238

Note: Loans to enterprises and public entities refer to loans to non-financial enterprises, government departments, and organizations.

Source: The People's Bank of China.

Table 2 New RMB Loans by Financial Institutions in the First Three Quarters of 2020

Unit: RMB 100 million

Category	Increase from the beginning of the year	YOY acceleration
Chinese-funded large-sized banks[1]	74,344	16,449
Chinese-funded small and medium-sized banks[2]	88,053	10,770
Small-sized rural financial institutions[3]	22,833	4,585
Foreign-funded financial institutions	545	−196

Notes: 1. Chinese-funded large-sized banks refer to banks with assets (in both domestic and foreign currencies) of RMB 2 trillion or more (according to the amount of total assets in both domestic and foreign currencies at end-2008).
2. Chinese-funded small and medium-sized banks refer to banks with total assets (in both domestic and foreign currencies) of less than RMB 2 trillion (according to the amount of total assets in both domestic and foreign currencies at end-2008).
3. Small-sized rural financial institutions include rural commercial banks, rural cooperative banks, and rural credit cooperatives.
Source: The People's Bank of China.

Table 3 Weighted Average Interest Rates on New Loans Issued in September 2020

Item	September (%)	Change from December 2019 (percentage point)	YOY change (percentage point)
Weighted average interest rate on new loans	5.12	−0.32	−0.50
On ordinary loans	5.31	−0.43	−0.65
Of which: on corporate loans	4.63	−0.49	−0.61
On bill financing	3.23	−0.03	−0.10
On mortgage loans	5.36	−0.26	−0.19

Source: The People's Bank of China.

acceleration for eleven consecutive months. Outstanding inclusive loans to MSBs grew by 29.6 percent year on year to RMB 14.6 trillion and their growth rates hit new records from March to September. These loans supported 31.28 million MSBs, increasing 21.8 percent year on year. In the first three quarters, inclusive loans to MSBs increased by RMB 3 trillion, a year-on-year acceleration of RMB 1.2 trillion.

The weighted average interest rates on loans stood at a relatively low level and corporate lending rates continued to move downwards. In September, the one-year LPR fell by 0.3 percentage points from December 2019 to 3.85 percent, and the over-five-year LPR fell by 0.15 percentage points to 4.65 percent. In September, the weighted average lending rate recorded 5.12 percent, down 0.32 percentage points from December 2019 and 0.5 percentage points year on year. In particular, the weighted average interest rate on ordinary loans registered 5.31 percent, down 0.43 percentage points from December 2019 and 0.65 percentage points year on year; the weighted average corporate lending rate fell by 0.49 percentage points from December 2019 to 4.63 percent, a drop clearly exceeding that of the LPR, which is conducive to lowering the financing costs of enterprises.

In September, the share of ordinary loans with rates above, at, or below the LPR

Table 4 Shares of RMB Lending Rates at Different Levels from January to September 2020

Unit: %

Month	LPR-bps	LPR	LPR+bps					
			Subtotal	(LPR, LPR+0.5%)	[LPR+0.5%, LPR+1.5%)	[LPR+1.5%, LPR+3%)	[LPR+3%, LPR+5%)	LPR+5% and above
January	20.63	1.75	77.62	19.95	24.70	16.83	8.95	7.17
February	31.41	2.12	66.47	17.72	21.02	12.29	6.91	8.53
March	24.42	2.75	72.83	19.39	22.81	14.35	8.87	7.42
April	20.72	3.72	75.56	17.40	25.35	14.91	9.88	8.01
May	22.36	5.24	72.41	14.76	25.31	14.10	9.88	8.36
June	24.00	5.97	70.03	14.95	25.63	13.21	8.84	7.40
July	21.69	5.86	72.45	13.63	26.19	14.17	9.48	8.97
August	24.48	6.29	69.23	13.26	23.77	13.62	9.41	9.15
September	24.89	7.41	67.70	13.31	23.74	14.09	8.78	7.79

Source: The People's Bank of China.

Table 5 Average Interest Rates of USD-denominated Large-value Deposits and Loans from January to September 2020

Unit: %

Month	Large-value deposits						Loans				
	Demand deposits	Within 3 months	3~6 months (including 3 months)	6~12 months (including 6 months)	1 year	More than 1 year	Within 3 months	3~6 months (including 3 months)	6~12 months (including 6 months)	1 year	More than 1 year
January	0.31	1.94	2.46	2.61	2.61	2.62	2.88	2.78	2.58	2.52	3.71
February	0.28	1.97	2.47	2.48	2.52	2.47	2.76	2.76	2.43	2.58	3.49
March	0.21	1.43	1.84	1.72	1.77	1.68	2.19	1.92	1.80	1.57	2.85
April	0.21	1.06	1.90	2.02	2.08	1.88	2.15	2.26	1.97	1.82	2.43
May	0.21	0.95	1.32	1.38	1.61	1.74	1.71	1.73	1.59	1.62	2.27
June	0.20	0.75	1.32	1.30	1.41	1.45	1.57	1.47	1.41	1.46	2.42
July	0.21	0.70	1.07	1.16	1.39	1.46	1.53	1.43	1.32	1.32	2.17
August	0.23	0.73	0.96	1.24	1.36	1.43	1.46	1.40	1.28	1.30	1.95
September	0.21	0.72	0.92	1.16	1.18	1.39	1.37	1.24	1.35	1.29	2.46

Source: The People's Bank of China.

registered 67.7 percent, 7.41 percent, and 24.89 percent, respectively. In general, the upward and downward float of the loan rates around the LPR as a whole moved downward compared with that in June.

The sustained easy monetary policies of the developed economies prompted a decrease in the interest rates on foreign-currency deposits and loans. In September, the weighted average interest rates on demand large-value USD-denominated deposits and that with maturities within 3 months registered 0.21 percent and 0.72 percent, respectively, up 0.01

Table 6 The Structure of RMB Deposits in the First Three Quarters of 2020

Unit: RMB 100 million

Item	Deposits at end-Setember	YOY growth (%)	Increase from the beginning of the year	YOY acceleration
RMB deposits	2,110,774	10.7	181,511	49,337
Households	912,537	13.9	99,505	14,182
Non-financial enterprises	649,315	12.4	54,875	39,646
Public entities	311,944	1.5	14,775	−6,988
Fiscal entities	47,118	−2.9	6,278	−1,709
Non-banking financial institutions	177,228	10.0	4,765	3,537
Overseas	12,632	9.5	1,312	669

Source: The People's Bank of China.

percentage point and down 0.03 percentage points, respectively, from June. The weighted average interest rates of USD-denominated loans with maturities within 3 months and with maturities between 3 months (including 3 months) and 6 months registered 1.37 percent and 1.24 percent, respectively, down 0.20 percentage points and 0.23 percentage points, respectively, from June.

Growth of deposits picked up. At end-September, outstanding deposits in domestic and foreign currencies in all financial institutions posted RMB 216.9 trillion, up 10.7 percent year on year, 2.1 percentage points higher than that at the end of the previous year. Outstanding RMB deposits registered RMB 211.1 trillion, up 10.7 percent year on year, 2 percentage points higher than those at the end of the previous year. Outstanding deposits in foreign currencies stood at USD 848.7 billion, an increase of USD 90.9 billion from the beginning of the year and an acceleration of USD 86.2 billion year on year. Fiscal revenues declined, expenditures for pandemic containment increased, and the distribution of funds for special bonds accelerated. As a result, fiscal deposits decreased by 2.9 percent year on year.

III. Broad money supply and aggregate financing to the real economy grew at a reasonable rate

At end-September, outstanding M2 recorded RMB 216.4 trillion, up 10.9 percent year on year, an acceleration of 2.2 percentage points from the end of 2019. Outstanding M1 registered RMB 60.2 trillion, a year-on-year growth of 8.1 percent and 3.7 percentage points higher than that at the end of the previous year. Outstanding M0 reached RMB 8.2 trillion, up 11.1 percent year on year and an increase of 5.7 percentage points from the end of 2019. The first three quarters of 2020 witnessed a net cash injection into the economy of RMB 518.1 billion, a rise of RMB 426.0 billion year on year.

According to preliminary statistics, outstanding aggregate financing to the real

Table 7 Aggregate Financing to the Real Economy in the First Three Quarters of 2020

Item	At end-September 2020		In the First Three Quarters of 2020	
	Stock (RMB 1 trillion)	YOY growth (%)	Flow (RMB 100 million)	YOY change (RMB 100 million)
AFRE	280.07	13.5	296,200	90,095
Of which: RMB loans	168.26	13.2	166,881	27,919
Foreign currency loans (RMB equivalents)	2.35	7.7	3,052	3,863
Entrusted loans	11.13	-5.1	-3,190	3,264
Trust loans	7.03	-8.5	-4,137	-3,059
Undiscounted bankers' acceptance bills	3.90	18.7	5,676	10,900
Corporate bonds	27.39	20.6	40,966	16,537
Government bonds	44.46	20.2	67,313	27,434
Domestic equity financing by non-financial enterprises	7.97	10.0	6,099	3,756
Other financing	7.36	21.6	7,036	-1,037
Of which: Asset-backed securities of depository financial institutions	1.63	11.3	-532	-2,385
Loans written off	4.83	32.0	7,644	1,166

Notes: 1. The AFRE (stock) refers to the outstanding financing provided by the financial system to the real economy at the end of a period. The AFRE (flow) refers to the volume of financing provided by the financial system to the real economy within a certain period of time.

2. Since December 2019, the PBC has further improved AFRE statistics by incorporating "treasury bonds" and "local government general bonds" into the AFRE and combining them with the existing "local government special bonds" under the item of "government bonds". The value of this indicator is the face value of the bonds under custody. Since September 2019, the PBC has further improved the "corporate bonds" statistics contained in the AFRE by incorporating "exchange-traded asset-backed corporate securities" into it. To improve the AFRE statistical method, The PBC has incorporated "local government special bonds" into the AFRE since September 2018 and has incorporated "asset-backed securities by depository financial institutions" and "loans written off" into the AFRE statistics under the item of "other financing" since July 2018.

3. Year-on-year statistics in the table are on a comparable basis.

Sources: The People's Bank of China, China Banking and Insurance Regulatory Commission, China Securities Regulatory Commission, China Central Depository & Clearing Co., Ltd., National Association of Financial Market Institutional Investors, etc.

economy (AFRE) reached RMB 280.07 trillion at end-September, up 13.5 percent year on year and an acceleration of 2.8 percentage points over the end of the previous year. In the first three quarters of 2020, the incremental AFRE reached RMB 29.62 trillion on a cumulative basis, an increase of RMB 9.01 trillion year on year. Growth of the AFRE was characterized by the following features. First, RMB loans saw a substantially larger year-on-year increase. Second, the drop in entrusted loans narrowed and the year-on-year growth in undiscounted bankers' acceptances expanded. Third, both corporate bonds and equity financing increased considerably compared with the previous year. Fourth, government bonds saw a significantly larger year-on-year increase. Fifth, the decline in asset-backed securities of depository financial institutions accelerated from the previous year, while the growth in loans written off accelerated.

Box 1 The Correct Approach to Understanding the Relationship between the Central Bank Balance Sheet and Money Supply

In the traditional view, a change in broad money (M2) results from a change in base money, which is amplified by the money multiplier. Base money mainly consists of currency in circulation, required reserves, and excess reserves, it constitutes the major liabilities of the central bank, reflects implementation of the monetary policy, and is close to the size of the central bank's balance sheet numerically. Therefore, a change in the size of the central bank's balance sheet is easily regarded as a change in the monetary policy stance. As a matter of fact, there is no constant correlation between the growth of M2 and the change in the size of the central bank's balance sheet or base money.

Commercial banks, rather than the central bank, are the direct broad money creators. In reality, M2 is created by banks through credit expansion, such as bank lending, which is an independent behavior by banks and has nothing to do with base money. The central bank both provides support for and puts constraints on bank money creation by adjusting base money. When creating money through bank lending, the banks transfer the excess reserves, which are equal to a certain proportion of the new deposits, into the required reserves according to the requirements of the central bank. The central bank itself is not the money creator.

It should be noted that excess reserves are the liquidity in the banking system that can support money creation by banks, while the required reserves are the "frozen" liquidity

Figure 2 Size of the Balance Sheets of the Central Banks of China, the US, the Euro Zone and Japan

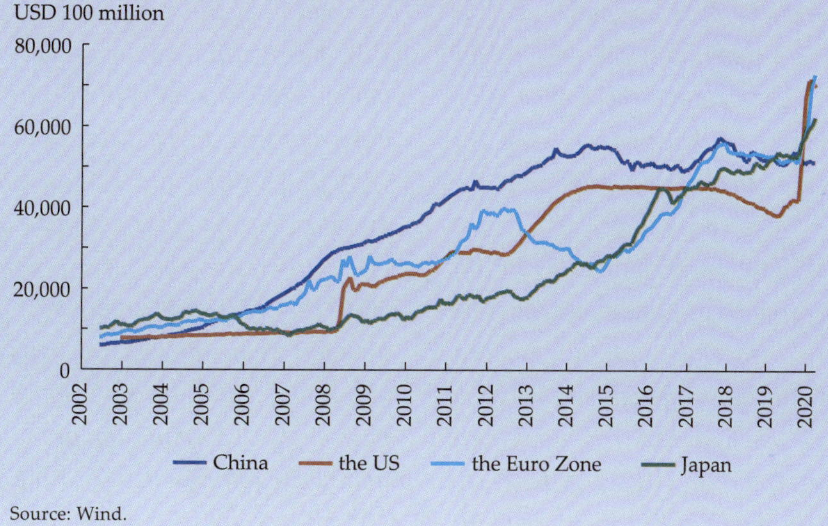

Source: Wind.

in the banking system that cannot support money creation. As the central bank's balance sheet and base money include the sum of the above two items, it is of little significance to simply use them to analyze the monetary policy stance. For example, prior to the global financial crisis in 2008, the size of the US Fed's balance sheet remained basically unchanged, and its monetary policy stance was tightened or loosened mainly through adjustments of the policy rate. Another example is that the size of the balance sheet of China's central bank expanded cumulatively eight times from early 2000 to end-2013, along with which there were also changes in China's monetary policy stance.

Over a broader time span, the balance sheet expansion of China's central bank has been roughly the same as that of the central banks of the major developed economies. From the beginning of 2000 to end-September 2020, the balance sheet of China's central bank expanded 9.6 times, which was roughly the same as that of the US Fed (9.5 times), the European Central Bank (7.1 times), and the Bank of Japan (5.2 times) over the same period (see Figure 2). The balance sheet expansion of China's central bank, starting from the beginning of this century, is a passive scale-up resulting from the growth of funds outstanding for foreign exchange, while the corresponding growth of base money mainly comes from the "frozen" required reserves, some of which will be "unfrozen" and become excess reserves when the central bank cuts the required reserve ratio (RRR). A RRR cut can also increase the liquidity in the banking system and support money creation, but the size of the central bank's balance sheet and base money will remain unchanged, or may even decrease in the short term, as the banks repay their loans to the central bank with the funds unleashed from the RRR cut. In contrast, the central banks in the major developed economies started their large-scale balance sheet expansion in the wake of the global financial crisis in 2008, which was aimed at further injecting liquidity through quantitative easing to stimulate the economy when the normal monetary policy space was depleted. The balance sheet expansion of the central banks in the developed economies basically corresponds to an increase in excess reserves, which is essentially different from that of China.

In recent years, breaking away from the passive balance sheet expansion caused by the growth of funds outstanding for foreign exchange, China's central bank has significantly enhanced its independence in monetary policy implementation, and the role of banks as the center of money creation has been brought into full play. Since the beginning of 2020, the PBC has mainly employed the two monetary policy instruments of RRR cuts and central bank lending to cushion the impact of the COVID-19 pandemic, both of which have had an effect on the central bank's balance sheet. As the balance sheet scale-down resulting from the RRR cuts counteracts the scale-up brought about by central bank lending, the size of the central bank's balance sheet remains basically stable while the growth rates of M2 and aggregate financing to the real economy (AFRE) are significantly higher than those in

2019. Compared with the ballooning size of the central bank balance sheets in the major developed economies, China's central bank has maintained a normal monetary policy with a smooth transmission.

One point that needs to be emphasized is that the money multiplier is the identity ratio between M2 and base money. The creation of M2 is the behavior of banks. Banks' demand for required reserve payments after deposit creation through bank lending can be offset by the central bank's RRR cuts, which shrink the central bank's balance sheet, or be met by central bank lending, which expands the balance sheet. This means that the money multiplier is actually an ex-post identity result and there is no direct logical relationship between the numerator and the denominator. The traditional view on the money multiplier is a mechanical observation of money creation, without a full awareness that it is commercial banks that create the money. Hence, it cannot be used to realistically analyze the money.

In general, there is no intrinsic logic underlying the relationship among the size of the central bank's balance sheet, the money multiplier, and the growth of M2. Moreover, as one of the few large economies that stick to a normal monetary policy, China does not need to inject liquidity through a large-scale expansion of its central bank's balance sheet. Therefore, it is inappropriate to measure the effects of monetary policy simply by gauging the expansion of the central bank's balance sheet or by the money multiplier. The key to observing the looseness or tightness of the monetary policy is to observe the money supply and the AFRE, both of which are the intermediate targets of the monetary policy. A reasonable growth of money and credit indicates that the banks' market-based role in money creation functions well and the central bank provides a moderate amount of base money. Going forward, in line with the decisions and arrangements made by the CPC Central Committee and the State Council, the PBC will continue to adopt a sound monetary policy in a more flexible, more appropriate, and better targeted manner, do a good job in designing cross-cyclical policies, improve the mechanism of money supply management, and bring into full play the positive role of the supply of base money in promoting high-quality development of the economy.

IV. The RMB exchange rate appreciated slightly, and cross-border RMB transactions continued to grow

Since the beginning of 2020, cross-border capital flows and foreign exchange supply and demand have been basically in equilibrium, with market expectations generally stable. Based on market supply and demand, the RMB exchange rate moved in both directions and remained basically stable at an adaptive and equilibrium level. In the first three quarters, the RMB exchange rate appreciated slightly against a basket of currencies. At end-September, the China Foreign Exchange Trade System (CFETS) RMB exchange rate index and the RMB exchange rate index based on the special drawing rights (SDRs) basket closed at 94.40 and 92.45, respectively, up 3.29 percent and 0.70 percent from end-2019, respectively. According to calculations by the Bank for International Settlements (BIS), at end-September, the nominal effective exchange rate (NEER) and the real effective exchange rate (REER) of the RMB appreciated 2.67 percent and 2.19 percent from end-2019, respectively. From 2005 when reform of the exchange rate formation mechanism commenced to end-September 2020, the NEER and REER of the RMB appreciated by 35.85 percent and 49.66 percent, respectively. In the first three quarters of 2020, the RMB exchange rate against the USD became more flexible and appreciated slightly. At end-September, the central parity of the RMB against the USD was 6.8101, up 2.44 percent from end-2019, and it appreciated by 21.53 percent on a cumulative basis from the launch of the reform of the exchange rate formation mechanism in 2005. In the first three quarters of 2020, the annualized volatility rate of the RMB exchange rate against the USD was 4.25 percent. On October 27, 2020, the Secretariat of the China Foreign Exchange Market Self-Regulatory Framework announced that some quoting banks of the RMB's central parity against the USD took the initiative to phase out in succession the use of a "counter-cyclical factor" in the quotation model of the RMB's central parity against the USD based on their judgment of the economic fundamentals and market situations. The adjusted model was conducive to enhancing the transparency, benchmark role, and effectiveness of the central parity quotations made by the quoting banks, and it demonstrated the role of market entities in the Foreign Exchange Market Self-Regulatory Framework.

Cross-border RMB transactions continued to grow with roughly balanced receipts and payments. In the first three quarters of 2020, cross-border RMB settlements totaled RMB 20.8 trillion, up 44 percent year on year.

Figure 3 Monthly RMB Payments and Receipts under the Current Account

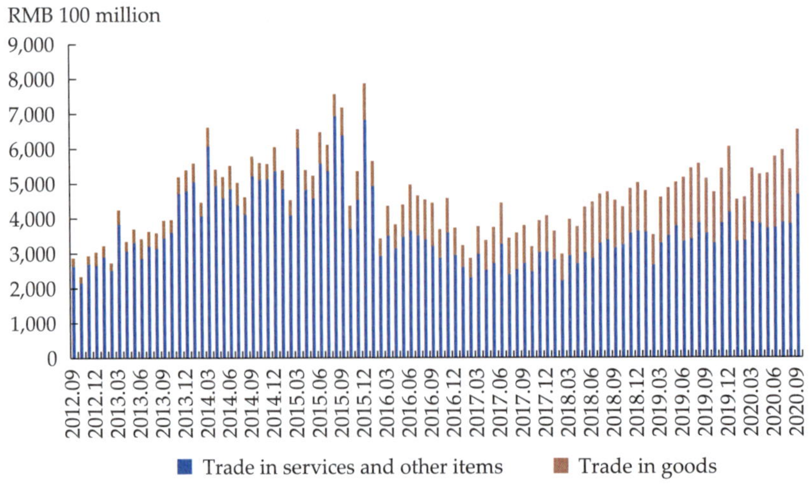

Source: The People's Bank of China.

In particular, RMB receipts and payments registered RMB 10.3 trillion and RMB 10.5 trillion, respectively. Cross-border RMB settlements under the current account grew by 11 percent year on year to RMB 4.9 trillion, among which that of trade in goods registered RMB 3.4 trillion whereas that of trade in services and other items registered RMB 1.5 trillion. Cross-border RMB settlements under the capital account posted RMB 15.9 trillion, up 58 percent year on year.

PART 2 Monetary Policy Operations

Since the beginning of 2020, amid the daunting challenges posed by the COVID-19 pandemic, the PBC has adhered to the guidance of Xi Jinping Thought on Socialism with Chinese Characteristics for a New Era, resolutely implemented the decisions and arrangements made by the CPC Central Committee and the State Council, made prompt and effective responses, and adopted a sound monetary policy in a more flexible, more appropriate, and better targeted manner. The PBC flexibly managed the intensity, pace, and focus of adjustments, remained committed to the already set combined goals of maintaining an appropriate aggregate policy, substantially lowering financing costs, and supporting the real economy in response to the great uncertainties in the environment, and went all out to ensure stability on six fronts, namely, employment, the financial sector, foreign trade, foreign investment, domestic investment, and expectations, and maintained security in six areas, namely, employment, the people's basic livelihood, the operations of market entities, food and energy security, stable industrial and supply chains, as well as the normal functioning of primary-level governments, so as to create a favorable monetary and financial environment for stabilizing businesses and securing employment and to provide strong support for pandemic containment and economic recovery.

I. Conducting open market operations in a flexible manner

Maintaining adequate liquidity at a reasonable level in the banking system. Since the beginning of Q3 2020, in light of the current liquidity level in the banking system, financial institutions' demand for liquidity, intensive government bond issuances, and other factors, the PBC conducted open market operations (OMOs) in a flexible manner, strengthened coordination of OMOs with mid and long-term monetary policy instruments, and maintained adequate liquidity at a reasonable level in the banking system as always, which was neither loosened nor tightened, with liquidity supply in the short, medium and long terms maintaining an equilibrium level that matched market demand. In the meanwhile, the PBC strengthened market communications, improved the transparency of monetary policy, and effectively stabilized market expectations by disclosing the plan of the month for Medium-term Lending Facility (MLF) operations in advance in the *Announcement of Open Market Operations*.

Guiding money market rates to move smoothly around the OMO rates. Since the beginning of Q3, the 7-day repo rate has remained unchanged at 2.20 percent on the open market, unaffected by the continuously easing monetary policies adopted by the developed economies, which steadily sends

Figure 4 Volume of Spot Transactions of Bank-issued Perpetual Bonds

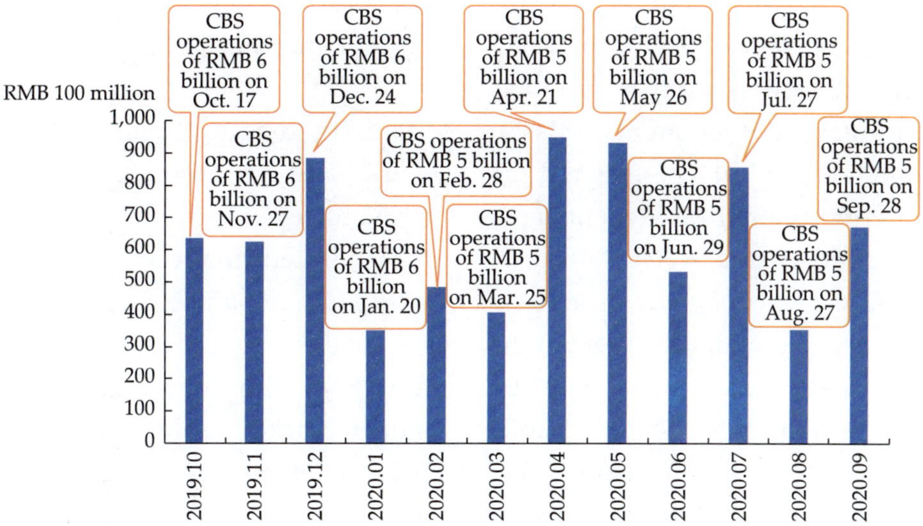

Source: The People's Bank of China.

policy rate signals and demonstrates a sound monetary policy stance. In the meanwhile, the 7-day and 14-day open market operations were reasonably matched so as to iron out the short-term liquidity fluctuations caused by tax peaks, intensive government bond issuances, seasonal factors, etc., and to guide money market rates to move smoothly within a reasonable range around the OMO rates, hence reducing interest rate volatility and bringing into play the increasingly important role of OMO rates as pivotal short-term market rates. In Q3, the 7-day repo rate (DR007), which is the weighted average funding rate between depository institutions on the interbank market, averaged 2.15 percent, 44 basis points lower than that in Q3 2019. At end-September, the DR007 stood at 2.45 percent, 40 basis points lower than that at the same time of the previous year.

Continuously conducting central bank bill swap (CBS) operations. In Q3, the PBC conducted CBS operations three times, with a total amount registering RMB 15 billion. The maturity of each operation was three months, at a fixed rate of 0.1 percent. Since the beginning of 2020, the PBC has conducted CBS operations once in each month, totaling RMB 46 billion. The CBS operations played a positive role in improving liquidity on the secondary market of bank-issued perpetual bonds and in supporting the issuance of perpetual bonds to replenish capital by banks, especially small and medium-sized banks.

Issuing central bank bills in Hong Kong on a regular basis. In Q3, the PBC issued three batches of RMB-denominated central bank bills in Hong Kong, totaling RMB 40 billion. Specifically, the 3-month, 6-month, and 1-year bills registered RMB 20 billion, RMB 10 billion, and RMB 10 billion, respectively. In Q1–Q3 2020, the PBC issued in Hong

Kong nine batches of RMB-denominated central bank bills in a total amount of RMB 120 billion. The regular issuance of RMB-denominated central bank bills in Hong Kong not only enriched RMB investment products and RMB liquidity management tools on the Hong Kong market but also fostered the offshore issues of offshore RMB-denominated bonds by both domestic and overseas financial institutions and enterprises, thus promoting the sustainable and sound development of the offshore RMB market. According to statistics, from January to September 2020, various bond issuers other than the PBC issued over RMB 99 billion of offshore RMB-denominated bonds, a year-on-year growth of 25 percent. The market would have been more willing to issue bonds without the disruption of the COVID-19 pandemic. With sustained growth in issuances, the how and where to issue off shore RMB-denominated bonds have become increasingly diversified and market vitality has improved substantially.

II. Conducting Medium-term Lending Facility and Standing Lending Facility operations

Well-timed MLF operations were conducted. The reasonable supply of medium- and long-term liquidity was ensured, giving full play to the signaling and guiding functions of the mid-term policy rate. From January to September, the PBC conducted a total of RMB 2.7 trillion of MLF operations, all with a maturity of one year. Specifically, the amount of MLF operations posted RMB 1.7 trillion in Q3, with a net injection of medium- and long-term liquidity of RMB 550 billion. At end-September, the outstanding MLF registered RMB 4.1 trillion, RMB 410 billion more than that at the beginning of the year. The rate of the latest one-year MLF operation posted 2.95 percent, the same as that at end-June.

Standing Lending Facility (SLF) operations were conducted in a timely manner. The demand for short-term liquidity by locally incorporated financial institutions was met in the full amount, with the SLF playing the role as the ceiling of the interest rate corridor, thus promoting the smooth operation of the money market. From January to September, the PBC conducted a total of RMB 157.4 billion SLF operations, of which RMB 6 billion of the operations were conducted in Q3. At end-September, the balance of SLF operations registered RMB 2.5 billion, and the overnight, 7-day, and 1-month SLF rates were 3.05 percent, 3.2 percent, and 3.55 percent, respectively, leveling off as compared with those at end-June.

III. Enhancing monetary and credit support to offset the impact of the COVID-19 pandemic

To coordinate on-going pandemic containment and economic and social development, the intensity, pace, and focus of monetary policy adjustments were properly managed based on the different features of each stage. Policy measures were implemented in a more direct manner with enhanced financial support for stabilizing businesses and securing employment, with the aim of ensuring stability on six fronts and maintaining security in six areas.

First, liquidity remained adequate at a

reasonable level. By means of required reserve ratio (RRR) cuts, MLF operations, and open market operations, liquidity was kept adequate at a reasonable level, thereby safeguarding the stable movement of market rates and creating a favorable liquidity environment for the issue of special central government bonds and local government special bonds. RMB 1.7 trillion of short-term liquidity was provided to the financial market when it reopened after the Spring Festival vacation, which effectively stabilized market expectations. The three rounds of RRR cuts in the first nine months of the year released RMB 1.75 trillion of long-term funds.

Second, the policies of RMB 1.8 trillion of central bank lending and central bank discounts were rolled out and put into place, with a multi-level and multi-tier approach. At the early stage of the pandemic outbreak, on January 31, the PBC arranged a first round of special central bank lending in the amount of RMB 300 billion so as to facilitate the issuance of loans for key medical and daily-necessity enterprises at preferential interest rates. The actual financing costs for these enterprises dropped to below 1.6 percent after a 50-percent fiscal subsidy on the loan interest, which vigorously supported the provision of medical supplies and daily necessities. When China entered the stage of work and production resumption with preliminary containment of the pandemic, as a second step, the PBC rolled out RMB 500 billion of central bank lending and central bank discounts on February 26. Commercial banks issued loans at rates no higher than the one-year LPR plus 50 basis points, which forcefully supported the resumption of work and production. With remarkable achievements in pandemic control during the previous stage and at the stage of accelerated resumption of production and order, the PBC rolled out a third round of RMB 1 trillion of inclusive central bank lending and central bank discounts on April 20, in an attempt to facilitate bank issuances of more loans to rural-development businesses, micro and small businesses (MSBs), and private enterprises. By keeping the average financing costs below 5.5 percent, the PBC expended all-out efforts to secure market entities. The policies of RMB 300 billion of special central bank lending and RMB 500 billion of central bank lending and central bank discounts had been fully implemented by end-June. Over 80 percent of the RMB 1 trillion of central bank lending and central bank discounts had been put into place by end-September, which played a vital role in supporting pandemic containment as well as supporting the resumption of work and production.

Third, with highlighted characteristics of directness and precision, two monetary-policy instruments directly supporting the real economy were proactively promoted, with the aim of stabilizing businesses, securing employment, and bolstering the development of small and medium-sized enterprises (SMEs). On June 1, 2020, the PBC created two monetary-policy instruments directly supporting the real economy. The support instrument allowing MSBs to defer repayments of inclusive loans was operated on a monthly basis, providing a cumulative RMB 4.7 billion of incentive funds to locally incorporated banks, and supporting a total of RMB 469.5 billion of deferred principal of inclusive MSB loans from June to September. The weighted average time extension registered 12.6 months, easing the MSBs' temporary pressures to repay the loan principal and interest. The support scheme for inclusive unsecured loans to MSBs was operated on a quarterly basis, providing a cumulative RMB 93.2 billion of preferential funding to locally incorporated banks and supporting a total of RMB 264.6 billion of unsecured loans to MSBs from March to September, effectively alleviating the financing strains on the MSBs.

Fourth, the roles of financial institutions were brought into full play. Measures were taken to strengthen financial support for regions that were hard hit by the pandemic. Major state-owned banks were urged to ramp up support for inclusive MSBs, special credit support from policy banks was put into place, and locally incorporated banks were guided to effectively serve local communities. The financial regulatory authorities guided the financial sector to waive a part of its profits to the real economy by reducing loan interest rates through a deepened LPR reform, by implementing two monetary-policy instruments directly supporting the real economy, and by cutting charges and fees, etc. According to an estimation, a total of RMB 1.25 trillion of benefits had been waived by the financial sector in favor of the real economy by end-October. With the policy effects further unfolding, the goal of waiving RMB 1.5 trillion is expected to be achieved for the whole year.

IV. Further improving the macroprudential policy framework

The role of the macroprudential assessment (MPA) was effectively brought into play to optimize the credit structure and to promote the supply-side structural reform of the financial sector. In Q3 2020, the PBC further improved the assessment requirements for the financing for MSBs, private firms, and the manufacturing sector in the MPA in an attempt to secure incremental financing flows to the manufacturing sector and micro, small and medium-sized enterprises (MSMEs). The PBC improved the assessment for the use of the LPR, promoted banks to accelerate the shift in the pricing benchmark for outstanding floating-rate loans, and pushed ahead with a further decline in the overall financing costs for the real sector.

The foreign exchange risk reserve ratio was adjusted when appropriate. Since the beginning of 2020, the RMB exchange rate witnessed two-direction floating based on market supply and demand amid strengthened flexibility, stable market expectations, orderly cross-border capital flows, stable performance of the foreign exchange market, and balanced market demand and supply. As a result, the PBC decided to reduce the foreign exchange risk reserve ratio for forward foreign exchange sales from 20 percent to zero, effective from October 12, 2020, in a bid to keep the RMB exchange rate basically stable at an adaptive and equilibrium level.

The mechanism of countercyclical capital buffer was established. In September

2020, the PBC and CBIRC jointly issued the *Notice on Establishing a Mechanism of Countercyclical Capital Buffer* (Yinfa No. 233 [2020]), stipulating the establishment of the mechanism of countercyclical capital buffer and setting the initial countercyclical capital buffer ratio at zero. Looking forward, the PBC and CBIRC will assess and adjust the countercyclical capital buffer ratio as needed, taking into account in a comprehensive manner the macroeconomic and financial conditions, the macro leverage level, the soundness of the banking system, exposure to systemic financial risks, and other factors.

The development of financial holding companies was promoted with strengthened regulation. In September 2020, the State Council issued the *Decisions on Implementing the Access Management of Financial Holding Companies* (Guofa No. 12 [2020], hereinafter referred to as the *Decisions*), and the PBC promulgated the *Trial Measures on Regulation of Financial Holding Companies* (PBC Order No. 4 [2020], hereinafter referred to as the *Measures*). In line with the idea of macroprudential management and the principle of all-round, continuous, and look-through regulation, law-based market access and regulation is carried out on the basis of consolidated management of financial holding companies (FHCs), which are formed via investments by non-financial enterprises as controlling shareholders, so as to strengthen regulation of the business activities of the financial holding companies (FHC). Adhering to the principle that separate operation is the mainstream of the financial sector, the *Decisions* and the *Measures* institutionally isolated the real sector from the financial sector, which contributed to the sustainable and healthy development of the FHCs, to the prevention of risk contagion, and to a virtuous circle between the economy and finance.

V. Giving full play to the role of structural monetary policy instruments

The PBC actively used credit policies to support central bank lending, central bank discounts, pledged supplementary lending (PSL), and other policy tools to guide financial institutions to step up support for key areas and weak links in the national economy, such as MSBs, private firms, agriculture, rural areas, and farmer, as well as poverty alleviation. Good use was made of central bank lending to support special poverty alleviation projects to increase credit supply to areas of extreme poverty, including the "three autonomous regions," i.e., Tibet, four prefectures in southern Xinjiang, the areas in four provinces with large Tibetan populations, and the "three autonomous prefectures," i.e., Linxia in Gansu, Liangshan in Sichuan, and Nujiang in Yunnan, to lower the financing costs in these areas as well as to achieve targeted poverty alleviation. In Q3, RMB 7.2 billion of central bank lending for special poverty alleviation projects was provided, with the nationwide balance recording RMB 29.1 billion at end-September. At end-September, outstanding central bank lending to support rural development registered RMB 378.4 billion. Outstanding central bank lending for MSBs and for poverty alleviation posted RMB 800.8 billion and RMB 172.3 billion, respectively.

Outstanding central bank discounts registered RMB 482.2 billion. In the first nine months of 2020, the PBC made a net withdrawal of PSLs in the amount of RMB 103.1 billion from policy and development banks, with the net withdrawal in Q3 totaling RMB 74.7 billion and the outstanding PSL registering RMB 3.4343 trillion at end-September.

Targeted Medium-term Lending Facilities (TMLFs) maturing in Q3 were rolled over in the form of MLF. The TMLFs provided a stable and long-term funding source for financial institutions to expand credit supply to MSBs and private firms at low costs. On July 15, 2020, the PBC conducted one-year MLF operations totaling RMB 400 billion with a rate of 2.95 percent, which included the rollover of the TMLFs maturing in July. The instrument can roll over up to 3 years. At the end of September, the outstanding TMLFs totaled RMB 296.6 billion.

Box 2 Fully Implementing Monetary Policy Instruments to Enable Direct Support to the Real Economy

To implement the policy arrangements of the CPC Central Committee and the State Council on ensuring stability on six fronts and maintaining security in six areas, the PBC, in line with the requirements of the Report on the Work of the Government (2020), unveiled on June 1, 2020 two instruments that can directly support the real economy, namely a support instrument allowing MSBs to defer repayments of inclusive loans, and a support scheme for inclusive unsecured loans to MSBs. The instruments are aimed at further improving the system of structural monetary policy instruments and beefing up financial support to keep businesses and employment stable.

I. A support instrument allowing MSBs to defer repayments of inclusive loans has been introduced to effectively ease repayment pressures

Amid the COVID-19 fallout, most MSMEs faced cash flow problems. To ease their pressure to repay the loan principal and interest, the PBC and China Banking and Insurance Regulatory Commission (CBIRC) promptly introduced policies to defer principal and interest repayments of the loans to MSMEs, with the repayment deadline extended until March 31, 2021. Specifically, repayments of inclusive loans to MSBs eligible for this policy should all be deferred, and other businesses facing financial difficulties can negotiate with their creditors about deferred repayments. According to this policy, all inclusive loans to MSBs that are due to mature before end-2020 are eligible to apply to defer the principal and interest repayments. Banks shall approve of the MSBs' deferred repayments as long as that in their applications they promise to keep their employment basically stable. As of end-September, 2020, principal repayments of 1.89 million market entities and interest repayments of 910 thousand market entities have been deferred by banking institutions across the country, involving RMB 4.7 trillion of principal and interest of matured loans.

To encourage locally incorporated banks to ensure maximum coverage of the deferred repayments policy on inclusive loans to MSBs, the PBC has launched a support instrument with the provision of funds totaling RMB 40 billion. The PBC, through interest rate swap agreements signed between special purpose vehicles (SPVs) and locally incorporated banks, provides the banks with incentive funds equal to about 1 percent of the total principal of inclusive MSB loans under deferred repayment. This instrument is conducted on a monthly basis, and incentives totaling RMB 4.7 billion have been channeled to locally incorporated banks, with inclusive MSB loan principal worth RMB 469.5 billion having been deferred in repayments from June to September, covering 500 thousand MSBs.

II. A support scheme for inclusive unsecured loans to MSBs has been launched to effectively enhance their share

In light of high operational risks of MSBs, banks normally require them to provide collateral guarantees before issuing them loans. Currently, unsecured loans issued by locally incorporated banks to MSBs account for only around 8 percent of their total loans. To alleviate the pains and difficulties arising from the MSBs' lack of such guarantees and to raise the share of the unsecured MSB loans, the PBC has launched a support scheme for inclusive unsecured loans to MSBs, with the provision of funds totaling RMB 400 billion. The PBC provides favorable funding support for locally incorporated banks through support scheme agreements for unsecured loans signed between the SPVs and the banks.

This support scheme is mainly targeted at locally incorporated banks with sound performance, and only those rated between level 1 and 5 in the PBC's rating of financial institutions in the previous quarter can qualify as applicants. For inclusive unsecured MSB loans with a maturity of no less than 6 months that are newly issued by eligible locally incorporated banks from March 1, 2020 to December 31, 2020, the PBC provides the banks with favorable funding through the support scheme. The funding equals 40 percent of the principal of the actually issued loans, with a maturity of one year. The MSBs covered by the plan must promise to keep employment basically stable.

From March to September 2020, banking institutions across the country cumulatively issued RMB 2.3 trillion of inclusive unsecured loans to MSBs, a year-on-year increase of RMB 796.1 billion. Specifically, loans issued by locally incorporated banks with a rate between level 1 and 5 registered RMB 973.3 billion, a year-on-year increase of RMB 349.9 billion. This instrument is conducted on a quarterly basis, and RMB 93.2 billion of favorable funding has been provided to locally incorporated banks rated between level 1 and 5. They were supported to issue RMB 264.6 billion of unsecured loans to MSBs from

March to September, covering 2.33 million MSBs.

III. Following market-based principles to enable targeted and direct financial support to the real economy

First, they are market-based. The PBC followed the commercial principle that commercial banks are provided with autonomy in their business operations and they can undertake credit risks by themselves. Through innovations in the operational arrangements of monetary policy instruments and the design of an incentive compatibility mechanism, financial institutions are fully motivated to take the initiative to enhance financial services to MSBs.

Second, they provide direct support to the real economy. Direct support does not mean the PBC directly provides funds to businesses. Instead, funding support provided by these two instruments is channeled to the real economy through financial institutions. These two instruments directly link monetary policy operations with financial support to financial institutions for MSBs. As long as MSBs commit themselves to keeping employment basically stable, and locally incorporated banks follow the rules in arranging loan deferments or in issuing unsecured loans to MSBs, these banks are eligible for PBC support, thus ensuring efficient and direct flows of funds to the real economy.

Third, they are targeted. These two instruments specify the eligible targets and scope of policy support. Locally incorporated banks with MSBs as their major clients are eligible for policy support, and the scope includes deferred principal and interest repayments of the inclusive loans to MSBs and newly-issued inclusive unsecured loans to MSBs, thus ensuring precise and targeted funding support to MSBs through locally incorporated banks.

Going forward, the PBC will continue to put in place these two monetary policy instruments step by step, effectively ease the MSBs' pressures to repay loan principal and interest, to increase the share of unsecured loans, and to bolster financial support to keep businesses and employment stable.

VI. Bringing into full play the role of credit policy in guiding structural reform

By focusing its efforts on promoting high-quality development, the PBC guided financial institutions to continue to step up support to key areas and weak links in the national economy,and kept businesses and employment stable, thus ensuring that the targets and tasks for winning the battle against poverty can be met, and bringing to completion the building of a moderately prosperous society in all respects. First, the PBC accelerated financial support to keep businesses and employment stable. A series of meetings was held to promote financial support to keep businesses and employment stable, sustained efforts were made to strengthen credit support to MSMEs, and funding for MSMEs was promoted to achieve "an increase in quantity, a decrease in price, an improvement in quality, and an expansion in coverage". The PBC made innovations in monetary policy instruments that can directly support the real economy, issued the *Notice on Extending the Policy of Provisional Deferred Repayments of the Principal and Interest of Loans to Micro, Small and Medium-sized Enterprises and Stepping up Support for Unsecured Loans to Micro and Small Businesses,* clarified and improved policies, regularly monitored and issued reports, boosted media coverage and communications, and ensured policy implementation and transmission. By focusing on key support groups and key businesses, the PBC made innovations in many types of activities connecting government agencies, banks, and businesses to enable more effective and better-targeted connections. Second, the PBC made solid progress in targeted financial poverty alleviation. Areas in extreme poverty and counties that have not been lifted out of poverty were provided with stronger financial support, more financial support was channeled to industries for poverty alleviation, basic financial services in poverty-stricken areas were consolidated and enhanced, the establishment of supporting mechanisms for financial poverty alleviation was advanced, risks in financial poverty alleviation were well prevented, and the establishment of a long-term mechanism to reduce poverty by financial support was promoted. Third, the PBC continued to increase financial inputs to boost rural revitalization. Sustained financial guarantees were provided for the production of hogs and other areas, credit support to increase the area of high-standard cropland and to consolidate rural lands was promoted, the *Opinions on Expanding Effective Investments in Agriculture and Rural Areas and on Accelerating the Strengthening of Prominent Weaknesses in Agriculture, Rural Areas, and Farmers* were launched by the Office of the Central Leading Group for Rural Work with the cooperation of the PBC, financial support for effective investment in agriculture and rural areas was boosted, and financial services for new-type rural business entities and small rural households were enhanced to effectively meet their financing needs for business development.

VII. Deepening the market-based interest rate reform

The PBC advanced completion of the LPR reform and promoted the reduction of loan rates. First, the shift in the pricing benchmark for outstanding floating-rate loans was successfully achieved. By end-August, 92.4 percent of outstanding loans had completed the shift in the pricing benchmark. Specifically, 90 percent of the outstanding corporate loans and 99 percent of individual housing mortgage loans had completed the shift; 91 percent of the aforementioned outstanding loans were shifted to be priced with the LPR for reference. With the completion of the shift in the pricing benchmark for outstanding floating-rate loans, the movements of the LPR can have an impact on most of the loans. Accordingly, the implicit floor of the loan rates was completely removed and the efficiency of the transmission of monetary policy was further enhanced, with the financing costs lowered more notably. Second, the pricing of internal funds of financial institutions became notably more market-based. With the deepening of the LPR reform, the market-based LPR has gradually replaced the benchmark loan rates as a key reference for the internal funds transfer pricing (FTP) of commercial banks. Up to now, all the national banks have established the FTP system and have realized the linkage between the FTP and the LPR. Most of the locally incorporated financial institutions have also set up the FTP mechanism and have included the LPR in the FTP. Third, derivatives of the LPR witnessed fairly rapid development. As the pricing benchmark for outstanding loans was shifted to the LPR, basic assets pegged to the LPR will increase. There will be a rise in demand of financial institutions and enterprises for hedging against the risks brought about by LPR assets or the negative debt interest rate, with the LPR derivative transactions growing rapidly. Fourth, the LPR reform also played an important role in promoting the market-based reform of deposit rates. In September 2019, the weighted average interest rates of three-year and five-year deposits stood at 3.67 percent and 3.8 percent, respectively, down by 5 basis points and 26 basis points from last December.

VIII. Improving the market-based RMB exchange rate regime

The PBC continued to advance the market-based exchange rate regime reform and to improve the managed floating exchange rate regime based on market supply and demand with reference to a basket of currencies. It maintained the flexibility of the exchange rate and gave play to the role of the exchange rate as an automatic stabilizer in adjusting the macro economy and the balance of payments. Meanwhile, the PBC attached importance to guiding expectations and kept the RMB exchange rate basically stable at an adaptive and equilibrium level.

In Q3, the highest and lowest the central parities of the RMB against the USD were 6.7591 and 7.0710, respectively. During the 66 trading days, the RMB appreciated on 42 days and depreciated on 24 days. The biggest intraday appreciation and depreciation were 0.59 percent (397 bps) and 0.41 percent (277 bps), respectively. The RMB exchange rate against other major international currencies floated in two ways. At end-September, the central parities of the RMB against the dollar and the pound had appreciated 2.44 percent and 4.48 percent, respectively, from end-2019, while the RMB had depreciated 2.23 percent and 0.53 percent against the euro and the Japanese yen. From the RMB exchange rate regime reform in 2005 to end-September 2020, the RMB against the dollar, the euro, and the Japanese yen appreciated by a cumulative total of 21.53 percent, 25.27 percent, and 13.39 percent, respectively. Direct RMB trading was buoyant on the interbank foreign exchange market with steady liquidity, which helped lower the exchange costs of micro economic entities and facilitate bilateral trade and investment.

At end-September, under the bilateral currency-swap agreements between the PBC and foreign monetary authorities, the latter

Table 8 Trading Volume of the RMB against Other Currencies in the Interbank Foreign Exchange Spot Market in Q3 2020

Unit: RMB 100 million

Currency	USD	EUR	JPY	HKD	GBP	AUD	NZD
Trading volume	149,659.58	4,186.93	697.75	576.87	153.82	59.43	29.84
Currency	SGD	CHF	CAD	MYR	RUB	ZAR	KRW
Trading volume	251.08	13.06	36.03	1.01	6.03	0.81	15.65
Currency	AED	SAR	HUF	PLN	DKK	SEK	NOK
Trading volume	0.33	0.30	2.86	2.84	4.64	4.07	0.03
Currency	TRY	MXN	THB	KHR	KZT	MNT	
Trading volume	0.20	0	128.15	0.04	0.01	0	

Source: China Foreign Exchange Trade System.

utilized a total of RMB 32.826 billion, and the former utilized an equivalent of USD 447 million denominated in foreign currencies. These operations played an active role in promoting bilateral trade and investment.

Box 3 Advancing towards a More Market-based RMB Exchange Rate Formation Mechanism

Since 1994, the RMB exchange rate formation mechanism has undergone continuous reforms so as to be more market-based. It has gradually evolved into a managed floating exchange rate regime based on market supply and demand with reference to a basket of currencies. The extent to which the exchange rate is market-based has been continuously enhanced, with the market playing a decisive role in its formation. In recent years, this type of exchange rate regime has managed to withstand the test of several rounds of shocks. Efforts will be made to stick to the market-based reform of the RMB exchange rate formation mechanism, to optimize allocation of financial resources, to enhance the flexibility of the exchange rate, and to place an emphasis on guiding expectations, in a bid to keep the RMB exchange rate basically stable at an adaptive and equilibrium level under the framework of a general equilibrium.

1. Current features of the RMB exchange rate formation mechanism

First, the PBC has exited from regular intervention, with the RMB exchange rate mainly determined by the market. During the recent two years, the PBC has greatly reduced foreign exchange interventions by enhancing the role of market forces. While giving full play to the exchange rate as a price signal, the PBC has improved the efficiency of resource allocations.

Second, the RMB exchange rate has floated in two ways. From 2019 to Q3 of 2020, the RMB appreciated on 216 days and depreciated on 211 days during the 427 trading days. Recently, the RMB has appreciated, which largely reflects China's sound economic fundamentals. As China took the lead in containing the pandemic, it became the first country to resume work and production and to return to positive economic growth. With rapid growth of exports, overseas entities have continuously increased their RMB asset holdings. Overall, the RMB exchange rate continues to move in both directions.

Third, the RMB exchange rate formation mechanism has managed to withstand the test of several rounds of shocks. It has maintained flexibility in the exchange rate and has given full play to the role of the exchange rate as an automatic stabilizer in adjusting the macro economy and the balance of payments. During the first nine months of 2020, the annual volatility rate of the RMB against the USD posted 4.25 percent, virtually the same as those of other major international currencies. At end-September, the central parity of the RMB against the USD appreciated 2.4 percent from the beginning of 2020, and the China Foreign Exchange Trade System (CFETS) RMB Index against a basket of currencies appreciated 3.3 percent, registering a fairly moderate appreciation. Over the same period, the euro and Japanese yen appreciated against the USD by approximately 4.5 percent and 3 percent, respectively.

Fourth, as social expectations are stable, the foreign exchange market operates in an orderly manner. In recent years, the external environment has been getting more and more complicated. However, with strengthened expectation guidance by the PBC, expectations about the foreign exchange market remain stable. The "convergence of three prices", namely, the central parity, the onshore price, and the offshore price, has been achieved, avoiding the impact of the exchange rate overshooting on the macro economy. The depth of the foreign exchange market has gradually been improved, and its capacity to withstand shocks has been notably enhanced. The settlement and sale of foreign exchange by banks are basically balanced, and market supply and demand remain stable.

Fifth, the market-based RMB exchange rate has promoted a balance between an internal and external equilibrium. As the flexibility of the RMB exchange rate increases, the autonomy of monetary policy is enhanced. The PBC has pursued a sound monetary policy based on the domestic economic situation, avoiding a conflict in goals between an internal and external equilibrium. In this context, the RMB exchange rate has undergone orderly adjustments, reasonably reflecting changes in the supply and demand of the foreign exchange market. An automatic equilibrium in the balance of payments has been achieved, helping to strike a balance between an internal and external equilibrium. During the first half of 2020, the current account ran a surplus, while the capital account saw a deficit, exhibiting a notable pattern of two-way capital flows. On the one hand, capital inflows have increased, improving the structure of domestic asset holders. On the other hand, spontaneous capital outflows have increased. The major reason is that domestic banks have voluntarily increased their holdings of overseas assets and domestic institutions have raised the proportion of their overseas assets. This is a healthy pattern.

2. Adhering to a more market-based RMB exchange rate formation mechanism

In terms of the RMB exchange rate formation mechanism reform, the market will continue to play a decisive role in the formation of the RMB exchange rate, thereby optimizing the allocation of financial resources.

First, the PBC will stick to the managed floating exchange rate regime based on market supply and demand with reference to a basket of currencies, as this regime is currently the most appropriate institutional arrangement for an emerging market economy like China. It will continue to let the market play a role in determining the exchange rate and will avoid regular intervention in the foreign exchange market. Meanwhile, China's trade and investment structure is becoming more diversified. Changes in the exchange rates of its major trade and investment partners are all likely to have an impact on China's balance of payments and its internal and external equilibrium. With continuous reference to a basket of currencies, the role of the exchange rate in adjusting the macro economy and serving as a signal can be effectively enhanced.

Second, work will be done to continuously increase the flexibility of the RMB exchange rate so as to give full play to the role of the exchange rate as an automatic stabilizer in adjusting the macro economy and the balance of payments. At present, the international environment is becoming more complicated, with notable fluctuations in the international financial market. As investors are sensitive to any expectation changes, some news may trigger sharp market fluctuations. Only through enhancing flexibility of the RMB exchange rate can China withstand the impact of the external destabilizing factors and uncertainties, thereby maintaining the autonomy of its monetary policy. Meanwhile, importance must be attached to guiding expectations so as to create conditions for the orderly operation of the foreign exchange market and for the RMB exchange rate to be kept at an adaptive and equilibrium level.

Third, efforts will be made to strengthen management of the foreign exchange market. As the foreign exchange market exhibits a notable feature of heterogeneous expectations, changes in the expectations are more likely to cause a herd effect and have a substantial impact on the movements of the exchange rate. The PBC will give full play to the self-discipline mechanism of the foreign exchange market. Financial institutions are required to remain "risk neutral" and to intensify the authenticity verification of enterprises' foreign exchange derivative transactions so as to prevent the credit risks of financial institutions brought about by enterprises conducting transactions without a real need, leveraged illegal foreign exchange trading, and speculation and arbitrage.

Fourth, work will be done to strike a balance between an internal and external equilibrium and to keep the RMB exchange rate basically stable at an adaptive and equilibrium level under the framework of a general equilibrium. The RMB exchange rate is an important link connecting the real economy with the financial sector, the domestic economy with the overseas economy, and the domestic financial market with the international financial market. It is also a key pivot for coordinating RMB and foreign exchange policies and for handling an internal and external equilibrium. As China is a super-sized emerging market economy, attention must be mainly focused on domestic conditions during the formulation and implementation of monetary policy. The market-based exchange rate is conducive to enhancing the autonomy of monetary policy and to striking a balance between an internal and external equilibrium so as to keep the RMB exchange rate basically stable at an adaptive and equilibrium level under the framework of a general equilibrium.

IX. Promoting resolution of financial risks in a prudent and orderly manner and deepening the reform of financial institutions

Disposal of high-risk small and medium-sized financial institutions was successfully implemented. The PBC worked closely with other relevant departments and regional governments to mitigate the impact of the pandemic and delivered crucial progress and important results in the disposal of high-risk small and medium-sized financial institutions. The reform and restructuring plans of key financial institutions, including Baoshang Bank (BSB) and Jinzhou Bank, were carried out smoothly so as to ensure the smooth operation of the financial system during the critical and sensitive period and to firmly defend the bottom line so that no systemic risks should occur.

Risk resolution of BSB was promoted steadily and orderly. The takeover of BSB is a key campaign in the crucial battle of preventing and defusing financial risks. It is also the first case of disposing a distressed bank through purchase and assumption (P&A) since the establishment of the deposit insurance system in 2015. At present, the relevant business, acquired by Mengshang Bank and Huishang Bank, is operating smoothly. According to the asset and capital verification results that BSB has become seriously insolvent, a bankruptcy petition will be filed for BSB, and liquidation of the equity of the former shareholders and unguaranteed claims will be conducted in a law-based manner. In addition, the relevant departments are in the process of holding the people concerned accountable based on laws and regulations. This shows that the takeover of BSB is a decisive action and it has produced notable results, orderly eliminated the risks of BSB, successfully achieved the dual policy goals of preventing systemic risks and safeguarding financial stability, as well as preventing moral hazards and strengthening market discipline.

The reform of development and policy financial institutions was continuously deepened. The PBC fully promoted implementation of the reform plans for development and policy financial institutions to redefine their responsibilities and the scope of their business, improving corporate governance and constraint and incentive mechanisms, and preventing financial risks. The PBC guided development and policy financial institutions to fulfill their responsibilities, focus on their main business, and, with strengthened risk prevention and control, give full play to their role in supporting key areas and weak links in the national economy during the critical period so as to better serve national development strategies.

X. Deepening the reform of foreign exchange arrangements

Foreign exchange arrangements for trade in goods were further improved. First, the pilot program for facilitating foreign exchange receipts and payments under trade in goods was expanded to more areas. At end-September 2020, the pilot program covered 56 banks and 374 enterprises in 19 regions across China. Second, redundant regulations on the current account were sorted out and removed. In August 2020, with *the State Administration of Foreign Exchange* released the *Circular on Issuing Guidance for Current Account Activities (2020 Edition)* (Huifa No.11 [2020]), relevant rules and regulations were brought together in this all-in-one guidebook, while regulations and redundant provisions were significantly trimmed, including the rescinding of 29 regulations.

Innovative development of new forms of trade was boosted. First, individuals are now able to make trade settlement through personal foreign exchange savings accounts. Second, six banks including China CITIC Bank have been approved to conduct cross-border foreign exchange businesses based on electronic transaction information. Third, companies engaged in cross-border e-commerce are allowed to make net settlement payments according to the netting between expenses on overseas warehousing, logistics, and taxes and proceeds from export sales. Fourth, domestic companies engaged in international delivery services, logistics providers, and cross-border e-commerce platforms can pay the charges in advance for overseas warehousing and logistics for their customers. Fifth, the settlement of funds for market procurement trade in 31 pilot markets across China was facilitated. Sixth, comprehensive foreign trade service providers were encouraged to collect foreign exchange receipts on behalf of their clients, which benefited over 300 providers and nearly 100,000 foreign trade MSBs. Seventh, companies can submit summary declarations of small-value foreign-related receipts and payments in their own names so as to help MSBs accumulate good credit and lower trade costs.

The promotion of personal foreign exchange business was more regulated and innovative.

First, facilitation of foreign exchange sales of compensation was enhanced for overseas employees of Chinese companies. At end-September 2020, there was a total of 12,000 simplified transactions, covering USD 139 million. Second, off-counter processing of foreign exchange sales and purchases for overseas studies was introduced in some commercial banks, which are not part of the annual quota for foreign exchange purchases by individuals. At end-September, there were 1,189 relevant transactions or the equivalent of USD 26.12 million. Third, the pilot program for facilitating foreign exchange sales and purchases of the compensation for foreign professionals in China was approved in five places including Beijing and Chongqing. Fourth, the plan of some banks to facilitate small-value consumption under the current account by foreign individuals in China was approved.

Order in the foreign exchange market was maintained. Monitoring and analysis of potential risks incurred by cross-border fund flows were strengthened. Emphasis was placed on cracking down on illegal financial activities, such as underground banks, cross-border gambling, and illegal online foreign exchange trading, so as to ensure stability on six fronts and maintain security in six areas.

PART 3 Financial Market Conditions

In Q3 2020, the financial market operated generally smoothly. Money market transactions were active with stable interest rates. Amid the steady recovery of the economy, the coupon rates of all types of bonds rebounded and the volume of cash bond issuances and transactions expanded remarkably. The stock market continued to pick up and it witnessed year-on-year rises in both turnover and the size of funds raised.

I. Financial market overview

1. Money market transactions were active, with stable interest rates

Money market interest rates went up in July and August, followed by a fall in September. In September 2020, the monthly weighted average interest rate for interbank lending and pledged repos posted 1.8 percent and 1.93 percent, respectively, down 5 basis points and up 4 basis points, respectively, from June 2020. The monthly weighted average interest rate of government-backed bond repos among depository institutions posted 1.73 percent, 20 basis points lower than the monthly weighted average interest rate of pledged repos. At end-September, the overnight and 7-day Shibor posted 2.36 percent and 2.33 percent, respectively, up 58 basis points and 10 basis points from end-June, respectively.

The market saw active repo transactions and interbank lending. In the first three quarters of 2020, the volume of trading of bond repos on the interbank market reached RMB 733.3 trillion, representing an average daily turnover of RMB 3.9 trillion and a year-on-year increase of 19.4 percent. The volume of cumulative trading of interbank lending registered RMB 116.4 trillion, with an average daily turnover of RMB 619.1 billion and a year-on-year decrease of 2.7 percent. In terms of the maturity structure, overnight repos and overnight lending accounted for 84.8 percent and 90.5 percent, respectively, of the total turnover in bond repos and interbank lending, decreasing 0.4 percentage points and 1.2 percentage points year on year. The volume of bond repos traded on the exchange market increased 15.1 percent year on year to RMB 206.9 trillion.

The interbank CD and negotiable CD businesses operated steadily. In Q3 2020, a total of 7,147 interbank CDs were issued on the interbank market, raising RMB 5.4 trillion. The volume of trading on the secondary market totaled RMB 44.3 trillion. At end-September, outstanding interbank CDs reached RMB 11.2 trillion. In Q3 2020, the average weighted interest rate of 3-month interbank CDs was 2.61 percent, 8 basis points higher than that of the 3-month Shibor. A total of 10,407 negotiable CDs was issued by financial institutions in Q3 2020, raising RMB 2.0 trillion, with a decrease of RMB 625.3 billion year on year.

The interest rate swap market witnessed

Table 9 Fund Flows among Financial Institutions, in the First Three Quarters of 2020

Unit: RMB 100 million

Category	Repos		Interbank lending	
	Q1–Q3 2020	Q1–Q3 2019	Q1–Q3 2020	Q1–Q3 2019
Chinese-funded large banks[1]	−2,088,769	−1,459,948	−319,064	−219,620
Chinese-funded medium-sized banks[2]	−654,137	−557,039	−45,958	−106,491
Chinese-funded small-sized banks[3]	−1,119	138,117	94,169	82,008
Securities institutions[4]	820,183	633,339	205,936	195,045
Insurance institutions[5]	90,597	61,983	650	189
Foreign-funded banks	58,785	70,940	−18,575	−17,989
Other financial institutions and vehicles[6]	1,774,460	1,112,608	82,841	66,859

Notes: 1. Chinese-funded large banks include Industrial and Commercial Bank of China, Agricultural Bank of China, Bank of China, China Construction Bank, China Development Bank, Bank of Communications, and Postal Savings Bank of China.

2. Chinese-funded medium-sized banks refer to policy banks, China Merchants Bank and eight other joint-equity commercial banks, Bank of Beijing, Bank of Shanghai, and Bank of Jiangsu.

3. Chinese-funded small-sized banks refer to Hengfeng Bank, China Zheshang Bank, China Bohai Bank, other city commercial banks, rural commercial banks, rural cooperative banks, private banks, and village and township banks.

4. Securities institutions include securities firms, fund management companies, and futures companies.

5. Insurance institutions include insurance firms and corporate annuities.

6. Other financial institutions and vehicles include urban credit cooperatives, rural credit cooperatives, finance companies, trust and investment companies, financial leasing companies, asset management companies, social security funds, mutual funds, wealth management products, trust plans, and other investment vehicles. Some of these financial institutions and vehicles do not participate in the interbank lending market.

7. A negative sign indicates net lending and a positive sign indicates net borrowing.

Source: China Foreign Exchange Trade System.

Table 10 Transactions of Interest Rate Swaps in Q3 2020

Year/Quarter	Transactions	Notional principal (RMB 100 million)
Q3 2020	72,310	46,568.5
Q3 2019	62,876	50,304.7

Source: China Foreign Exchange Trade System.

orderly development. In Q3 2020, the RMB interest rate swap market witnessed 72,310 transactions, increasing 14.94 percent year on year, with the volume of the notional principal totaling RMB 4.66 trillion, a decrease of 7.36 percent year on year. In terms of the maturity structure, contracts with maturities of up to one year traded most briskly and the volume of the notional principal posted RMB 2.83 trillion, accounting for 60.8 percent of the principal of all maturities. The 7-day fixing repo rate and the Shibor served as the main reference rates for the floating leg of the RMB interest rate swaps, accounting for 83.09 percent and 14.29 percent, respectively, of the total notional principal of the interest rate swaps. In Q3 2020, interest rate swaps anchored to the LPR witnessed 380 transactions, with RMB 56.663 billion of the notional principal.

The LPR interest rate option business developed steadily. Since the LPR interest rate option business made its debut on the interbank market in March 2020, it has attracted participation by a variety of market

Figure 5 Yield Curves of Government Securities on the Interbank Market

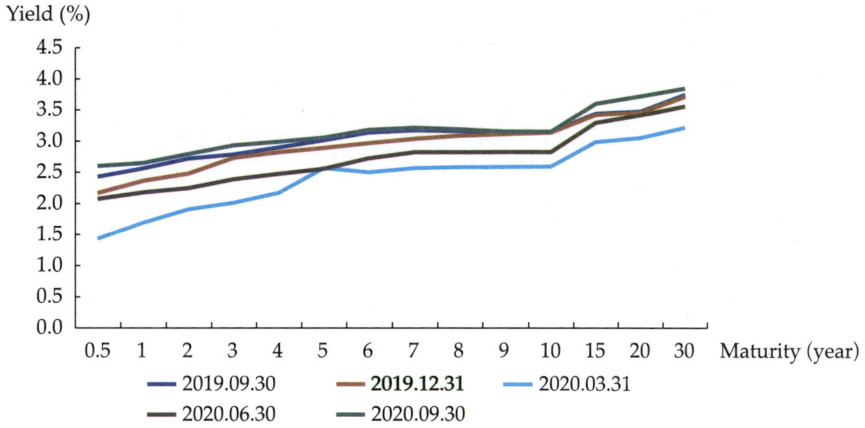

Source: China Central Depository & Clearing Co., Ltd.

players, covering large commercial banks, joint-stock commercial banks, city commercial banks, rural commercial banks, foreign-funded banks, securities companies, and so forth. In Q3 2020, a total of 154 interest rate option transactions were concluded, totaling RMB 36.65 billion. Specifically, 6 LPR interest rate swap transactions were concluded, amounting to RMB 620 million of the notional principal, and 148 were LPR interest rate cap/floor transactions, amounting to RMB 36.03 billion of the notional principal.

2. The coupon rate of bonds rebounded, and transactions and issuances of cash bonds expanded

Government bond yields generally experienced a choppy rise. In Q3 2020, due to the continuous improvement of economic fundamentals, the easing of risk aversion on the market, and the impact of the stock-bond seesaw effect, at end-September the yields of 1-year and 10-year government bonds posted 2.65 percent and 3.15 percent, respectively, increasing by 47 basis points and 33 basis points, respectively, from end-June. The yield curve went upward in a flattening trend.

The coupon rates of bonds rallied. The coupon rate of 10-year government bonds rolled over in September 2020 was 3.08 percent, 23 basis points higher than the rate in June 2020. The coupon rate of 10-year financial bonds issued by China Development Bank was 3.64 percent, 56 basis points higher than the rate in June 2020. The average rate of 1-year short-term financing bills (bond rating A-1) issued by AAA-rated non-financial enterprises was 3.71 percent, 135 basis points higher than the rate in June 2020.

The volume of cash bond transactions on the interbank market saw year-on-year growth and that on the stock exchanges witnessed a significant increase. In the first three quarters of 2020, the value of cash bond trading on the bond market posted RMB 205.66 trillion, registering an increase of 29.03 percent year on year. Specifically, the value of cash bond

Table 11 Bond Issuances in the First Three Quarters of 2020

Unit: RMB 100 million

Type of bond	Issuances	YOY change
Government securities	47,869	18,081
Local government bonds	56,789	14,967
Central bank bills	0	0
Financial bonds[1]	212,108	21,757
Of which: Financial bonds issued by China Development Bank and policy financial bonds	43,783	14,873
Interbank certificates of deposits	132,666	3,160
Corporate debenture bonds[2]	107,139	30,013
Of which: Debt-financing instruments of non-financial enterprises	71,099	20,848
Enterprise bonds	4,150	544
Corporate bonds	23,293	6,512
Bonds issued by international institutions	505	175
Total	424,410	84,993

Notes: 1. Including financial bonds issued by China Development Bank, policy financial bonds, bonds issued by commercial banks (including ordinary bonds, subordinated bonds, and hybrid bonds), bonds issued by securities firms, and interbank certificates of deposit.

2. Including debt-financing instruments issued by non-financial enterprises, enterprise bonds, corporate bonds, convertible bonds, bonds with detachable warrants, privately offered SME bonds, and asset-backed securities on Shanghai Stock Exchange and Shenzhen Stock Exchange issued by non-financial enterprises.

Sources: The People's Bank of China, China Securities Regulatory Commission, and China Central Depository & Clearing Co., Ltd.

trading on the interbank market was RMB 192.07 trillion, representing an average daily turnover of RMB 1.02 trillion and an increase of 25.4 percent year on year. The value of cash bond transactions on the stock exchanges totaled RMB 13.59 trillion, with an increase of 119.3 percent year on year. The value of bond lending transactions stood at RMB 5.66 trillion, with an increase of 74.2 percent year on year.

Bond issuances saw year-on-year growth. In the first three quarters of 2020, the cumulative value of bond issuances totaled RMB 42.44 trillion, with an increase of 25.2 percent year on year. At end-September, outstanding bonds held in custody amounted to RMB 113.76 trillion, with an increase of 18.6 percent year on year. In the first three quarters of 2020, the cumulative value of corporate debenture bonds registered RMB 10.71 trillion, increasing 38.9 percent year on year.

3. Bill financing edged up, and interest rates on the bill market remained relatively stable

The bill acceptance business developed steadily. From January to September 2020, commercial drafts issued by enterprises totaled RMB 16.5 trillion, rising 10.1 percent year on year. At end-September, outstanding commercial drafts stood at RMB 13.9 trillion, increasing 11.9 percent year on year. Outstanding commercial draft acceptances dropped slightly, an increase by RMB 1.2 trillion from the beginning of the year and a decrease by RMB 278.5 billion from end-June; 70.3 percent of the outstanding bankers' acceptances were issued by MSMEs.

Bill financing continued to expand, with interest rates moving upward. From January to September 2020, total discounts by financial institutions amounted to RMB 30.6 trillion, growing 13.5 percent year on year. At end-September, the balance of bill financing was RMB 8.1 trillion, up 7.3 percent year on year. The balance accounted for 4.8 percent of the total outstanding loans, 0.3 percentage points lower year on year. In Q3 2020, interest rates on the bill market moved upward.

4. The stock market continued to grow after a rebound, with turnover and the amount of funds raised increasing year on year

The stock indices continued to climb after a rebound. At end-September 2020, the Shanghai Stock Exchange Composite Index closed at 3,218 points, increasing 7.8 percent from end-June. The Shenzhen Stock Exchange Component Index closed at 12,907 points, increasing 7.6 percent from end-June. Turnover on the stock markets expanded significantly. In the first three quarters of 2020, the combined turnover of Shanghai Stock Exchange and Shenzhen Stock Exchange reached RMB 158.4 trillion and the average daily turnover was RMB 865.8 billion, with an increase of 58.6 percent year on year. The amount of funds raised on the stock markets surged year on year. In the first three quarters of 2020, a cumulative RMB 803.8 billion was raised, increasing 63.6 percent year on year.

5. Growth of premium income slowed down, while growth of assets in the insurance sector accelerated

In the first three quarters of 2020, total premium income in the insurance sector amounted to RMB 3.7 trillion, with a year-on-year increase of 7.2 percent, 5 percentage points lower than the annual growth rate in 2019. Claim and benefit payments totaled RMB 998.9 billion, with a year-on-year increase of 6.1 percent. Specifically, total property insurance claim and benefit payments increased 7.7 percent year on year, and total life insurance claim and benefit payments went up by 4.7 percent year on year.

The growth of assets in the insurance sector accelerated. At end-September 2020, total assets in the insurance sector increased 12.4 percent year on year to RMB 22.4 trillion, an acceleration of 0.2 percentage points from end-2019. Specifically, bank deposits increased 2.3 percent year on year and investment-linked assets expanded 18.8

Table 12 Asset Allocations in the Insurance Sector at End-September 2020

Unit: RMB 100 million, %

Item	Balance		As a share of total assets	
	End-September 2020	End-September 2019	End-September 2020	End-September 2019
Total assets	224,386	199,601	100.0	100.0
Of which: Bank deposits	25,796	25,213	11.5	12.6
Investments	181,266	152,558	80.8	76.4

Source: China Banking and Insurance Regulatory Commission.

percent year on year.

6. Foreign exchange transactions fell year on year

In the first three quarters of 2020, the cumulative turnover of spot RMB/foreign exchange transactions registered USD 5.7 trillion, a decrease of 5.3 percent year on year. The cumulative turnover of RMB/foreign exchange swap transactions totaled USD 12.1 trillion, a decrease of 6 percent year on year. Specifically, cumulative overnight RMB/USD swap transactions posted USD 6.9 trillion, accounting for 57.3 percent of the total swap turnover. Turnover of RMB/foreign exchange forward transactions totaled USD 75.4 billion, rising 26.6 percent year on year. Turnover in foreign currency pair transactions totaled USD 514.9 billion, rising 51.2 percent year on year. In particular, the EUR/USD pair registered the largest trading volume, accounting for 61.2 percent of the total market share.

Participants on the foreign exchange market expanded continuously. At end-September 2020, there were 726 members on the foreign exchange spot market, 258 members on the foreign exchange forward market, 252 members on the foreign exchange swap market, 208 members on the currency swap market, and 159 members on the foreign exchange options market. There were 30 market makers on the spot market and 27 market makers on the forward and swap markets.

7. The gold market operated steadily, with an overall rise in prices

Gold prices increased before declining. At end-September 2020, international gold prices closed at USD 1,886.90 per ounce, representing a gain of 6.72 percent from end-June. The Au99.99 on Shanghai Gold Exchange closed at RMB 402.97 per gram, increasing 1.31 percent from end-June. In the first three quarters of 2020, the volume of gold traded on Shanghai Gold Exchange was 49,500 tons, representing a decrease of 9.87 percent year on year. The turnover posted RMB 18.94 trillion, increasing 12 percent year on year.

II. Development of institutional arrangements in financial market

1. Institutional arrangements on the bond market

With the implementation of the *Guiding Opinions of the PBC, CBIRC, CSRC, and SAFE on Regulating the Asset Management Business of Financial Institutions*, the institutional arrangements on the bond market were constantly improved. In July 2020, the PBC, CBIRC, CSRC, and SAFE jointly released the *Rules for Recognition of Standard Debt-Based Assets* (Announcement No. 5 [2020] of the PBC, CBIRC, CSRC and SAFE), which specified boundaries, identification criteria, and regulatory arrangements for standard and non-standard debt-based assets so as to guide well-regulated market development.

2. Institutional arrangements on the capital market and of the securities and futures industry

The system for securities investor protection was further enhanced. In July 2020, the Supreme People's Court released the *Provisions on Several Issues Concerning*

Representative Actions Arising from Securities Disputes. It makes detailed stipulations on the representative action rules in the *Civil Procedure Law* and the *Securities Law* and clarifies the standardized legal proceedings for both ordinary representative actions and special representative actions. Release of the said judicial interpretation marked the official introduction of the securities class action system.

Risk disposal mechanisms of securities institutions were further improved. In July 2020, the CBIRC released the *Guidelines for the Side Pocket Mechanism of Publicly Offered Securities Investment Funds (for Trial Implementation)*, which added a side pocket mechanism[①] as a liquidity risk management tool for publicly-offered funds. Also stipulated in the *Guidelines* were the triggering conditions and the implementing procedures for the side pocket mechanism as well as the primary responsibilities of fund managers and the supervisory duties of custodians.

3. Institutional arrangements on the insurance market

Regulation of the allocation of equity assets of insurance companies was improved. In July 2020, the CSRC released the *Notice on Matters Concerning Improving the Regulation of the Allocation of Equity Assets of Insurance Companies*, which set differentiated regulatory proportions for equity asset investments, thus guiding insurance companies to conduct investments in a prudent and sound manner.

The property insurance industry was propelled to shift toward high-quality development. In July 2020, the CBIRC released the *Notice on Issuing the Three-Year Action Plan (2020–2022) of Promoting High-Quality Development of the Property Insurance Industry*, which put forward elaborate planning for the property insurance market during the following three years, including such aspects as the transformation and development of the industry, the capability to serve the national economy, society, and the people's livelihood, the level of opening-up and international influence, as well as regulatory policies, systems, and mechanisms.

Regulation was strengthened for the development of insurance asset management product businesses. In September 2020, the CBIRC released a series of supporting provisions of the *Interim Measures for the Administration of Insurance Asset Management Products*, which specify time limits for product registration and extend the scope of investment assets.

Regulation of the investment management capabilities of insurance institutions was improved. In September 2020, the CBIRC released the *Notice on Issues Concerning Improving the Regulation of the Investment Management Capabilities of Insurance*

① A side pocket mechanism refers to the liquidity risk management tool that, when all legal conditions are met, separates hard-to-value risky assets from other fund portfolio assets, and then disposes or liquidates them for the purpose of ensuring the normal functioning of the rest of the fund assets.

Institutions and designed in detail the concrete standards for insurance institutions to build various investment management capabilities.

4. Enhancing coordinated supervision of the financial infrastructure

In July 2020, the PBC and CSRC jointly released *Announcement No. 7 [2020] of PBC and CSRC* and approved interconnectivity cooperation between the relevant infrastructure institutions in the interbank bond market and the exchange bond market. The PBC and CSRC will strengthen regulatory cooperation and coordination to boost the free flow of factors in the bond market.

5. Promoting the opening-up of the bond market

In September 2020, the PBC, CSRC and SAFE jointly drafted the *Announcement on Issues Concerning Investment in China's Bond Market by Overseas Institutional Investors (Exposure Draft)*, which clarifies the overall institutional arrangements for the opening-up of China's bond market and solicits market opinions on the arrangements facilitating overseas institutional investors to allocate RMB bond assets.

In September 2020, FTSE Russell announced that it would add Chinese government bonds to its World Government Bond Index (WGBI) in October 2021. So far, all of the three global major bond index providers have or are planning to include China's bonds in their relevant indexes, which fully reflects international investors' confidence in the long-term sound development of China's economy and the continuous opening-up of China's financial sector.

PART 4 Macroeconomic Overview

I. Global economic and financial developments

1. Economic and financial market performance in the major economies

Overall, the global economy continued to recover, with the economic indicators improving marginally in some economies, but uncertainties remained for the future given the recent resurgence of COVID-19. In October, the International Monetary Fund (IMF) revised its global growth forecast to –4.4 percent for 2020 and 5.2 percent for 2021, up 0.8 percentage points and down 0.2 percentage points from its June forecast, respectively. In Q3, the annualized quarter-on-quarter real GDP growth rate bounced back to 33.1 percent in the US, while the year-on-year real GDP growth in the euro area and the U.K. posted –4.4 percent and –9.6 percent, with the drop declining by 10.4 percentage points and 11.9 percentage points, respectively. The emerging market economies also showed signs of recovery. The Purchasing Managers' Index (PMI) rose in the major economies, with the manufacturing PMI in the US and the euro area both rebounding to above 50. Meanwhile, as global COVID-19 cases have recently resurged and the effectiveness of a vaccine still remains to be seen, we cannot ignore the risk of a new wave of the pandemic and its impact on the stability and development of the global economy in the future.

Improvements in the labor market slowed, as more and more temporary unemployment is likely to become permanent. From April to September 2020, the US unemployment rate dropped from 14.7 percent to 7.9 percent, but research shows that, although the temporary unemployment rate declined from 11.5 percent to 2.9 percent, the permanent unemployment rate rose from 3.2 percent to 5 percent. In the meantime, the unemployment rate rose from 7.4 percent to 8.3 percent in the euro area, from 2.6 percent to 3.0 percent in Japan, and from 4.0 percent to 4.8 percent in the U.K.

A differentiation in the impact of the pandemic led to a divergence in price movements. The major developed economies continued to experience low inflation, and even deflation. In September, the year-on-year growth rate of the CPI posted 1.4 percent, 0.5 percent, 0 percent for the US, U.K., and Japan, respectively, while the year-on-year growth rate of the HICP in the euro area was reported to be –0.3 percent. Most emerging market economies still have a positive inflation, while some countries' inflation continues to run high.

The global stock market continued to bounce back, but volatility also became larger. In the US, the Nasdaq and the S&P 500 recovered to their pre-pandemic level in early June and late August, respectively, with the Nasdaq

Table 13 Macroeconomic and Financial Indicators in the Major Advanced Economies

Economy	Indicator	Q3 2019			Q4 2019			Q1 2020			Q2 2020			Q3 2020		
		Jul.	Aug.	Sept.	Oct.	Nov.	Dec.	Jan.	Feb.	Mar.	Apr.	May	Jun.	Jul.	Aug.	Sept.
United States	Real GDP growth (annualized quarterly rate, %)	2.6			2.4			-5.0			-31.4			33.1		
	Unemployment rate (%)	3.7	3.7	3.5	3.6	3.5	3.5	3.6	3.5	4.4	14.7	13.3	11.1	10.2	8.4	7.9
	CPI (YOY, %)	1.8	1.7	1.7	1.8	2.1	2.3	2.5	2.3	1.5	0.3	0.1	0.6	1.0	1.3	1.4
	DJ Industrial Average (end of the period)	26,864	26,403	26,917	27,046	28,051	28,538	28,256	25,409	21,917	24,346	25,383	25,813	26,428	28,430	27,782
Euro Area	Real GDP growth (YOY, %)	1.4			1			-3.3			-14.8			-4.4		
	Unemployment rate (%)	7.5	7.5	7.5	7.4	7.4	7.4	7.4	7.3	7.2	7.4	7.6	7.9	8.1	8.3	8.3
	HICP (YOY, %)	1.0	1.0	0.8	0.7	1.0	1.3	1.4	1.2	0.7	0.3	0.1	0.3	0.4	-0.2	-0.3
	EURO STOXX 50 (end of the period)	3,467	3,427	3,569	3,604	3,704	3,745	3,641	3,329	2,787	2,928	3,050	3,234	3,274	3,273	3,294
United Kingdom	Real GDP growth (YOY, %)	1.0			1.0			-2.1			-21.5			-9.6		
	Unemployment rate (%)	3.8	3.9	3.8	3.8	3.8	3.8	3.9	4.0	4.0	4.0	4.1	4.1	4.3	4.5	4.8
	CPI (YOY, %)	2.1	1.7	1.7	1.5	1.5	1.3	1.8	1.7	1.5	0.8	0.5	0.6	1.0	0.2	0.5
	FTSE 100 (end of the period)	7,587	7,207	7,408	7,248	7,347	7,542	7,286	6,581	5,672	5,901	6,077	6,170	5,898	5,964	5,866
Japan	Real GDP growth (annualized quarterly rate, %)	0.2			-7.1			-2.3			-28.8			21.4		
	Unemployment rate (%)	2.3	2.3	2.4	2.4	2.2	2.2	2.4	2.4	2.5	2.6	2.9	2.8	2.9	3.0	3.0
	CPI (YOY, %)	0.5	0.3	0.2	0.2	0.5	0.8	0.7	0.4	0.4	0.1	0.1	0.1	0.3	0.2	0
	NIKKEI 225 (end of the period)	21,522	20,704	21,756	22,927	23,294	23,657	23,205	21,143	18,917	20,194	21,878	22,288	21,710	23,140	23,185

Sources: Statistical bureaus and central Banks of the relevant economies.

hitting a current-year high in September. Major stock indexes in Germany, Japan, and the U.K. all rebounded significantly from the market low in March. Emerging market stocks have improved considerably, but most countries still have not recovered to their pre-pandemic level.

2. Monetary policies of the major economies

The central banks in the major economies maintained the intensity of their accommodative monetary policies. In Q3 2020, the US Fed, the European Central Bank (ECB), the Bank of England (BOE), and the Bank of Japan (BOJ) kept their ultra-low interest rates and the size of their asset purchases remained unchanged, while the size of their balance sheets remained at a high level. The US Fed and the BOE continued to revise their pandemic emergency liquidity facilities, including loosening the application requirements, expanding the terms, and enhancing the coverage and strength of the facilities.

Trapped by the "low growth, low inflation, and low interest rate" deadlock, the central banks in the developed economies conducted assessments of their monetary policy framework in succession. After completing its new assessment, the US Fed declared it would revise its monetary policy framework in August, aiming to achieve an inflation rate that averages 2 percent, and it stated that the response of its monetary policy to real employment would depend on the shortfalls, instead of the deviations, from the maximum employment level, and employment judgments would be made based on multiple dimensions. In addition, the ECB and the Bank of Canada began their assessments of the monetary policy framework in January and August, respectively, which are expected to be completed in 2021.

The central banks in the emerging market economies continued their rate cuts. In Q3 2020, the Mexican central bank reduced its benchmark interest rates twice by a total of 75 bps. The central banks in Brazil, Russia, South Africa, Malaysia, and Indonesia cut their rates by 25 bps.

3. Issues and trends that merit attention

First, the duration of the global pandemic may exceed expectations. Recently, the newly confirmed cases climbed sharply across the globe. With a rebound in the US and Europe, and the expansion accelerating in some of the developing economies, the global pandemic might continue for a rather long time and might impact the global economic recovery.

Second, the risk of fiscal sustainability is worth noting. In 2020, the US fiscal deficit budget hit a record high of USD 3.1 trillion, more than twice that in 2009. According to the IMF estimation, at September the global fiscal measures responding to the pandemic were about 12 percent of global GDP, and the global public debt ratio will approach 100 percent in 2020 and might continue to rise. The IMF called on governments to improve the efficiency of their fiscal expenditures and to solve the problems of huge fiscal deficits and public debts while promoting an economic recovery.

Third, hidden financial risks are rising. The performance of financial markets has deviated from the economic fundamentals. Despite the fragilities in the recovery of the real economy and the shaky outlook for company earnings, the global stock market enjoyed a strong rebound, which created reversal risk in the future. Non-banking financial institutions have prominent fragilities, with a noticeable liquidity mismatch. Once the financial markets experience dramatic fluctuations, they may face huge pressures to sell and such pressures may spread to the banking system.

Box 4 China's Macro Policy Vigorously Supported its Economic Recovery

In 2020, a series of monetary and fiscal policies were adopted throughout the world to cushion the impact of the COVID-19 pandemic, and they have played a positive role in global economic stability and recovery. To effectively support pandemic containment and to promote economic and social development, China adopted various monetary and fiscal policy measures. Overall, China's macro policies have maintained an appropriate intensity, which provided vigorous support for shoring up the real economy, effectively filling the supply gap of medical essentials and daily necessities for global pandemic containment and other industrial products due to the impact of COVID-19, and making an important contribution to the economic recovery both at home and abroad. In responding to the pandemic containment and the economic recovery support, the debt scale and the leverage ratio will inevitably go up in stages, after which the gradual recovery of the economy will make possible a reasonable macro leverage ratio for the long term.

After the outbreak of COVID-19, the PBC decisively launched RMB 9 trillion of monetary policy response measures, which mainly include guiding the MLF rates and the OMO rates to move downward, releasing the dividends of a market-based interest rate system through the LPR reform, freeing up RMB 1.75 trillion of long-term funds with three reductions of the RRR, providing RMB 1.8 trillion of central bank lending and central bank discounts, and launching two monetary policy tools that directly support the real economy to bolster RMB 4.7 trillion for the financing of micro and small businesses (MSBs). By adopting policies such as lowering interest rates, reducing fees, and deferring principal and interest repayments, the financial system has cut RMB 1.25 trillion of its profits in favor of the real economy, expecting to realize the goal of RMB 1.5 trillion for the entire year. Liquidity has been maintained at an adequate and reasonable level with implementation of the monetary policy. It is expected that RMB loans will increase by approximately RMB 20 trillion and the AFRE will increase by over RMB 30 trillion in 2020. Broad money and the AFRE outgrew those of 2019, representing the strong support of the financial sector to the real economy.

Fiscal policy continued to take effect, which alleviated the impact of the pandemic on the real economy. The fiscal deficit in 2020 went up by RMB 1 trillion over the previous year, RMB 1 trillion of special government bonds for pandemic containment were issued, and RMB 3.75 trillion of special local government bonds were issued, with a year-on-year increase of RMB 1.6 trillion. Albeit on a large base of fiscal policy in 2019, RMB 3.6 trillion of additional fiscal support was provided through the above three measures. In addition, efforts were made to provide endogenous momentum for the overall recovery of the economy and society through tax cuts and fee reductions, increased expenditures in key areas, as well as enhanced guarantees and support for major projects.

In terms of the domestic situation, the intensity of China's macro policy responses has been appropriate. Measures have been taken precisely to deliver solid outcomes, and all the announced policies have been implemented promptly and thoroughly, yielding remarkable results. First, the pandemic has been brought under control, which is the basic premise for an economic recovery. China took the lead in containment of the pandemic among the major economies, cutting the daily increase in domestic coronavirus cases to single digits within about two months. The adoption of appropriate and reasonable macro policy measures is expected to vigorously bolster the economic recovery. In contrast, if the pandemic had not been effectively contained, an even stronger macro policy would not have fundamentally cushioned its devastating impact on the economy. Second, in accordance with the pace of the pandemic containment efforts, macro policy measures have been rolled out gradually at different levels based on the characteristics of pandemic containment and recovery of the economy and society at different stages. The macro policy took different focuses in the various stages of pandemic containment, which secured the provision of medical supplies and daily necessities, fostered the resumption of work and production, and speedily restored normal production and life. Third, as for policy implementation, China's macro policies have been targeted precisely instead of indiscriminately injecting large amounts of liquidity. The PBC launched two monetary policy instruments that provide direct support for the real economy, i.e., a support instrument allowing MSBs to defer repayments of inclusive loans, and a support scheme for inclusive unsecured loans to MSBs. The fiscal sector set up a new transfer payment mechanism to ensure that funds go straight to prefecture- and county-level governments, and it issued special government bonds for COVID-19 control to support pandemic containment and local infrastructure construction. Fourth, from the perspective of policy effects, China's economic and social development has been restored in a comprehensive manner. China's GDP dropped by 6.8 percent in Q1, but grew by 3.2 percent and 4.9 percent in Q2 and Q3, respectively. China's economy resumed positive growth during the first three quarters, with economic indicators, including consumption, investment, export, etc., picking up.

From a global perspective, China's macro policy responses have also maintained an appropriate intensity, which supported a swift recovery of the economy and made an important contribution to the world economy. First, they have forestalled further contraction of the world economy. According to the IMF forecast, the world economy has been witnessing the worst recession since World War II, and it is expected to contract by 4.4 percent in 2020. China is the only one among the major economies to maintain a positive growth rate. It would not be possible to realize positive growth for the world economy in 2020 and 2021 as a whole without the positive growth of the Chinese economy. Second, China's economic growth will have positive spillover effects in the world, especially in fostering an economic recovery of its neighboring countries and its major trade partners. Third, amid the impact of the pandemic, China, to some extent, has played the role of global supplier of the last resort, and it has established a foundation for pandemic containment as well as for an economic recovery throughout the world. China's rapid resumption of production has filled the global supply gap of medical essentials and daily necessities for battling COVID-19 and other industrial production that has been impacted by the pandemic. It has provided massive essential supplies and intermediate goods necessary for a resumption of production to the world, and it has made a critical contribution to global pandemic containment and restoration of global industrial chains.

II. Macroeconomic developments in China

In the first three quarters of 2020, facing the severe shocks from COVID-19 and the complex situations at home and abroad, departments in all regions coordinated regular containment of the pandemic and economic and social development in a scientific way and vigorously and effectively promoted a resumption of production and order. As a result, the national economy continued to recover steadily. According to preliminary statistics, GDP in the first three quarters grew by 0.7 percent year on year on a comparable basis to RMB 72.3 trillion, the growth of which turned positive. Specifically, GDP in Q3 grew by 4.9 percent year on year. In the first three quarters, CPI rose by 3.3 percent year on year.

1. Consumption gradually improved, and the growth of investments and foreign trade turned positive

The growth of residents' income in real terms turned positive and there was a gradually improving willingness to consume gradually. In the first three quarters of 2020, per capita disposable income registered RMB 23,781, up 3.9 percent year on year in nominal terms. It grew by 0.6 percent in real terms year on year, registering positive growth for the first time in 2020. Residents' income from wages and salaries remained stable, and growth of the per capita income of rural residents outpaced that of urban residents. According to the Urban Depositors' Survey conducted by the PBC in Q3, 23.5 percent of residents were inclined to "consume more", up 0.2 percentage points from the previous quarter. In the first three quarters, total retail sales of consumer goods registered RMB 27.3 trillion, down 7.2 percent year on year and a deceleration of 4.2 percentage points from H1 of 2020. In particular, growth in Q3 grew by 0.9 percent, registering positive quarterly growth for the first time in 2020. Sales of upgraded consumer goods and online retail sales continued to grow rapidly.

The growth of fixed-asset investments turned positive, and investments in the high-tech industry and social areas continued to rebound. In the first three quarters of 2020, total fixed-asset investments (excluding those by rural households) increased by 0.8 percent year on year to RMB 43.7 trillion, registering positive growth for the first time in 2020. Current investments have exhibited the following characteristics. First, investments in the manufacturing sector and the infrastructure rebounded remarkably. The growth of investments in infrastructure turned positive for the first time in 2020, registering 0.2 percent in the first three quarters. In the first three quarters, investments in the manufacturing sector declined by 6.5 percent, a deceleration of 5.2 percentage points from H1, while private investments decreased by 1.5 percent to RMB 24.4 trillion, a deceleration of 5.8 percentage points from H1. Second, the growth of investments in the high-tech industry accelerated. In the first three quarters, investments in the high-tech industry grew by 9.1 percent, an acceleration of 2.8 percentage points from H1. Third, investments in social areas rebounded. In the first three quarters, investments in social areas increased by 9.2

percent, an acceleration of 3.9 percentage points from H1. Specifically, investments in the areas of health care and education grew by 20.3 percent and 12.7 percent, respectively.

Imports and exports outperformed expectations, and the trade structure continued to improve. In the first three quarters of 2020, imports and exports grew by 0.7 percent year on year, an acceleration of 3.9 percentage points from H1. Specifically, imports and exports in Q3 grew by 7.5 percent year on year. In the first three quarters, the growth of exports registered 1.8 percent, 4.8 percentage points higher than that in H1, while imports decreased by 0.6 percent, a deceleration of 2.7 percentage points from H1. As a result, there was a trade surplus of RMB 2.3 trillion. The trade structure continued to improve, and the share of imports and exports under general trade and in the private sector increased. In terms of the commodities structure, the share of exports of machinery and electronics in total exports increased somewhat, and exports of medical equipment and supplies related to pandemic containment grew rapidly. In terms of trade partners, ASEAN became China's largest trade partner. In the first three quarters, China's trading volume with ASEAN grew by 7.7 percent to RMB 3.38 trillion, accounting for 14.6 percent of the total volume of China's foreign trade, up 0.9 percentage points from the same period of 2019.

The concentration of foreign direct investment (FDI) in the high-tech industry accelerated. In the first three quarters of 2020, actually utilized FDI increased by 5.2 percent year on year to RMB 718.81 billion, the growth of which turned positive. Specifically, the growth of actually utilized FDI in Q3 posted 20.4 percent, far outpacing −10.8 percent in Q1 and 8.4 percent in Q2. In terms of the industrial distribution, the concentration of FDI in the high-tech industry accelerated. In the first three quarters, actually utilized foreign investment in the high-tech service industry grew by 26.4 percent year on year.

In the first three quarters of 2020, non-financial outward direct investments by domestic investors edged down by 0.6 percent year on year to RMB 551.51 billion, registering a slight deceleration. Specifically, non-financial outward direct investments in the countries along the Belt and Road reached USD 13.02 billion, up 29.7 percent year on year. In particular, outward investments in the leasing/commercial services industry and the wholesale/retail industry witnessed year-on-year growth of 18.6 percent and 41.1 percent, respectively.

2. Agricultural production was fairly satisfactory, industrial production accelerated, and the service industry recovered steadily

The share of tertiary industry in total industry continued to increase. In the first three quarters of 2020, the primary, secondary, and tertiary industries grew by 2.3 percent, 0.9 percent, and 0.4 percent year on year, respectively, accounting for 6.7 percent, 37.9 percent, and 55.4 percent of GDP. The share of the tertiary industry in total industry surpassed that of the secondary industry by 17.5 percentage points, up 1.2 percentage points from the same period of 2019.

Agricultural production was fairly satisfactory. In the first three quarters of 2020, the value-added of agriculture grew by 3.8 percent year on year, which was on par with that in H1. Specifically, the value-added of agriculture in Q3 grew by 3.9 percent. As the sowing areas of autumn crops increased amidst stability and the major autumn crops on the whole grew well, it was expected that there would be another bumper autumn crop harvest . Hog production capacity gradually rebounded. At end-Q3, hogs in stock grew by 20.7 percent year on year to 370.39 million.

Industrial production accelerated. The value-added of Industrial Enterprises above a Designated Size (IEDS) in the first three quarters of 2020 increased by 1.2 percent year on year, while that in H1 decreased by 1.3 percent. Specifically, IEDS grew by 5.8 percent in Q3, accelerating by 1.4 percentage points from Q2. According to a survey of 5,000 entrepreneurs, conducted in Q3 by the PBC, the Business Climate Index and the Profitability Index posted 49.4 percent and 57.0 percent, respectively, up 6.6 percentage points and 7.3 percentage points from Q2.

The service industry recovered steadily, and the modern service industry showed sound growth momentum. In Q3 2020, the value-added of the service industry grew by 4.3 percent year on year, accelerating by 2.4 percentage points from Q2. In the first three quarters, the Index of Service Production (ISP) fell by 2.6 percent year on year, decelerating by 3.5 percentage points from H1. In September, the Commercial Activities Indexes for transportation, telecommunications/Internet software, and the accommodations/catering industries remained above 60 percent. The Expected Business Activities Index for the service industry reached 62.2 percent, up 0.9 percentage points from that in August, demonstrating the stronger confidence of enterprises in the development of the market.

3. The growth of consumer prices decelerated slightly, and the decline in producer prices narrowed

The growth of consumer prices decelerated slightly. In Q3 2020, the CPI rose by 2.3 percent year on year, witnessing a deceleration of 0.4 percentage points from the previous quarter. Specifically, CPI growth registered 2.7 percent, 2.4 percent, and 1.7 percent in July, August, and September, respectively. Due to factors such as the stabilization of pork prices and the base figure effect, the growth of food prices decelerated by 1.4 percentage points from Q2, registering year-on-year growth of 10.8 percent in Q3. The growth of non-food prices decelerated slightly, with the prices of consumer goods and services both decelerating.

The decline in producer prices decelerated. In Q3 2020, the Producer Price Index (PPI) dropped by 2.2 percent year on year, decelerating by 1.1 percentage points compared with Q2. Specifically, the year-on-year decline of PPI in July, August, and September dropped by 2.4 percent, 2.0 percent, and 2.1 percent, respectively. The Purchasing Price Index of Raw Material

(PPIRM) dropped by 2.7 percent year on year, decelerating by 1.7 percentage points from the previous quarter. In the first three quarters, the Corporate Goods Price Index (CGPI) monitored by the PBC decreased by 1.4 percent year on year, which was on par with that in H1.

4. The decline of fiscal revenue decelerated, and employment was generally stable

The decline of fiscal revenue decelerated. In the first three quarters of 2020, revenue in the national general public budget dropped by 6.4 percent year on year to RMB 14.1 trillion, decelerating by 4.4 percentage points compared with H1. Specifically, tax revenue amounted to RMB 11.9 trillion, down 6.4 percent year on year. Non-tax revenue reached RMB 2.2 trillion, down 6.7 percent year on year. The domestic value-added tax, domestic consumption tax, and business income tax dropped by 13.5 percent, 5 percent, and 4.9 percent year on year, respectively, while the personal income tax increased by 7.3 percent year on year.

Fiscal expenditures rebounded gradually. In the first three quarters of 2020, expenditures in the national general budget saw a decline of 1.9 percent year on year to RMB 17.5 trillion. Growth accelerated by 3.9 percentage points compared with H1 and decelerated by 11.3 percentage points from the same period of 2019. In terms of the expenditure structure, expenditures related to health care and social security/employment grew steadily, registering year-on-year growth of 4 percent and 8.2 percent, respectively. Expenditures in the business/services industry and resource exploration/industrial information rose substantially, registering year-on-year growth of 24.5 percent and 20.9 percent, respectively.

In the first three quarters of 2020, budgetary revenue from nationwide government-managed funds totaled RMB 5.5 trillion, up 3.8 percent year on year. Specifically, revenue from land sales rose by 10.3 percent year on year. Budgetary expenditures from nationwide government-managed funds increased by 26.6 percent year on year to RMB 7.8 trillion.

Employment was generally stable. In the first three quarters of 2020, 8.98 million people were newly employed, accomplishing 99.8 percent of the annual target. In September, the surveyed unemployment rate in urban areas was 5.4 percent, down 0.2 percentage points from August. Specifically, the unemployment rate of the surveyed employees between the ages of 25 and 59 years old posted 4.8 percent, 0.6 percentage points lower than that in the urban areas, on par with that in August. The average weekly working hours of employees of enterprises were 46.8 hours, increasing by 0.1 hour year on year. As of end-Q3, the number of rural migrants decreased by 2.1 percent year on year to 179.52 million, down 3.84 million from the same period of 2019.

5. The balance of payments and external debt

A basic equilibrium was maintained in the balance of payments. According to preliminary statistics, China's current account surplus stood at USD 170.7 billion in the first three quarters. To be specific, the surplus in

Table 14 Floor Area of Real Estate Projects that Were Newly Started, Under Construction, and Completed in the First Three Quarters of 2020

Item	Floor area (100 million square meters)	YOY growth (%)	YOY acceleration from H1 (percentage points)
Floor area of newly started real estate projects	16.0	−3.4	4.2
Floor area of real estate projects under construction	86.0	3.1	0.5
Floor area of completed real estate projects	4.1	−11.6	−1.1

Source: National Bureau of Statistics.

trade in goods was USD 339.8 billion, whereas the deficit in trade in services was USD 116.9 billion. Under the capital and financial account, the surplus in direct investments reached USD 44.9 billion. At end-September, foreign exchange reserves registered USD 3.1426 trillion, increasing by USD 34.6 billion from end-2019. At end-June, the balance of full-caliber foreign debt (denominated in both domestic and foreign currencies) posted USD 2.1324 trillion. In particular, the short-term external debt balance was USD 1.2234 trillion, accounting for 57 percent of the total external debt balance.

6. Analysis by sector

6.1 The real estate sector

In Q3 2020, nationwide housing prices remained generally stable. Housing sales and investments in real estate development gradually recovered. In September, among the 70 medium and large-sized cities nationwide, newly built housing prices increased by 4.5 percent year on year, decelerating 0.4 percentage points from those in June. Second-hand residential housing prices increased by 2.2 percent year on year, basically on par with those in June. In the first three quarters, the total floor area of sold units decreased by 1.8 percent year on year, while housing sales increased by 3.7 percent year on year. Investments in real estate development gradually recovered. In the first three quarters, investments in real estate development grew by 5.6 percent year on year, accelerating by 3.7 percentage points from H1. Specifically, investments in residential housing development rose by 6.1 percent year on year, registering an acceleration of 3.5 percentage points from H1, accounting for 74.0 percent of total investments in real estate development.

The growth of real estate loans continued to decelerate. At end-September, outstanding real estate loans by major financial institutions (including foreign-funded financial institutions) stood at RMB 48.8 trillion, up 12.8 percent year on year and a deceleration of 0.3 percentage points from end-June. Outstanding real estate loans made up 28.8 percent of the total lending balance. Specifically, outstanding individual housing loans amounted to RMB 33.7 trillion, up 15.6 percent year on year, representing a deceleration of 0.1 percentage point from end-June. Outstanding housing development loans posted RMB 9.3 trillion, a rise of 11.4 percent year on year and a deceleration of 0.6 percentage points from end-June.

6.2 The civil aviation sector

In recent years, the civil aviation industry in China has seen rapid growth with an expanding industrial scale. There has been marked improvement in aviation safety, steady enhancement in the quality of development, and continuous enhancement of transport efficiency and the security capability of this industry, and it is playing a more important role in society. The outbreak of COVID-19 pandemic hit the civil aviation industry severely. The CBRC, jointly with the PBC and the Civil Aviation Administration of China (CAAC), introduced a special support policy of emergency loans for aviation enterprises locked in difficulties. In line with the principle of adopting differentiated measures and providing a credit supply with precision, the PBC provided special central bank lending, and the development banks and large banks issued preferential loans to bail out some of the troubled civil aviation enterprises. These measures effectively cushioned the impact of the pandemic and helped enterprises tide over the difficulties. As significant strategic results were achieved in coordinating pandemic containment with economic and social development, the civil aviation industry showed an overall rebounding trend. First, the transport and operation of the civil aviation industry recovered steadily. In Q3 2020, total transport turnover of the civil aviation industry decreased by 32.4 percent year on year, decelerating by 14.2 percentage points and 19.3 percentage points from Q1 and Q2, respectively. Second, passenger traffic and cargo/mail traffic continued to

Figure 6 Transport Turnover of Civil Aviation and Its Year-on-Year Increase from January to September 2020

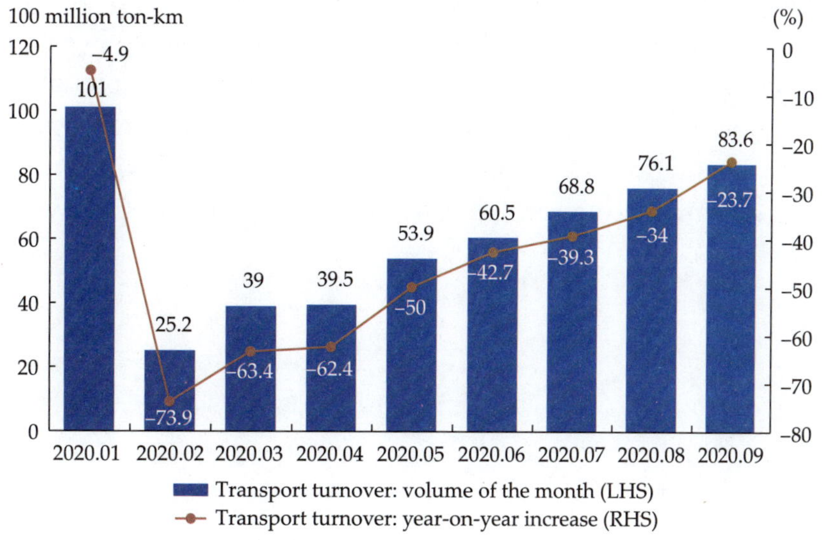

Source: Civil Aviation Administration of China.

rebound. Passenger traffic decreased by 24.0 percent year on year, decelerating by 30.0 percentage points and 30.5 percentage points from Q1 and Q2, respectively. Cargo and mail traffic decreased by 8.8 percent year on year, decelerating by 8.6 percentage points and 3.6 percentage points from Q1 and Q2, respectively. Third, transport efficiency continuously increased. In the first three quarters, with the gradual recovery of demand in the civil aviation market, the passenger load factor for scheduled flights, the weight load factor for scheduled flights, and the average daily use rate of aircraft decreased by 11.6 percent, 5.5 percent, and 3.4 percent, respectively, decelerating by 3.2 percentage points, 1.6 percentage points, and 0.7 percentage points from H1, respectively.

Meanwhile, the development of China's civil aviation industry still faces multiple challenges. First, factors such as the improper distribution of airspace resources, fairly slow development of infrastructure construction, a shortage of professionals, uncompetitive enterprises, and an inefficient management system have restricted the sustainable development of the civil aviation industry. Second, pressures of energy savings and environmental protection on the civil aviation industry are increasing, and the tasks of changing the development mode and realizing green and low-carbon development are becoming more arduous. Third, the surging growth of e-commerce, delivery, and modern logistics has put forward higher requirements on air cargo. Fourth, due to the lack of a growth momentum in the global economy and trade, rising protectionism, and geopolitical tensions, plus the fallout from COVID-19, competition in terms of transport services in the civil aviation industry is becoming fiercer around the world.

Going forward, efforts should be made to build a safe, convenient, efficient and green modern civil aviation system while continuing to contain the pandemic. On the one hand, efforts should be made to strengthen the planning and construction of airports, to reasonably utilize airspace and other resources, to scientifically plan and arrange domestic route networks, to promote the development of air cargo facilities, and to continuously enhance the quality of transport services and aviation safety. On the other hand, efforts should also be made to deepen the reform of the civil aviation industry, to enhance its ability to innovate, to strengthen personnel training, to accelerate construction of a green civil aviation, and to enhance international competitiveness.

PART 5 Monetary Policy Outlook

I. Outlook for the Chinese economy

Since the beginning of 2020, the COVID-19 pandemic has dealt a heavy blow to China's economic and social development. Under the strong leadership of the CPC Central Committee, the entire nation has worked as one and has achieved significant results in coordinating pandemic containment and economic and social development. Economic growth has been better than expected, the balance between supply and demand has gradually improved, and the market has seen more vitality and stronger growth drivers. Economic growth in Q1–Q3 turned from negative to positive, with growth in Q3 recording 4.9 percent, making it highly probable that the economy will see positive growth for 2020. Looking beyond the near term, the fundamentals of steady economic growth in the long run and high-quality development remain unchanged.

At present, China has entered a stage of high-quality development, and there are numerous advantages and conditions sustaining its future development. The pandemic containment and economic recovery in China are among the fastest in the world. With demand mostly having recovered and supply growing at a faster pace, employment and the people's well-being are secured, and market expectations are generally stable. According to forecasts by the IMF, China will be the only major economy to record positive growth in 2020. In the current and next period, China's development is still at an important stage of strategic opportunities. The economy still has great potential, strong resilience and vitality, and ample room for maneuver. With the deepening of the supply-side structural reforms as well as the full implementation of the innovation-driven development strategy and the strategy of expanding domestic demand, various new industries, business models and growth drivers are taking shape and rapidly developing. The numerous advantages and conditions supporting long-term growth remain unchanged. The financial sector has continuously enhanced its support for the real economy, especially for micro, small and medium-sized enterprises (MSMEs) and private businesses. With prudent and decisive measures to prevent and control financial risks, the financial system has been generally sound and capable of defusing various risks. The RMB exchange rate has been basically stable at an adaptive and equilibrium level, and the foreign exchange reserves remain above USD 3 trillion. The economy has strengthened its capability to address external shocks.

As the global environment becomes more complex, instabilities and uncertainties have increased significantly, posing numerous challenges for the domestic economy. Since Q3 2020, recovery has been weak in the major economies. As the pandemic has resurged in some economies, the public sectors and industries have been exposed to rising debt, which seriously undermined the sustainability of fiscal policies. Capital market prices are detached from economic fundamentals, and excessively loose monetary policies have led to spillovers. Meanwhile, with protectionism and unilateralism gaining ground, geopolitical tensions have resurfaced and trade frictions among some countries are intensifying. Global industrial and supply chains are suffering from the severe impact of non-economic factors, causing major instabilities and uncertainties in economic recovery. As such, China is still under great pressures in preventing imported infection and risks related to the global economy and financial markets. To offset the impact of the pandemic, countercyclical adjustments increased in H1, and the macro leverage ratio displayed a temporary rise. Looking forward, however, the macro leverage ratio is likely to stabilize as economic growth gradually returns to its potential levels. In addition, the time lag between the pandemic outbreak and the attendant financial risks places upward pressures on future nonperforming loans. With regard to structural, institutional and cyclical concerns in the economy, as well as prominent issues of uneven development and underdevelopment, it is necessary to develop a deep understanding and dialectical view, and to enhance opportunity and risk awareness. The PBC will focus on taking care of its own matters by properly handling the relationship between reforms and macro-management, short-term and long-term considerations as well as internal and external equilibrium, so as to achieve high-quality development.

Consumer prices continued their overall downward trend, and there are no grounds for persistent inflation or deflation. In July and August 2020, due to the impact of floods in some provinces, the prices of meat and vegetables saw a rebound. But as multiple measures were taken by government departments to guarantee supply and stabilize prices and monetary policy remained sound, prices have recently declined. CPI growth in September fell to below 2 percent. According to preliminary estimates, the average growth of the CPI in 2020 will fall within a reasonable range. Industrial production continued to recover, with domestic and external demand gradually regaining ground. The PPI recorded positive monthly growth throughout Q3, while its negative year-on-year growth exhibited an overall narrowing trend. However, as the global pandemic unfolds, in light of the uncertain impact of the containment measures on supply chains, as well as the base effect and holiday disruptions on the CPI, it is necessary to pay close attention to short-term price movements. From medium and long-term perspectives, China's economic performance is generally stable, aggregate supply and demand are basically in equilibrium, the supply-side structural reforms are being further advanced, the market mechanism is playing a better role, monetary policies remain sound, and monetary conditions are reasonable and adequate, providing no grounds for persistent inflation or deflation.

II. Outlook for monetary policy in the next stage

In the next stage, the PBC will continue to

follow the guidance of Xi Jinping Thought on Socialism with Chinese Characteristics for a New Era and resolutely implement the decisions and arrangements of the CPC Central Committee and the State Council. It will coordinate ongoing pandemic control with economic and social development, and it will make every effort to ensure stability on six fronts, namely, employment, the financial sector, foreign trade, foreign investment, domestic investment and expectations, to maintain security in six areas, namely, employment, people's basic livelihood, operations of market entities, food and energy security, stable industrial and supply chains and the normal functioning of primary-level governments, and to successfully wrap up the 13th Five-Year Plan, thereby giving utmost support to achieving the target of completing the building of a moderately prosperous society in all respects. At the same time, the PBC will focus on thoroughly implementing the guidelines of the Fifth Plenary Session of the 19th CPC Central Committee by understanding the new development stage, applying the new development philosophy, establishing the new development paradigm, improving macroeconomic governance, conducting cross-cyclical policy design, and promoting a balance of economic aggregates, structural optimization as well as both internal and external equilibria. Moreover, work will be done to build a modern central banking system, to improve the mechanism of money supply management, to enhance the market-oriented interest rate formation and transmission mechanism, and to build the systems and mechanisms needed to provide effective financial support for the economy.

The sound monetary policy will be more flexible, appropriate and targeted, better adapted to the needs of high-quality economic development, and more focused on the quality and efficiency of the provision of financial services for the real economy. The PBC will improve the mechanism of money supply management to manage scientifically the intensity, pace and focus of monetary policy operations in line with the macro situation and market needs. By so doing, it will keep liquidity adequate at a reasonable level to avoid a liquidity crunch in the market while firmly refraining from adopting broad and indiscriminate stimulus measures so that a liquidity spillover will not occur. The PBC will work to enhance the market-oriented interest rate formation and transmission mechanism, deepen the loan prime rate (LPR) reform, continue to unleash the potential of reform in lowering lending rates, adopt a combination of policies to significantly reduce social financing costs, and give play to the decisive role of the market in the RMB exchange rate formation. The role of structural monetary policy tools in targeted liquidity provision will be enhanced so that policy measures can provide more direct support for the real economy. The PBC will attach importance to managing expectations and keeping prices stable. It will properly handle the relationship between internal and external equilibria and that between short-term and long-term goals, conduct a normal monetary policy as long as possible, and keep the macro leverage ratio basically stable. Efforts will be made to fight the tough battle of forestalling and defusing major financial risks, to improve the systems of financial risk prevention, early warnings, resolution and accountability, and to safeguard financial security by firmly defending the bottom line that no systemic risk should occur. Work will be done to guide and create new demand with innovations and high-quality supply and to accelerate the establishment of a new development paradigm with domestic circulation as the mainstay and domestic and international circulation reinforcing each other.

First, the PBC will pursue a sound monetary policy that is more flexible, appropriate and targeted. It will improve the mechanism of money supply management and employ a mix of monetary policy tools, such as the Medium-term Lending Facility (MLF), open market operations (OMOs), central bank lending, and central bank discounts to keep liquidity adequate at a reasonable level and to properly control the general valve of money supply, so that the growth rates of M2 and aggregate financing to the real economy (AFRE) will be basically in line with that of nominal GDP which reflects potential output, thereby supporting the return of the economy to its potential growth rate. Work will be done to guide the market rates to move smoothly around OMO rates and MLF rates. Moreover, the mechanism for sustainable capital replenishment will be improved, with increased support for the issuance by small and medium-sized banks of capital replenishment instruments, such as perpetual bonds, so that banks will be better able to serve the real economy and to forestall and defuse financial risks. Measures will be taken to improve macroeconomic governance, to optimize monetary policy objectives as well as fiscal, employment, industry, investment, consumption, environmental protection, regional and other policy objectives, and to promote a reasonable division of duties and an efficient synergy.

Second, to strengthen financial support for stabilizing businesses and securing employment, the PBC will move further ahead with the implementation of central bank lending, central bank discounts, as well as the monetary policy tools that provide direct support for the real economy, and will effectively bring into play their propelling force. It will maintain the stability of central bank lending and central bank discount policies while providing inclusive and sustained financing support for agro-linked enterprises, micro and small businesses (MSBs), private enterprises, and industries severely affected by the pandemic. Active steps will be taken to promote the two monetary policy tools that provide direct support for the real economy, to improve the effectiveness of targeted adjustments, and to guide locally incorporated financial institutions to step up credit support for inclusive MSBs that keep their employment basically stable. Concrete efforts will be made to alleviate the pressures on MSBs caused by principal and interest repayments and to ease their financing difficulties. The financial sector will be guided to meet the target of giving up RMB 1.5 trillion of its profits to the real economy.

Third, the PBC will build the systems and mechanisms needed to provide effective financial support for the real economy. It will innovate and improve the system of structural monetary policy tools, design the incentive compatibility mechanism in a targeted way, and guide financial institutions to ramp up support for those fields in conformity with the new development philosophy. Work will be done to improve the system for providing financial support for innovation, to promote the industrialization and large-scale application of new technologies, and to develop fund chains for innovation chains and industrial chains, thereby giving rise to a virtuous cycle and triangular interactions among the financial sector, the sci-tech sector, and industries. The PBC will push ahead with the regulated development and innovation of supply chain finance by implementing supporting policies step by step in collaboration with the relevant agencies and providing targeted services to support the completeness and stability of supply chains and industrial chains. The rural financial services system will be improved. Research will be conducted on the linkup between financial support for poverty eradication and rural revitalization policies. Work will be accelerated to roll out measures for the assessment of the services of commercial banks for rural revitalization. The PBC will urge commercial banks to improve their internal resource allocations as well as their performance assessments. Measures will be taken to establish and improve the long-term mechanism for increasing bank lending to MSBs, to guide financial institutions to step up credit support for MSBs, private enterprises, the agricultural sector, rural areas, farmers as well as the manufacturing sector, to enhance Fintech, and to reinforce financial inclusion. Firmly adhering to the principle that housing is for living in, not for speculation, and that the real estate market shall not be used to provide a short-term stimulus to the economy, the PBC will remain committed to stabilizing land prices, housing prices as well as expectations, maintain the continuity, consistency and stability of real estate finance policies, and effectively implement rules for the prudential management of real estate finance.

Fourth, the PBC will deepen the market-oriented interest rate reform and the exchange rate reform to increase the efficiency of financial resource allocations. It will improve the market-oriented interest rate formation and transmission mechanism, with the LPR reform continuing to go deeper. The market-oriented LPR pricing mechanism will be consolidated. The PBC will urge financial institutions to better incorporate the LPR into the funds transfer pricing (FTP) of loans and to strengthen the interconnections between the LPR and both the internal and external pricing of loans, thereby further bringing down the financing costs by means of reform and increasing the efficiency of monetary policy transmission. The self-regulatory mechanism for market rate pricing will play its part in regulating the conduct of deposit rate pricing and in reinforcing the requirement that lending entities of all types give explicit indications of annualized loan rates, in a move to maintain the fairness of pricing, safeguard a level playing field in the market, and protect the rights and interests of consumers. Taking steady steps to deepen the market-oriented exchange rate reform, the PBC will improve the managed floating exchange rate regime based on market supply and demand with reference to a basket of currencies, maintain the flexibility of the RMB exchange rate, and explore the role of the exchange rate in macroeconomic management and as an automatic stabilizer for the balance of payments. Work will be done to stabilize market expectations and to keep the RMB exchange rate basically stable at an adaptive and equilibrium level. Development of the foreign exchange market will pick up pace. Enterprises will be guided to be neutral in financial management and manage exchange rate risks with foreign exchange derivatives, while financial institutions will be guided to always be risk neutral and to provide services of exchange rate risk management for import and export companies with authentic needs. The PBC will steadily advance the convertibility of the RMB under the capital account, improve the policy framework and the infrastructure for cross-border use of the RMB, and further facilitate the use of the RMB in cross-border trade and investment.

Fifth, the PBC will strengthen fundamental institution building in financial markets so that they can play an effective role in stabilizing growth, promoting structural adjustments, advancing reform, and guarding against risks. Active steps will be taken to improve the bond market management system and push for the unification of standards for information disclosures regarding corporate debenture bonds. The mechanism of bond default risk prevention and resolution will be improved in line with market-oriented and law-based principles. The PBC will enhance coordinated regulation over financial market infrastructures, put into practice the arrangements for interconnectivity between bond market infrastructures, and continue to push forward with the building of custodian banks and trade repositories so as to ensure that financial markets are generally safe and stable while performing efficiently. Active but prudent steps will be taken to promote the opening-up of the bond market. In terms of bond market access, channels will be integrated and procedures will be optimized so that the environment for overseas investors will be more friendly and convenient.

Sixth, the PBC will push further ahead with the reform of financial institutions and make continued efforts to improve corporate governance and optimize financial supply. Focusing on strengthening corporate governance, the reform of state-owned commercial banks will go deeper, and a modern financial enterprise system with Chinese characteristics will be established to increase efficiency and provide better services for MSBs and private enterprises. Work will be done to support the sustainable and sound development of small and medium-sized banks and rural credit cooperatives by improving monetary, regulatory and tax rules so that they can reassume their roles in serving local needs and their original purposes. An effective mechanism of checks and balances in governance will be established, and the long-term mechanism for capital replenishment will be improved. Measures will be taken to reform and optimize the policy financial sector by carrying out separate account management of businesses as well as classified accounting in a move to enhance their capacity to support the national strategy.

Seventh, the PBC will improve the systems of financial risk prevention, early warnings, resolution and accountability. It will safeguard financial security and fight the tough battle of forestalling and defusing major financial risks to firmly defend the bottom line that no systemic risk should occur. The system of financial risk prevention and early warnings will be improved, and stress tests fully covering the banking system will be conducted. To improve the soundness of financial institutions and their sustainable management capacity, the PBC will support banks, particularly small and medium-sized banks, to replenish capital through multiple channels and improve their governance, and to step up efforts to set aside loss provisions for non-performing loans and carry out write-offs. Work will be done vigorously to develop regulatory technologies and enhance the professionalism, effectiveness and seriousness of regulation. While the endeavors to defuse risks will be advanced prudently, under no circumstances will local risks be allowed to evolve into systemic risks, nor will regional risks be allowed to evolve into national risks. Meanwhile, the PBC will accelerate steps to improve the system of accountability for financial risk resolution so as to ensure that shareholders, creditors of different types, local governments and financial regulatory agencies assume their respective responsibilities.

附录一 2020年第三季度中国货币政策大事记

7月3日， 中国人民银行、中国银行保险监督管理委员会、中国证券监督管理委员会、国家外汇管理局联合发布《标准化债权类资产认定规则》，明确了标债资产与非标资产的界限、认定标准及监管安排。

7月15日， 中国人民银行开展了中期借贷便利（MLF）操作，操作金额为4 000亿元，利率为2.95%。

7月16日， 中国人民银行向全国人大财经委员会汇报2020年上半年货币政策执行情况。

7月19日， 中国人民银行、中国证券监督管理委员会联合发布中国人民银行　中国证券监督管理委员会公告〔2020〕第7号，同意债券市场相关基础设施机构开展互联互通合作。

7月20日， 中国人民银行授权全国银行间同业拆借中心公布贷款市场报价利率（LPR），1年期LPR为3.85%，5年期以上LPR为4.65%。

7月30日， 中国人民银行面向公开市场业务一级交易商开展了2020年第七期央行票据互换（CBS）操作，费率为0.10%，操作量为50亿元，期限为3个月。

7月31日， 中国人民银行和巴基斯坦中央银行签署双边本币互换修订协议，将互换规模扩大为300亿元人民币/7 200亿巴基斯坦卢比。

7月31日， 中国人民银行和智利中央银行签署双边本币互换修订协议，将互换规模扩大为500亿元人民币/56 000亿智利比索。

7月31日， 中国人民银行和蒙古国中央银行续签规模为150亿元人民币/6万亿蒙古图格里克的双边本币互换协议。

8月6日， 《2020年第二季度中国货币政策执行报告》发布。

8月6日， 中国人民银行和阿根廷中央银行续签规模为700亿元人民币/7 300亿阿根廷比索的双边本币互换协议，同时签署规模为600亿元人民币的双边本币互换补充协议。

8月13日， 中国人民银行在香港成功发行300亿元人民币央行票据，其中3个月期央行票据200亿元，1年期央行票据100亿元，中标利率均为2.70%。

8月17日， 中国人民银行开展了中期借贷便利（MLF）操作，操作金额为7 000亿元，利率为2.95%。

8月20日， 中国人民银行授权全国银行间同业拆借中心公布贷款市场报价利率（LPR），1年期LPR为3.85%，5年期以上LPR为4.65%。

8月22日， 中国人民银行和新西兰中央银行续签规模为250亿元人民币的双边本币互换协议。

8月25日， 中国人民银行召开金融支持稳企业保就业工作推进会。

8月27日， 中国人民银行面向公开市场业务一级交易商开展了2020年第八期央行票据互换（CBS）操作，费率为0.10%，操作量为50亿元，期限为3个月。

8月28日， 《中国人民银行办公厅关于落实好中小微企业贷款延期还本付息和小微企业信用贷款支持政策的通知》（银办发〔2020〕129号）印发。

9月2日，中国人民银行、中国证券监督管理委员会、国家外汇管理局共同起草《关于境外机构投资者投资中国债券市场有关事宜的公告（征求意见稿）》，就进一步便利境外机构投资者配置人民币债券资产有关安排征求市场意见。

9月13日，国务院公布《关于实施金融控股公司准入管理的决定》（国发〔2020〕12号）。

9月13日，中国人民银行公布《金融控股公司监督管理试行办法》（中国人民银行令〔2020〕第4号）。

9月15日，中国人民银行开展了中期借贷便利（MLF）操作，操作金额为6 000亿元，利率为2.95%。

9月15日，中国人民银行联合中国银行保险监督管理委员会召开“鼓足干劲　奋战百天　助力脱贫攻坚决战决胜金融精准扶贫视频会”。

9月17日，中国人民银行和匈牙利中央银行签署规模为400亿元人民币的双边本币互换补充协议。

9月18日，中国人民银行会同工业和信息化部、司法部、商务部、国务院国有资产监督管理委员会、国家市场监督管理总局、中国银行保险监督管理委员会、国家外汇管理局出台《关于规范发展供应链金融　支持供应链产业链稳定循环和优化升级的意见》（银发〔2020〕226号），建立供应链金融规范发展政策框架。

9月21日，中国人民银行授权全国银行间同业拆借中心公布贷款市场报价利率（LPR），1年期LPR为3.85%，5年期以上LPR为4.65%。

9月24日，中国人民银行在香港成功发行100亿元人民币央行票据，期限为6个月，中标利率为2.68%。

9月25日，中国人民银行货币政策委员会召开2020年第三季度例会。

9月25日，富时罗素公司宣布中国国债将被纳入富时世界国债指数（WGBI）。

9月25日，中国证券监督管理委员会、中国人民银行、国家外汇管理局联合发布《合格境外机构投资者和人民币合格境外机构投资者境内证券期货投资管理办法》（中国证券监督管理委员会　中国人民银行　国家外汇管理局令第176号）。

9月28日，中国人民银行面向公开市场业务一级交易商开展了2020年第九期央行票据互换（CBS）操作，费率为0.10%，操作量为50亿元，期限为3个月。

9月30日，中国人民银行、中国银行保险监督管理委员会联合发布《关于建立逆周期资本缓冲机制的通知》（银发〔2020〕233号）。

9月30日，中国人民银行与印度尼西亚银行签署《关于建立促进经常账户交易和直接投资本币结算合作框架的谅解备忘录》，推动使用本币进行双边贸易和直接投资结算。

Appendix 1 Highlights of China's Monetary Policies in Q3 2020

On July 3, the People's Bank of China (PBC), together with China Banking and Insurance Regulatory Commission (CBIRC), China Securities Regulatory Commission (CSRC), and the State Administration of Foreign Exchange (SAFE) released the *Rules for Recognition of Standard Debt-based Assets,* which clarify boundaries, identification criteria, and regulatory arrangements for standard and non-standard debt-based assets.

On July 15, the PBC conducted Medium-term Lending Facility (MLF) operations in the amount of RMB 400 billion, with an interest rate of 2.95 percent.

On July 16, the PBC reported to the Financial and Economic Affairs Committee of the National People's Congress (NPC) on monetary policy implementation in H1 2020.

On July 19, *Announcement No. 7 [2020] of the PBC and CSRC* was released, approving interconnectivity cooperation among relevant infrastructure institutions on the interbank bond market.

On July 20, with the authorization of the PBC, the National Interbank Funding Center (NIFC) announced the Loan Prime Rate (LPR) as follows: the one-year and above-five-year LPR were 3.85 percent and 4.65 percent, respectively.

On July 30, the PBC conducted the seventh Central Bank Bills Swap (CBS) operation in 2020. Open to primary dealers of open market operations, the operation registered RMB 5 billion, with a term of three months and a rate of 0.10 percent.

On July 31, the PBC and the State Bank of Pakistan (SBP) signed a bilateral local currency swap amendment agreement, with its size expanding to RMB 30 billion, or PKR 720 billion.

On July 31, the PBC and the Central Bank of Chile (CBC) signed a bilateral local currency swap amendment agreement, with its size expanding to RMB 50 billion, or CLP 5.6 trillion.

On July 31, the PBC and the Central Bank of Mongolia (CBM) renewed a bilateral local currency swap agreement, with a size of RMB 15 billion, or MNT 6 trillion.

On August 6, the PBC released *China Monetary Policy Report (Q2 2020).*

On August 6, the PBC and the Central Bank of Argentina (CBA) renewed a bilateral local currency swap agreement, with a size of RMB 70 billion, or ARS 730 billion, and signed a supplementary agreement on a bilateral local currency swap, with a size of RMB 60 billion.

On August 13, the PBC issued RMB 30 billion of RMB-denominated central bank bills in

Hong Kong, including RMB 20 billion of three-month bills and RMB 10 billion of one-year bills, both with a rate of 2.70 percent.

On August 17, the PBC conducted MLF operations in the amount of RMB 700 billion, with an interest rate of 2.95 percent.

On August 20, with the authorization of the PBC, the NIFC announced the LPR as follows: the one-year and above-five-year LPR were 3.85 percent and 4.65 percent, respectively.

On August 22, the PBC and the Reserve Bank of New Zealand (RBNZ) renewed a bilateral local currency swap agreement, with a size of RMB 25 billion.

On August 25, the PBC held a meeting on stepping up financial support for stabilizing businesses and securing employment.

On August 27, the PBC conducted the eighth CBS operation in 2020. Open to primary dealers of open market operations, the operation registered RMB 5 billion, with a term of three months and a rate of 0.10 percent.

On August 28, the PBC issued the *Notice of the PBC General Administration Department on Extending the Policy of Provisional Deferred Repayments of the Principal and Interest of Loans to Micro, Small, and Medium-sized Enterprises and Stepping up Support for Unsecured Loans to Micro and Small Businesses* (Yinbanfa No. 129 [2020]).

On September 2, the PBC, CSRC and SAFE jointly drafted the *Announcement on Issues Concerning Investment in China's Bond Market by Overseas Institutional Investors (Exposure Draft),* to solicit public opinions on further facilitating overseas institutional investors' allocation of RMB bond assets.

On September 13, the State Council released the *Decisions on Implementing the Access Management of Financial Holding Companies* (Guofa No. 12 [2020]).

On September 13, the PBC released the *Trial Measures on Regulation of Financial Holding Companies* (PBC Order No. 4 [2020]).

On September 15, the PBC conducted Medium-term Lending Facility (MLF) operations in the amount of RMB 600 billion, with an interest rate of 2.95 percent.

On September 15, the PBC, together with the CBIRC, held a video conference on "Exerting the Utmost Efforts and Fighting for 100 Days to Achieve Complete Success of Targeted Financial Poverty Alleviation".

On September 17, the PBC and the National Bank of Hungary (MNB) signed a supplementary agreement on bilateral local currency swap, with a size of RMB 40 billion.

On September 18, the PBC, together with Ministry of Industry and Information Technology (MIIT), Ministry of Justice (MOJ), Ministry of Commerce (MOC), State-owned Assets Supervision and Administration Commission (SASAC), State Administration for Market Regulation (SAMR), China

Banking and Insurance Regulatory Commission (CBIRC), and the State Administration of Foreign Exchange (SAFE) issued the *Opinions on Promoting Regulated Development of Supply Chain Finance in Support of Stable Circulation, Optimization and Upgrading of Supply Chains and Industrial Chains* (Yinfa No. 226 [2020]), establishing a policy framework for the regulated development of supply chain finance.

On September 21, with the authorization of the PBC, the NIFC announced the LPR as follows: the one-year and above-five-year LPR were 3.85 percent and 4.65 percent, respectively.

On September 24, the PBC issued RMB 10 billion of RMB-denominated central bank bills in Hong Kong, with a term of six months and a rate of 2.68 percent.

On September 25, the PBC Monetary Policy Committee held the third quarterly meeting in 2020.

On September 25, FTSE Russell announced that it will add Chinese government bonds to its World Government Bond Index (WGBI).

On September 25, the CSRC, the PBC and the SAFE jointly issued the *Administrative Measures for Domestic Securities and Futures Investments by Qualified Foreign Institutional Investors and RMB Qualified Foreign Institutional Investors* (CSRC PBC SAFE Order No. 176).

On September 28, the PBC conducted the ninth CBS operation in 2020. Open to primary dealers of open market operations, the operation registered RMB 5 billion, with a term of three months and a rate of 0.10 percent.

On September 30, the PBC and the CBIRC issued the *Notice on Establishing a Mechanism of Countercyclical Capital Buffer* (Yinfa [2020] No. 233).

On September 30, the PBC and Bank Indonesia signed the *Memorandum of Understanding for the Establishment of a Framework for Cooperation to Promote the Settlement of Current Account Transactions and Direct Investments in Local Currencies,* in order to promote the use of local currency for bilateral trade and the settlement of direct investments.

附录二 2020年第三季度主要经济体中央银行货币政策

一、美联储

美联储8月27日宣布修订货币政策框架，实施平均2%的通胀目标，并表示其货币政策对就业形势的响应将取决于实际就业“与最大化就业水平之间的缺口”，而不再是“与最大化就业水平之间的偏离”，同时强调需多维度综合研判就业形势。

美联储在7月29日、9月16日召开的公开市场委员会（FOMC）会议上均维持联邦基金利率目标区间在0~0.25%不变，并将在未来数月继续至少以当前速度购买国债和机构住房与商业抵押贷款支持证券（MBS）。

此外，美联储7月17日放宽大众贷款计划（MSLP）申请条件，以便向教育、医疗和社会服务等非营利性组织提供信贷支持；7月23日扩大定期资产支持证券贷款工具（TALF）、商业票据融资工具（CPFF）、二级市场公司信贷工具（SMCCF）的交易对手范围；7月28日将一级交易商信贷工具（PDCF）、薪酬保护计划流动性工具（PPPLF）以及大众贷款计划下各工具的到期日从9月30日延长至12月31日；8月11日修订市政流动性工具（MLF）定价规则，调低了该工具下各信用级别合格票据的定价利率。

二、欧洲中央银行

欧洲中央银行7月16日、9月10日例会均决定：（1）维持主要再融资利率、边际贷款利率、存款便利利率分别在0、0.25%、-0.5%不变；（2）维持每月1 400亿欧元的资产购买计划；（3）继续将紧急资产购买计划（PEPP）购买规模维持在13 500亿欧元，并将操作期限维持在2021年6月底，同时还将所购买债券到期后本金再投资期限至少维持至2022年底；（4）继续通过再融资操作提供充足流动性。

三、日本银行

日本银行7月15日、9月17日例会均决定：（1）继续实施收益率曲线管理下的量化和质化宽松货币政策（QQE），以实现2%的通胀目标；（2）在收益率曲线管理方面，将金融机构存放的部分超额准备金利率维持在-0.1%不变，将以更积极的方式，不设上限按需购买日本政府债券，从而将10年期国债收益率维持在0附近；（3）在资产购买方面，对房地产投资信托基金（J-REITs）和交易所交易基金（ETFs），维持3月以来1 800亿日元、12万亿日元的购买上限；对商业票据和公司债，维持4月27日以来7.5万亿日元的新增购买规模，并实施至2021年3月。

四、英格兰银行

英格兰银行8月6日、9月17日例会均决定维持基准利率在0.1%，维持7 450亿英镑的资产购买规模不变；9月24日延长中小企业定期融资计划（TFSME）相关贷款的期限最长至10年。

Appendix 2 Monetary Policies of the Central Banks of Major Economies in Q3 2020

I. The US Federal Reserve

On August 27, the Federal Open Market Committee (FOMC) announced updates to its Longer-Run Goals and Monetary Policy Strategy, and sought to achieve inflation that averages 2 percent. Its policy decision responding to employment conditions will be informed by its "assessments of the shortfalls of employment from their maximum level" rather than by "deviations from their maximum level". Meanwhile, it emphasized the importance of taking into account a wide range of information to measure labor market conditions.

At the FOMC meetings held on July 29 and September 16, the Committee decided to maintain the target range for the federal funds rate at 0 to 0.25 percent. Over the coming months, it will increase its holdings of Treasury securities and agency residential and commercial mortgage-backed securities (MBS) at least at the current pace.

In addition, the Federal Reserve on July 17 modified the Main Street Lending Program (MSLP) to provide greater access to credit for nonprofit organizations, such as educational institutions, hospitals, and social service organizations. On July 23, it announced expansion of the counterparties in the Term Asset-Backed Securities Loan Facility (TALF), Commercial Paper Funding Facility (CPFF) and Secondary Market Corporate Credit Facility (SMCCF). On July 28, it announced an extension through December 31 of its lending facilities that were scheduled to expire on September 30. The extension applies to the Primary Dealer Credit Facility (PDCF), the Paycheck Protection Program Liquidity Facility (PPPLF), and various instruments under the MSLP. On August 11, it revised pricing for its Municipal Liquidity Facility (MLF) and reduced the interest rate spread on eligible notes for each credit rating category.

II. European Central Bank

At the meetings on July 16 and September 10, the Governing Council of the ECB took the following monetary policy decisions: (1) The interest rate on the main refinancing operations and the interest rates on the marginal lending facility and the deposit facility will remain unchanged at 0.00 percent, 0.25 percent and –0.50 percent, respectively. (2) Net purchases under the Asset Purchase Programme (APP) will continue at a monthly pace of EUR140 billion. (3) The Governing Council will continue its purchases under the Pandemic Emergency Purchase Programme (PEPP), with a total envelope of EUR1,350 billion. The Governing Council will conduct such purchases until at least the end of June 2021 and will reinvest the principal payments from maturing securities purchased under the PEPP until at least the end of 2022. (4) It will also continue to provide ample liquidity through its refinancing operations.

III. Bank of Japan

At the monetary policy meetings held on July 15 and September 17, the Policy Board of the Bank of Japan decided upon the following: (1) The Bank will continue with "Quantitative and Qualitative Monetary Easing (QQE) with Yield Curve Control", aiming to achieve the price stability target of 2 percent. (2) In terms of yield curve control, the Bank will apply a negative interest rate of –0.1 percent to the Policy-Rate Balances in the current accounts held by financial institutions at the Bank, and will more actively purchase a necessary amount of Japanese government bonds (JGBs) without setting an upper limit so that 10-year JGB yields will remain at around 0 percent. (3) In terms of asset purchases, the upper limits set in March for the purchase of Japan real estate investment trusts (J-REITs) and exchange-traded funds (ETFs) will remain unchanged at JPY 180 billion and JPY 12 trillion, respectively. As for commercial papers and corporate bonds, the Bank will conduct additional purchases, with the upper limit of the amounts outstanding at JPY 7.5 trillion until the end of March 2021, the limit has been maintained since April 27, 2020.

IV. Bank of England

The Bank of England's Monetary Policy Committee (MPC) decided to maintain the Bank Rate at 0.1 percent and the target for the total stock of asset purchases at GBP 745 billion. The Bank announced on September 24 that the Term Funding Scheme with additional incentives for Small and Medium-sized Enterprise (TFSME) loans can be extended to a total term of up to ten years.

附录三 中国主要经济和金融指标

Appendix 3 China's Major Economic and Financial Indicators

一、经济增长与经济发展水平

1. Economic Growth

1978年以来中国经济增长与宏观经济政策

China's economic growth and macroeconomic policies since 1978

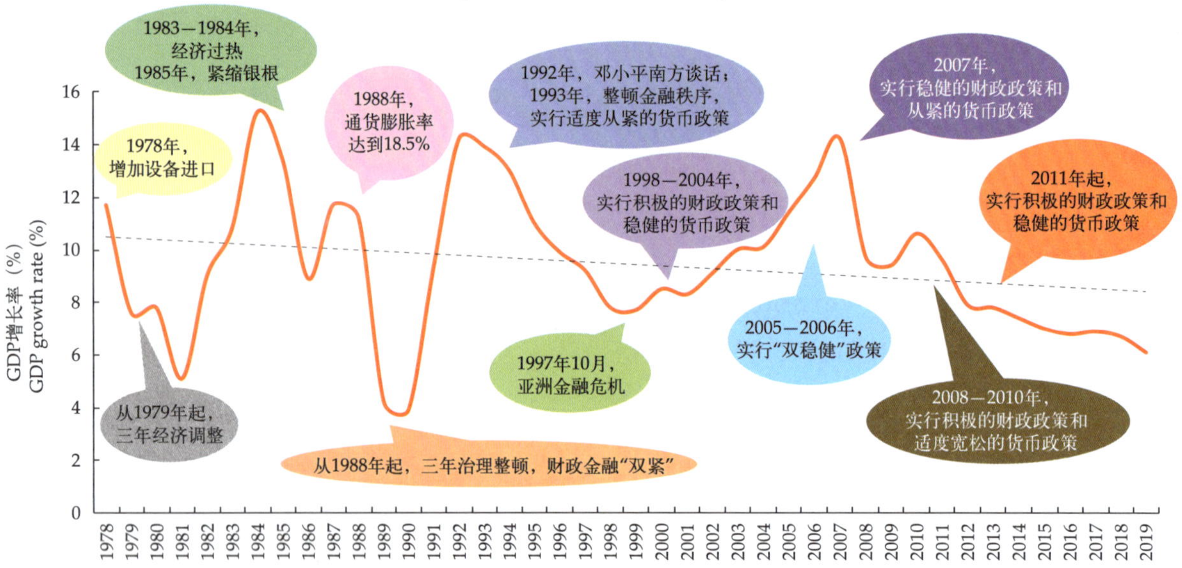

- Equipment import growth in 1978
- 3-year economic adjustment between 1979 and 1981
- Over-heated economy between 1983 and 1984, tight monetary policy in 1985
- Inflation of 18.5% in 1988
- 3-year rectification from 1988 to 1991, "double tightening" of fiscal and monetary policy
- Deng Xiaoping's remarks on economic reform during his 1992 trip to South China, rectification of financial order and adoption of appropriately tight monetary policy in 1993
- Asian financial crisis of October 1997
- Proactive fiscal policy and sound monetary policy from 1998 to 2004
- "Double sound" fiscal and monetary policy in 2005 and 2006
- Sound fiscal policy and tight monetary policy in 2007
- Proactive financial policy and moderately loose monetary policy in 2008 to 2010
- Proactive financial policy and sound monetary policy since 2011

人均国内生产总值

Per capita GDP

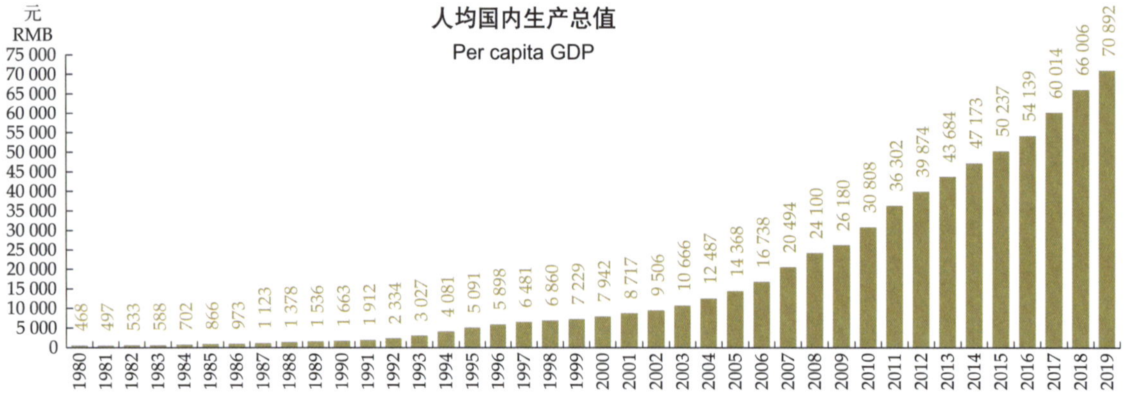

注：图中数据根据国家统计局最新数据修订。

Note: Data are revised by National Bureau of Statistics.

GDP总量：据世界银行按汇率折算法测算，2019年中国GDP总量为14.34万亿美元，占世界GDP总量87.75万亿美元的16.3%，位居第二，排在美国之后。根据《2019年世界发展指标》，按购买力平价法估算，2019年中国GDP总量为22.53万亿美元，占世界GDP总量130.07万亿美元的17.3%，位居第一。

人均GDP：2019年，中国人均GDP为70 892元人民币，按年末汇率折算为10 410美元。

人均国民收入：据世界银行按汇率折算法测算，2019年世界人均国民收入为11 570美元，中国人均国民收入为10 410美元，居世界189个经济体由高向低排列的第71位。按购买力平价法估算，2019年中国人均国民收入为16 740美元，相当于世界人均国民收入17 591美元的93.5%，居世界192个经济体由高向低排列的第75位。

Gross Domestic Product (GDP): The World Bank estimated that the world total GDP and China's GDP in 2019 were USD 87.75 trillion and USD 14.34 trillion respectively based on Atlas methodology. Accounting for 16.3 percent of the world total, China's GDP ranked 2nd in the world after U.S. The World Bank estimated that the world total GDP and China's GDP in 2019 were USD 130.07 trillion and USD 22.53 trillion respectively based on a PPP basis, according to the *World Development Indicators 2019*. Accounting for 17.3 percent of the world total, China's GDP ranked 1st in the world.

GDP per capita: In 2019, China's GDP per capita reached RMB 70,892, or USD 10,410 based on the exchange rate at the end of 2019.

Gross National Income (GNI) per capita: The World Bank estimated that in 2019 the GNI per capita for the world as a whole was USD 11,570 based on Atlas methodology. The GNI per capita in China was USD 10,410, ranking 71th among 189 worldwide economies. In PPP terms, the GNI per capita in China in 2019 was USD 16,740, equivalent to 93.5 percent of the world figure which was USD 17,591, thus ranking 75th among the 192 worldwide economies.

2019年世界银行按汇率折算法测算的GDP总量前10名排序

Top ten economies in terms of GDP based on Atlas methodology in 2019 (World Bank estimation)

排名 Rank	国家 Country		GDP（万亿美元） GDP (USD trillion)	占世界GDP总量的比重(%) As a percent of the world total (%)
1	美国	U.S.	21.43	24.4
2	**中国**	**China**	**14.34**	**16.3**
3	日本	Japan	5.08	5.8
4	德国	Germany	3.85	4.4
5	印度	India	2.88	3.3
7	英国	U.K.	2.83	3.2
6	法国	France	2.72	3.1
9	意大利	Italy	2.00	2.3
8	巴西	Brazil	1.84	2.1
10	加拿大	Canada	1.74	2.0
世界 World total			**87.75**	**100.0**

2019年世界银行按购买力平价方法估算的GDP总量前10名排序

Top ten economies in terms of GDP based on PPP in 2019 (World Bank estimation)

排名 Rank	国家 Country		GDP（万亿美元） GDP (USD trillion)	占世界GDP总量的比重(%) As a percent of the world total (%)
1	**中国**	**China**	**22.53**	**17.3**
2	美国	U.S.	20.57	15.8
3	印度	India	9.23	7.1
4	日本	Japan	5.23	4.0
5	德国	Germany	4.47	3.4
6	俄罗斯	Russia	3.97	3.1
7	印度尼西亚	Indonesia	3.20	2.5
8	英国	U.K.	3.12	2.4
9	法国	France	3.10	2.4
10	巴西	Brazil	3.09	2.4
世界 World total			**130.07**	**100.0**

世界银行估算的2019年人均国民收入

National income per capita in 2019 (estimated by the World Bank)

单位：美元 Unit: USD

	世界平均 Global average	低收入国家 Low-income countries	中等收入国家 Middle-income countries		高收入国家 High-income countries
			较低收入组 Lower-middle-income countries	较高收入组 Upper-middle-income countries	
汇率折算法 On Atlas methodology	11 570	792	2 189	9 074	45 307
购买力平价法 On a PPP basis	17 591	2 456	6 793	17 232	52 322

国内生产总值
Gross domestic product

年 / 季度 Year/Quarter	国内生产总值 GDP		第一产业 Primary industry		第二产业 Secondary industry		第三产业 Tertiary industry	
	绝对值（亿元）Absolute value (RMB 100 million)	增长 (%) Growth (%)	绝对值（亿元）Absolute value (RMB 100 million)	增长 (%) Growth (%)	绝对值（亿元）Absolute value (RMB 100 million)	增长 (%) Growth (%)	绝对值（亿元）Absolute value (RMB 100 million)	增长 (%) Growth (%)
2010 I	87 617	12.2	4 945	3.9	39 365	15.4	43 307	10.0
I-II	187 149	11.4	12 920	3.7	86 788	14.0	87 441	9.8
I-III	293 388	10.9	24 834	4.0	135 696	13.1	132 858	9.7
I-IV	413 030	10.6	39 363	4.3	191 630	12.7	182 038	9.7
2011 I	104 641	10.2	5 768	3.2	47 195	11.3	51 679	9.9
I-II	223 816	10.1	15 194	2.9	104 080	11.1	104 542	10.1
I-III	350 797	9.8	29 475	3.5	162 703	11.0	158 619	9.9
I-IV	489 301	9.5	46 163	4.2	227 039	10.7	216 099	9.5
2012 I	117 594	8.1	6 687	3.7	52 317	9.5	58 590	7.3
I-II	249 276	7.9	16 967	4.3	113 752	8.7	118 558	7.6
I-III	387 899	7.8	32 164	4.2	176 009	8.3	179 726	7.8
I-IV	540 367	7.9	50 902	4.5	244 643	8.4	244 822	8.0
2013 I	129 747	7.9	7 170	3.0	55 862	7.8	66 715	8.4
I-II	273 714	7.7	18 012	2.8	120 994	7.7	134 708	8.3
I-III	426 619	7.8	34 605	3.3	187 744	7.9	204 271	8.4
I-IV	595 244	7.8	55 329	3.8	261 956	8.0	277 959	8.3
2014 I	140 618	7.4	7 492	3.2	59 222	7.6	73 905	7.6
I-II	297 080	7.4	19 145	3.7	128 763	7.7	149 172	7.6
I-III	462 792	7.3	36 821	4.1	199 787	7.6	226 183	7.6
I-IV	643 974	7.3	58 344	4.1	277 572	7.4	308 059	7.8
2015 I	150 987	7.0	7 770	3.1	60 725	6.4	82 492	7.8
I-II	319 490	7.0	20 257	3.5	131 872	6.3	167 361	8.1
I-III	496 200	6.9	38 345	3.8	203 537	6.2	254 318	8.2
I-IV	689 052	6.9	60 862	3.9	282 040	6.2	346 150	8.2
2016 I	161 456	6.7	8 803	2.9	61 385	6.0	91 268	7.5
I-II	342 071	6.7	22 097	3.0	135 116	6.2	184 858	7.5
I-III	532 434	6.7	40 667	3.5	210 755	6.3	281 012	7.5
I-IV	740 061	6.7	60 139	3.3	296 548	6.3	383 374	7.7
2017 I	179 403	6.8	8 206	3.0	69 704	6.2	101 493	7.7
I-II	378 581	6.8	20 851	3.5	152 358	6.2	205 372	7.7
I-III	588 405	6.8	39 107	3.7	237 116	6.1	312 183	7.8
I-IV	820 754	6.8	62 100	4.0	332 743	5.9	425 912	7.9
2018 I	197 920	6.8	8 574	3.2	77 117	6.3	112 229	7.5
I-II	417 215	6.8	21 576	3.3	168 558	6.1	227 081	7.6
I-III	646 711	6.7	39 800	3.4	261 823	5.9	345 088	7.7
I-IV	900 310	6.6	64 734	3.5	366 001	5.8	469 575	7.6
2019 I	213 433	6.4	8 769	2.7	82 346	6.1	122 317	7.0
I-II	450 933	6.3	23 207	3.0	179 984	5.8	247 743	7.0
I-III	697 798	6.2	43 005	2.9	277 869	5.6	376 925	7.0
I-IV	990 865	6.1	70 467	3.1	386 165	5.7	534 233	6.9
2020 I	206 504.3	−6.8	10 186.2	−3.2	73 638	−9.6	122 680	−5.2
I-II	456 614	−1.6	26 053	0.9	172 759.00	−1.9	257 802	−1.6
I-III	722 786	0.7	48 123	2.3	274 267	0.9	400 397	0.4

注：1. 表中绝对数按当年价格计算，“比上年同期增长”按不变价格计算。
2. 表中数据根据国家统计局最新数据修订。

Notes: 1. Absolute figures in this table are calculated at current prices, and the year-on-year growth rates are calculated at constant prices.
2. Data are revised by National Bureau of Statistics.

1978年以来GDP及其增长率
GDP and its annual growth rate since 1978

年 Year	GDP（万亿元） GDP (RMB 1 trillion)	GDP 增长率 (%) GDP growth rate (%)
1978	0.4	11.7
1979	0.4	7.6
1980	0.5	7.8
1981	0.5	5.1
1982	0.5	9.0
1983	0.6	10.8
1984	0.7	15.2
1985	0.9	13.4
1986	1.0	8.9
1987	1.2	11.7
1988	1.5	11.2
1989	1.7	4.2
1990	1.9	3.9
1991	2.2	9.3
1992	2.7	14.2
1993	3.6	13.9
1994	4.9	13.0
1995	6.1	11.0
1996	7.2	9.9
1997	8.0	9.2
1998	8.5	7.8
1999	9.1	7.7
2000	10.0	8.5
2001	11.1	8.3
2002	12.2	9.1
2003	13.7	10.0
2004	16.2	10.1
2005	18.7	11.4
2006	21.9	12.7
2007	27.0	14.2
2008	32.0	9.7
2009	34.9	9.4
2010	41.3	10.6
2011	48.9	9.5
2012	54.0	7.9
2013	59.5	7.8
2014	64.4	7.3
2015	68.9	6.9
2016	74.0	6.7
2017	82.1	6.8
2018	90.0	6.6
2019	99.1	6.1

注：表中数据根据国家统计局最新数据修订。
Note: Data are revised by National Bureau of Statistics.

GDP及其增长率
GDP and its annual growth rate

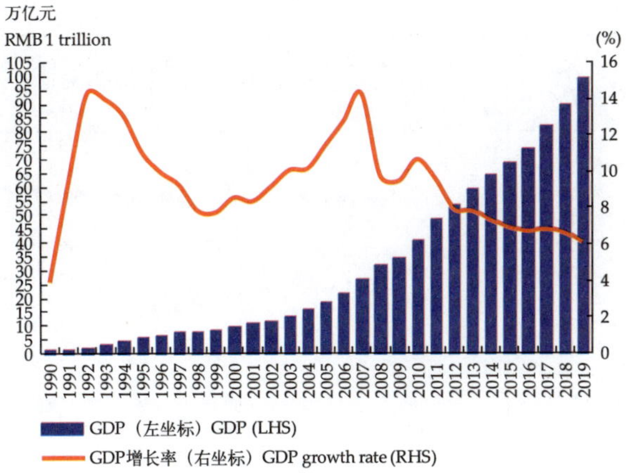

2010年以来GDP季度累计增长率
Quarterly accumulated GDP growth rates since 2010

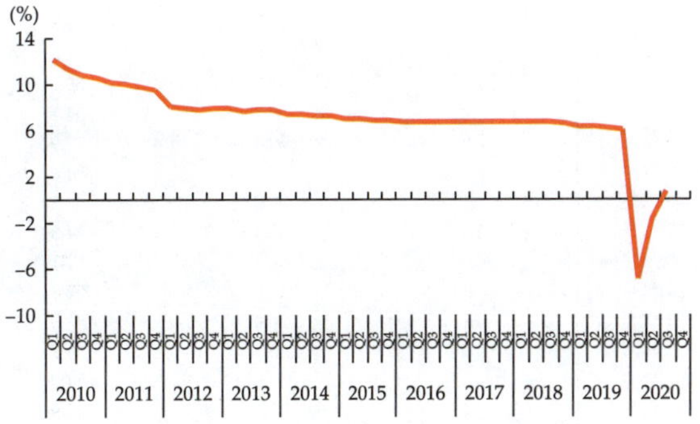

季度GDP三次产业所占的比重与增长率变化
Shares of industries in GDP and their growth rates on a quarterly basis

单位：% Unit: %

年 / 季度 Year/Quarter	第一产业所占的比重 Share of primary industry	第二产业所占的比重 Share of secondary industry	第三产业所占的比重 Share of tertiary industry	第一产业同比累计增长 YOY accumulated growth of primary industry	第二产业同比累计增长 YOY accumulated growth of secondary industry	第三产业同比累计增长 YOY accumulated growth of tertiary industry
2011Q1	5.5	45.1	49.4	3.2	11.3	9.9
2011Q2	6.8	46.5	46.7	2.9	11.1	10.1
2011Q3	8.4	46.4	45.2	3.5	11.0	9.9
2011Q4	9.4	46.4	44.2	4.2	10.7	9.5
2012Q1	5.7	44.5	49.8	3.7	9.5	7.3
2012Q2	6.8	45.6	47.6	4.3	8.7	7.6
2012Q3	8.3	45.4	46.3	4.2	8.3	7.8
2012Q4	9.4	45.3	45.3	4.5	8.4	8.0
2013Q1	5.5	43.1	51.4	3.0	7.8	8.4
2013Q2	6.6	44.2	49.2	2.8	7.7	8.3
2013Q3	8.1	44.0	47.9	3.3	7.9	8.4
2013Q4	9.3	44.0	46.7	3.8	8.0	8.3
2014Q1	5.3	42.1	52.6	3.2	7.6	7.6
2014Q2	6.5	43.3	50.2	3.7	7.7	7.6
2014Q3	8.0	43.1	48.9	4.1	7.6	7.6
2014Q4	9.1	43.1	47.8	4.1	7.4	7.8
2015Q1	5.2	40.3	54.5	3.1	6.4	7.8
2015Q2	6.4	41.3	52.3	3.5	6.3	8.1
2015Q3	7.8	41.0	51.2	3.8	6.2	8.2
2015Q4	8.9	40.9	50.2	3.9	6.2	8.2
2016Q1	5.5	37.9	56.6	2.9	6.0	7.5
2016Q2	6.5	39.4	54.1	3.0	6.2	7.5
2016Q3	7.7	39.5	52.8	3.5	6.3	7.5
2016Q4	8.6	39.8	51.6	3.3	6.3	7.7
2017Q1	4.8	38.7	56.5	3.0	6.2	7.7
2017Q2	5.8	40.1	54.1	3.5	6.2	7.7
2017Q3	7.0	40.1	52.9	3.7	6.1	7.8
2017Q4	7.9	40.5	51.6	4.0	5.9	7.9
2018Q1	4.5	39.0	56.5	3.2	6.3	7.5
2018Q2	5.3	40.4	54.3	3.3	6.1	7.6
2018Q3	6.5	40.4	53.1	3.4	5.9	7.7
2018Q4	7.2	40.6	52.2	3.5	5.8	7.6
2019Q1	4.1	38.6	57.3	2.7	6.1	7.0
2019Q2	5.1	39.9	54.9	3.0	5.8	7.0
2019Q3	6.2	39.8	54.0	2.9	5.6	7.0
2019Q4	7.1	39.0	53.9	3.1	5.7	6.9
2020Q1	4.9	35.7	59.4	−3.2	−9.6	−5.2
2020Q2	5.7	37.8	56.5	0.9	−1.9	−1.6
2020Q3	6.7	37.9	55.4	2.3	0.9	0.4

注：表中数据根据国家统计局最新数据修订。
Note: Data are revised by National Bureau of Statistics.

季度GDP三次产业所占的比重与增长率变化
Shares of industries in GDP and their growth rates on a quarterly basis

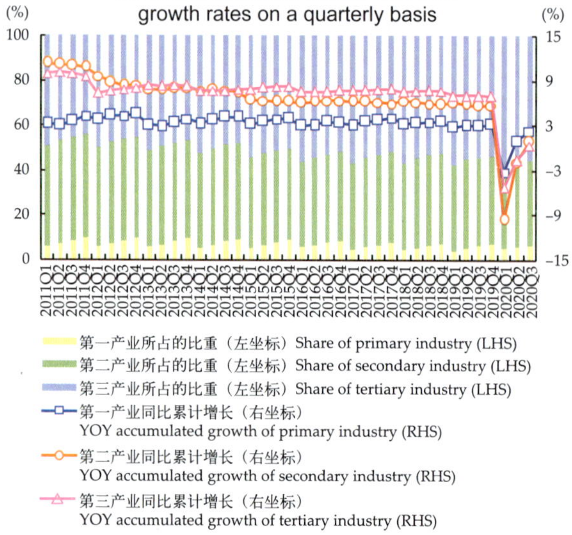

2005年以来年度GDP中三大产业比重
Shares of industries in GDP since 2005

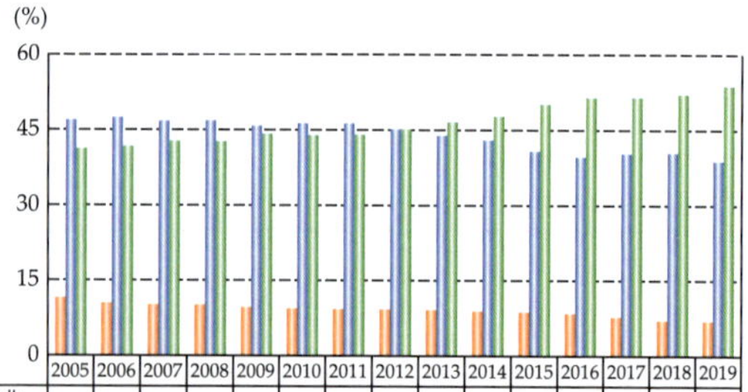

	2005	2006	2007	2008	2009	2010	2011	2012	2013	2014	2015	2016	2017	2018	2019
第一产业 Primary industry	11.6	10.6	10.3	10.3	9.8	9.5	9.4	9.4	9.3	9.1	8.9	8.6	7.9	7.2	7.1
第二产业 Secondary industry	47.0	47.6	46.9	46.9	45.9	46.4	46.4	45.3	44.0	43.1	40.9	39.8	40.5	40.6	39.0
第三产业 Tertiary industry	41.3	41.8	42.9	42.8	44.3	44.1	44.2	45.3	46.7	47.8	50.2	51.6	51.6	52.2	53.9

注：图中数据根据国家统计局最新数据修订。
Note: Data are revised by National Bureau of Statistics.

工业增加值增长速度
Growth rate of value added of industry

单位：% Unit: %

年 / 月 Year/Month		工业增加值 Value added	采矿业 Mining	制造业 Manufacturing	电力、热力、燃气及水生产和供应业 Electricity, gas & water production and supply	国有及国有控股企业 State-owned and state-holding enterprises	集体企业 Collectively-owned enterprises	股份制企业 Joint-stock enterprises	外商及港澳台投资企业 Enterprises with foreign, HongKong, Macau, and Taiwan investment
		比上年同期增长 (%) Year-on-year growth rate(%)							
2019	1	—	—	—	—	—	—	—	—
	2	—	—	—	—	—	—	—	—
	3	8.5	4.6	9.0	7.7	4.7	0.0	10.0	4.2
	4	5.4	2.9	5.3	9.5	6.0	0.0	6.3	2.5
	5	5.0	3.9	5.0	5.9	3.7	0.0	6.6	-0.3
	6	6.3	7.3	6.2	6.6	6.2	0.0	7.6	1.8
	7	4.8	6.6	4.5	6.9	3.7	0.0	6.1	-0.2
	8	4.4	3.7	4.3	5.9	4.1	0.0	5.3	1.3
	9	5.8	8.1	5.6	5.9	4.9	0.0	6.9	2.9
	10	4.7	3.9	4.6	6.6	4.8	0.0	5.4	2.1
	11	6.2	5.7	6.3	6.7	3.7	0.0	7.0	3.2
	12	6.9	5.6	7.0	6.8	7.0	0.0	7.5	4.8
2020	1	—	—	—	—	—	—	—	—
	2	—	—	—	—	—	—	—	—
	3	-1.1	4.2	-1.8	-1.6	-2.5	0.0	-0.2	-5.4
	4	3.9	0.3	5.0	0.2	0.5	0.0	4.0	3.9
	5	4.4	1.1	5.2	3.6	2.1	0.0	4.8	3.4
	6	4.8	1.7	5.1	5.5	4.9	0.0	5.0	4.2
	7	4.8	-2.6	6.0	1.7	4.1	0.0	4.2	7.6
	8	5.6	1.6	6.0	5.8	5.2	0.0	5.8	5.3
	9	6.9	2.2	7.6	4.5	6.5	0.0	6.8	7.1
2019	1~2	5.3	0.3	5.6	6.8	4.4	0.0	6.4	-0.3
	1~3	6.5	2.2	7.2	7.1	4.5	0.0	7.8	1.4
	1~4	6.2	2.4	6.7	7.7	4.9	0.0	7.4	1.7
	1~5	6.0	2.6	6.4	7.5	4.7	0.0	7.2	1.3
	1~6	6.0	3.5	6.4	7.3	5.0	0.0	7.3	1.4
	1~7	5.8	4.0	6.1	7.3	4.8	0.0	7.1	1.2
	1~8	5.6	4.0	5.9	7.1	4.7	0.0	6.9	1.2
	1~9	5.6	4.6	5.9	7.0	4.7	0.0	6.9	1.4
	1~10	5.6	4.5	5.8	7.0	4.7	0.0	6.7	1.5
	1~11	5.6	4.9	5.9	7.0	4.6	0.0	6.7	1.7
	1~12	5.7	5.0	6.0	7.0	4.8	0.0	6.8	2.0
2020	1~2	-13.5	-6.5	-15.7	-7.1	-7.9	0.0	-14.2	-21.4
	1~3	-8.4	-1.7	-10.2	-5.2	-6.0	0.0	-8.4	-14.5
	1~4	-4.9	-0.8	-5.4	-3.9	-4.2	0.0	-4.9	-8.9
	1~5	-2.8	-1.8	-2.8	-2.4	-3.0	0.0	-2.2	-5.3
	1~6	-1.3	-1.1	-1.4	-0.9	-1.5	0.0	-0.8	-3.4
	1~7	-0.4	-1.3	0.1	-0.5	-0.7	0.0	0.0	-1.6
	1~8	0.4	-1.0	0.9	0.3	0.1	0.0	0.8	-0.7
	1~9	1.2	-0.6	1.7	0.8	0.9	0.0	1.5	0.3

注：1. 自2011年起，工业统计范围调整为年主营收入2 000万元及以上的工业企业。
2. 本表中"比上年同期增长"按可比价格计算。

Notes: 1. Since 2011, the statistical coverage of industry has been adjusted to industrial enterprises with the annual sales income from main business of RMB 20 million and above.
2. The year-on-year changes in this table are calculated at comparable prices.

工业增加值增长速度及工业产品销售率
Growth rate of industrial value added and ratio of sales to output of industrial products

单位：% Unit: %

年 / 月 Year/Month		当月工业增加值同比增长 YOY growth of monthly industrial value added	工业增加值月度累计同比增长 YOY growth of monthly accumulated industrial value added	当月销售率 Monthly ratio of sales to output
2018	1	—	—	—
	2	—	7.2	—
	3	6.0	6.8	97.3
	4	7.0	6.9	98.9
	5	6.8	6.9	97.8
	6	6.0	6.7	97.8
	7	6.0	6.6	98.0
	8	6.1	6.5	98.5
	9	5.8	6.4	98.8
	10	5.9	6.4	98.1
	11	5.4	6.3	97.6
	12	5.7	6.2	98.5
2019	1	—	—	—
	2	—	5.3	—
	3	8.5	6.5	98.8
	4	5.4	6.2	97.2
	5	5.0	6.0	97.7
	6	6.3	6.0	97.1
	7	4.8	5.8	98.3
	8	4.4	5.6	98.3
	9	5.8	5.6	98.8
	10	4.7	5.6	97.7
	11	6.2	5.6	98.0
	12	6.9	5.7	98.2
2020	1	—	—	—
	2	—	-13.5	—
	3	-1.1	-8.4	95.0
	4	3.9	-4.9	98.0
	5	4.4	-2.8	97.8
	6	4.8	-1.3	97.8
	7	4.8	-0.4	98.4
	8	5.6	0.4	98.2
	9	6.9	1.2	98.6

工业增加值增长速度及工业产品销售率
Growth rate of industrial value added and ratio of sales to output of industrial products

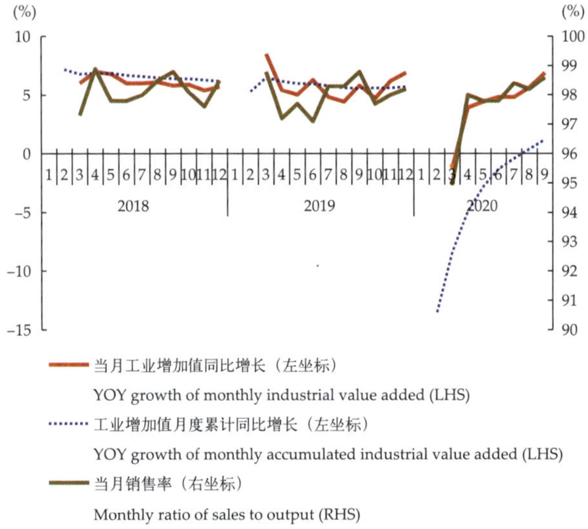

二、价格走势
2. Price Development

1.各种价格指数一览
(1) Overview of price indices

各种价格指数变动表
Changes in price indices

单位：% Unit:%

年 / 月 Year/Month		居民消费价格指数 Consumer price indices			农业生产资料价格指数 Price indices of mean of agricultural production		工业生产者购进价格指数 Purchasing price index for industrial producers		工业生产者出厂价格指数 Producer price index for manufactured goods		固定资产投资价格指数 Price indices of investment in fixed assets		进出口同比价格指数 Import-export price index (YOY)		
		月环比 MOM	当月同比 YOY	累计同比 Accu-mulated YOY	当月同比 YOY	累计同比 Accu-mulated YOY	当月同比 YOY	累计同比 Accu-mulated YOY	当月同比 YOY	累计同比 Accu-mulated YOY	当季同比 YOY	累计同比 Accu-mulated YOY	出口 Exports	进口 Imports	贸易条件 Terms of trade
2018	1	0.6	1.5	1.5	1.3	0.6	5.2	5.2	4.3	4.3			0.5	5.1	95.6
	2	1.2	2.9	2.2	1.2	1.2	4.4	4.8	3.7	4.0			−1.9	−1.4	99.5
	3	−1.1	2.1	2.1	1.9	1.4	3.7	4.4	3.1	3.7	6.2	6.2	2.7	1.1	101.6
	4	−0.2	1.8	2.1	2.4	1.7	3.7	4.2	3.4	3.6			0.2	0.5	99.7
	5	−0.2	1.8	2.0	3.1	2.0	4.3	4.2	4.1	3.7			0.6	2.0	98.6
	6	−0.1	1.9	2.0	3.7	2.3	5.1	4.4	4.7	3.9	5.2	5.7	0.4	4.4	96.2
	7	0.3	2.1	2.0	3.8	2.5	5.2	4.5	4.6	4.0			1.0	6.9	94.5
	8	0.7	2.3	2.0	3.9	2.7	4.8	4.5	4.1	4.0			4.1	5.8	98.4
	9	0.7	2.5	2.1	4.0	2.8	4.2	4.5	3.6	4.0	5.4	5.6	7.0	10.9	96.5
	10	0.2	2.5	2.1	4.4	3.0	4.0	4.5	3.3	3.9			9.4	10.4	99.1
	11	−0.3	2.2	2.1	4.1	3.1	3.3	4.4	2.7	3.8			7.5	11.3	96.6
	12	0.0	1.9	2.1	3.3	3.1	1.6	4.1	0.9	3.5	4.7	5.4	5.3	12.6	93.5
2019	1	0.5	1.7	1.7	2.6	2.6	0.2	0.2	0.1	0.1			3.2	3.8	99.4
	2	1.0	1.5	1.6	2.6	2.6	−0.1	0.1	0.1	0.1			9.6	5.0	104.4
	3	−0.4	2.3	1.8	2.8	2.7	0.2	0.1	0.4	0.2	3.6	3.6	2.2	2.0	100.2
	4	0.1	2.5	2.0	3.2	2.8	0.4	0.2	0.9	0.3			3.9	1.6	102.3
	5	0.0	2.7	2.2	3.3	2.9	0.2	0.2	0.6	0.4			3.4	7.9	95.8
	6	−0.1	2.7	2.2	3.3	3.0	−0.3	0.1	0.0	0.3	3.4	3.5	5.1	5.9	99.2
	7	0.4	2.8	2.3	3.7	3.1	−0.6	0.0	−0.3	0.2			3.8	3.0	100.8
	8	0.7	2.8	2.4	4.4	3.2	−1.3	−0.2	−0.8	0.1			3.0	0.5	102.5
	9	0.9	3.0	2.5	5.5	3.5	−1.7	−0.3	−1.2	0.0	2.1	3.0	2.0	−1.4	103.4
	10	0.9	3.8	2.6	6.8	3.8	−2.1	−0.5	−1.6	−0.2			1.1	−3.6	104.9
	11	0.4	4.5	2.8	8.0	4.2	−2.2	−0.7	−1.4	−0.3			1.4	−3.9	105.5
	12	0.0	4.5	2.9	8.4	4.6	−1.3	−0.7	−0.5	−0.3	1.2	2.6	−1.4	−2.1	100.7
2020	1	1.4	5.4	5.4	8.6	8.6	−0.3	−0.3	0.1	0.1					
	2	0.8	5.2	5.3	8.4	8.5	−0.5	−0.4	−0.4	−0.2			−1.3	0.3	98.4
	3	−1.2	4.3	4.9	8.7	8.6	−1.6	−0.8	−1.5	−0.6			1.2	−2.6	103.9
	4	−0.9	3.3	4.5			−3.8	−1.5	−3.1	−1.2			7.7	−5.6	114.1
	5	−0.8	2.4	4.1			−5.0	−2.2	−3.7	−1.7			8.4	−9.4	119.6
	6	−0.1	2.5	3.8			−4.4	−2.6	−3.0	−1.9			4.3	−8.3	113.7
	7	0.6	2.7	3.7			−3.3	−2.7	−2.4	−2.0			4.3	−6.7	111.8
	8	0.4	2.4	3.5			−2.5	−2.7	−2.0	−2.0			1.3	−3.6	105.1
	9	0.2	1.7	3.3			−2.3	−2.6	−2.1	−2.0					

注：国家统计局从2011年1月开始实施新的工业生产者价格统计调查制度方法。"工业品价格统计"改称为"工业生产者价格统计"，相应地将"原材料、燃料、动力购进价格指数"改称为"工业生产者购进价格指数"，将"工业品出厂价格指数"改称为"工业生产者出厂价格指数"。

Note: Since January 2011, NBS begins to conduct new statistical system and survey methods on PPI. "Prices statistics on industrial goods" is renamed to "prices statistics on industrial producers". Accordingly, "purchasing prices for raw material,fuels and power" is renamed to "purchasing price for industrial producers", "producer price index of industrial products" is renamed to "producer price index for manufactured goods".

居民消费价格月环比指数变动
Change in CPI (month-on-month)

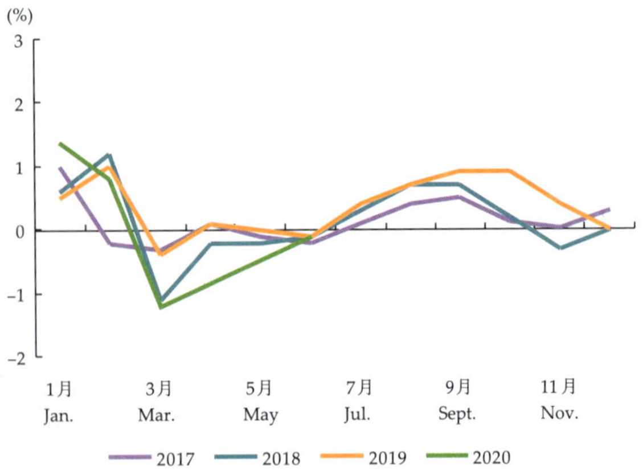

居民消费价格同比指数变动
Change in CPI (year-on-year)

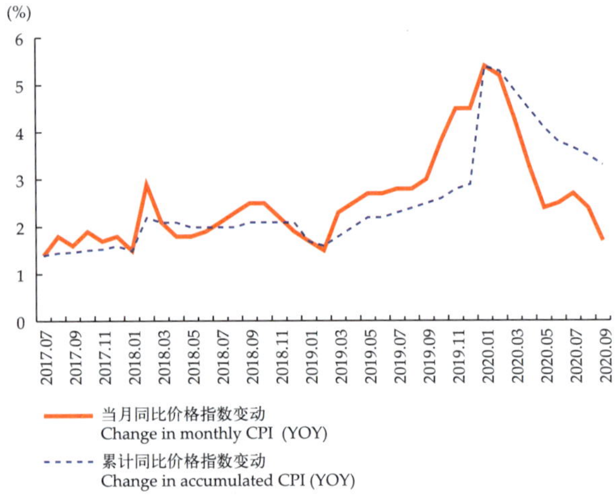

居民消费价格指数与生产价格指数的比较
Comparison between changes in CPI and PPI

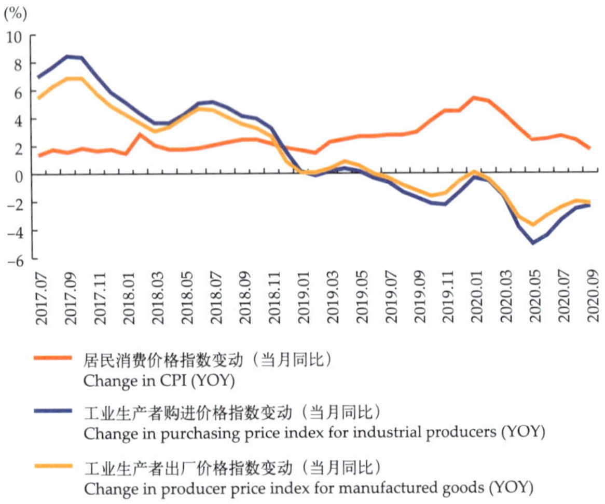

进出口价格指数和贸易条件
Import-export price index and terms of trade

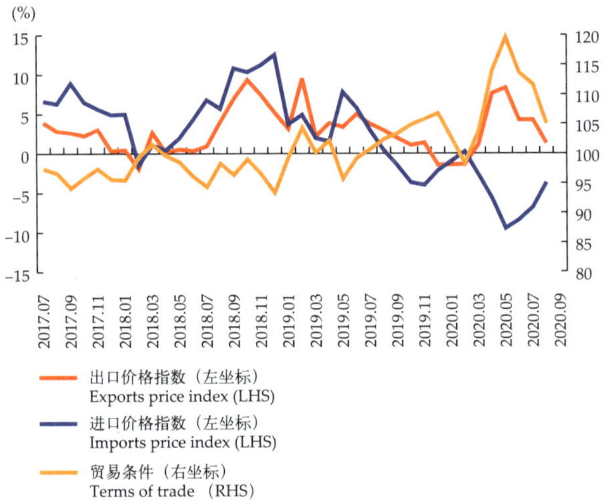

2.分类指数
(2) Breakdown of indices

居民消费价格当月同比分类指数变动
Breakdown of changes in CPI (YOY)

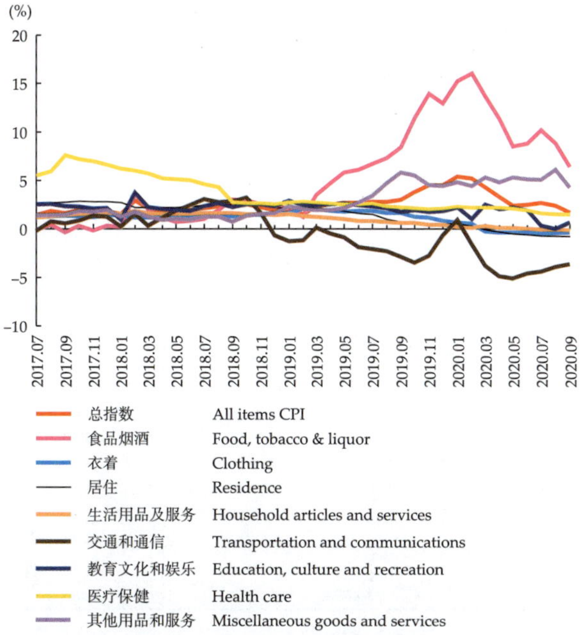

注：国家统计局于2016年1月调整了CPI构成，数据和以前年度不可比。
Note: Since January 2016, NBS has changed the composition of CPI,the data is not comparable to previous years.

工业生产者出厂价格当月同比指数变动按生产资料和生活资料分类
Breakdown of changes in producer price index (PPI) for manufactured goods by means of production and means of consumer goods (YOY)

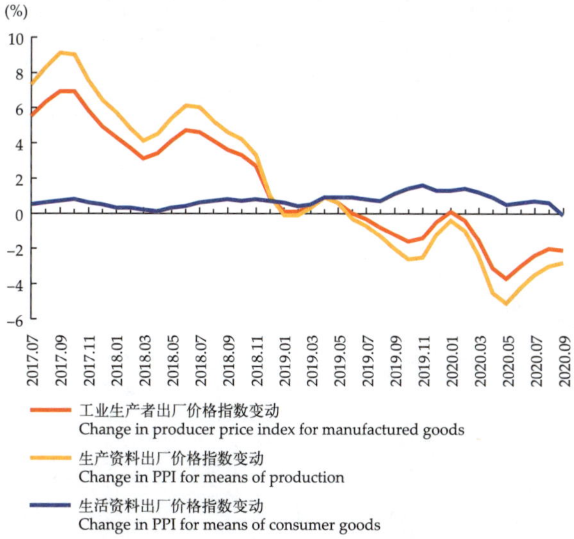

生活资料出厂价格当月同比分类指数变动
Breakdown of changes in PPI for means of consumer goods (YOY)

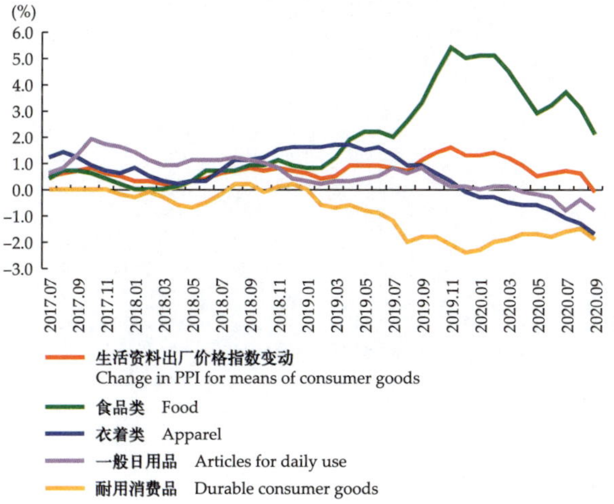

生产资料出厂价格当月同比分类指数变动
Breakdown of changes in PPI for means of production (YOY)

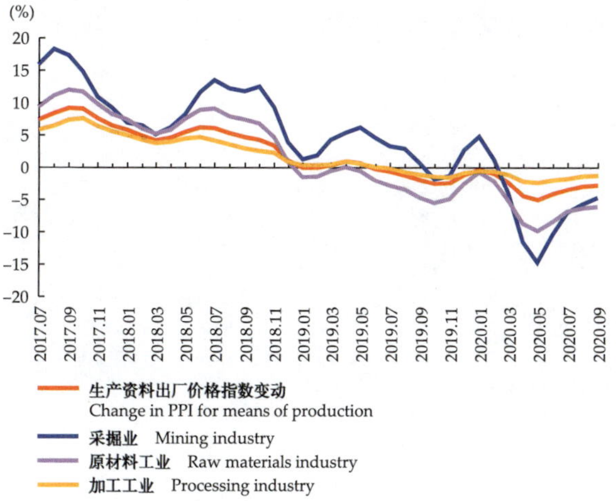

三、就业、失业与收入
3. Employment, Unemployment and Income

人口与就业基本情况
Population and employment

年 Year	年底总人口（亿人）Population at the end of the year (100 million people)	城镇 Urban	比重（%）Share (%)	乡村 Rural	比重（%）Share (%)	15~64 岁人口数（亿人）Population between 15~64 years of age (100 million people)	就业人员（亿人）Employment (100 million people)
2000	12.7	4.6	36	8.1	64		7.2
2001	12.8	4.8	38	8.0	62		7.3
2002	12.8	5.0	39	7.8	61	9.0	7.3
2003	12.9	5.2	41	7.7	59	9.1	7.4
2004	13.0	5.4	42	7.6	58	9.2	7.4
2005	13.1	5.6	43	7.5	57	9.4	7.5
2006	13.1	5.8	44	7.3	56	9.5	7.5
2007	13.2	6.1	46	7.1	54	9.6	7.5
2008	13.3	6.2	47	7.0	53	9.7	7.6
2009	13.3	6.5	48	6.9	52	9.7	7.6
2010	13.4	6.7	50	6.7	50	10.0	7.6
2011	13.5	6.9	51	6.6	49	10.0	7.6
2012	13.5	7.1	53	6.4	47	10.0	7.7
2013	13.6	7.3	54	6.3	46	10.1	7.7
2014	13.7	7.5	55	6.2	45	10.0	7.7
2015	13.7	7.7	56	6.0	44	10.0	7.7
2016	13.8	7.9	57	5.9	43	10.0	7.8
2017	13.9	8.1	59	5.8	41	10.0	7.8
2018	14.0	8.3	60	5.6	40	9.9	7.8
2019	14.0	8.5	61	5.5	39	9.9	7.7

注：表中数据根据第六次人口普查数据重新修订。
Note:Data are revised according to the 6th National Population Census.

就业人员按城乡和产业分类
Employment in urban and rural areas and in industries

年 Year	就业人员（亿人）Employment (100 million people)	按城乡分 Urban & rural: 城镇 Urban	比重（%）Share (%)	乡村 Rural	比重（%）Share (%)	按产业分 Industries: 第一产业 Primary industry	比重（%）Share (%)	第二产业 Secondary industry	比重（%）Share (%)	第三产业 Tertiary industry	比重（%）Share (%)
2001	7.28	2.41	33.1	4.87	66.9	3.64	50.0	1.62	22.3	2.02	27.7
2002	7.33	2.52	34.3	4.81	65.7	3.66	50.0	1.57	21.4	2.10	28.6
2003	7.37	2.62	35.6	4.75	64.4	3.62	49.1	1.59	21.6	2.16	29.3
2004	7.43	2.73	36.8	4.70	63.2	3.48	46.9	1.67	22.5	2.27	30.6
2005	7.46	2.84	38.0	4.63	62.0	3.34	44.8	1.78	23.8	2.34	31.4
2006	7.50	2.96	39.5	4.53	60.5	3.19	42.6	1.89	25.2	2.41	32.2
2007	7.53	3.10	41.1	4.44	58.9	3.07	40.8	2.02	26.8	2.44	32.4
2008	7.56	3.21	42.5	4.35	57.5	2.99	39.6	2.06	27.2	2.51	33.2
2009	7.58	3.33	43.9	4.25	56.1	2.89	38.1	2.11	27.8	2.59	34.1
2010	7.61	3.47	45.6	4.14	54.4	2.79	36.7	2.18	28.7	2.63	34.6
2011	7.64	3.59	47.0	4.05	53.0	2.66	34.8	2.25	29.5	2.73	35.7
2012	7.67	3.71	48.4	3.96	51.6	2.58	33.6	2.32	30.3	2.77	36.1
2013	7.70	3.82	49.7	3.87	50.3	2.42	31.4	2.32	30.1	2.96	38.5
2014	7.73	3.93	50.9	3.79	49.1	2.28	29.5	2.31	29.9	3.14	40.6
2015	7.75	4.04	52.2	3.70	47.8	2.19	28.3	2.27	29.3	3.28	42.4
2016	7.76	4.14	53.4	3.62	46.6	2.15	27.7	2.23	28.8	3.38	43.5
2017	7.76	4.25	54.7	3.52	45.3	2.09	27.0	2.18	28.1	3.49	44.9
2018	7.76	4.34	56.0	3.42	44.0	2.03	26.1	2.14	27.6	3.59	46.3
2019	7.75	4.42	57.1	3.32	42.9	1.94	25.1	2.13	27.5	3.67	47.4

注：表中数据根据第六次人口普查数据重新修订。
Note: Data are revised according to the 6th National Population Census.

居民人均可支配收入
Per capita disposable income

年 / 季度 Year/ Quarter	农村居民人均可支配收入 Per capita disposable income in rural area		城镇居民人均可支配收入 Per capita disposable income in urban area	
	绝对值 (元) Absolute value (RMB)	同比实际增长 (%) Growth in real terms (YOY) (%)	绝对值 (元) Absolute value (RMB)	同比实际增长 (%) Growth in real terms (YOY) (%)
2017 I	3 880	7.2	9 986	6.3
I~II	6 562	7.4	18 322	6.5
I~III	9 778	7.5	27 430	6.6
I~IV	13 432	7.3	36 396	6.5
2018 I	4 226	6.8	10 781	5.7
I~II	7 142	6.8	19 770	5.8
I~III	10 645	6.8	29 599	5.7
I~IV	14 617	6.6	39 251	5.6
2019 I	4 600	6.9	11 633	5.9
I~II	7 778	6.6	21 342	5.7
I~III	11 622	6.4	31 939	5.4
I~IV	16 021	6.2	42 359	5.0
2020 I	4 641	-4.7	11 691	-3.9
I~II	8 069	-1.0	21 655	-2.0
I~III	12 297	1.6	32 821	-0.3

城镇失业人数和失业率
Unemployed urban population and unemployment rate

年 / 季度末 Year/End of quarter	城镇登记失业人数 (万人) Registered unemployment in urban areas (10 000 people)	城镇登记失业率 (%) Registered unemployment rate in urban areas (%)	城镇调查失业率 (%) Surveyed unemployment rate in urban areas (%)
2017 I	976	4.0	—
II	976	4.0	—
III	979	4.0	—
IV	972	3.9	—
2018 I	971	3.9	5.1
II	969	3.8	4.8
III	975	3.8	4.9
IV	974	3.8	4.9
2019 I	959	3.7	5.2
II	947	3.6	5.1
III	948	3.6	5.2
IV	945	3.6	5.2
2020 I	957	3.7	5.9
II	1 005	3.8	5.7
III	1 126	4.2	5.4

四、国内需求
4. Domestic Demand

1.按支出法计算的国内生产总值
(1) Expenditure-based GDP

按支出法计算的国内生产总值及其构成
Expenditure-based GDP and its composition

年 Year	按支出法计算的国内生产总值 Expenditure-based GDP	最终消费 Final consumption	居民消费 Household consumption	城镇居民 Urban	农村居民 Rural	政府消费 Government consumption	资本形成总额 Total capital formation	固定资本形成 Fixed capital formation	存货增加 Increased inventory	货物和服务净出口 Net exports of goods and services
	绝对值（亿元） Absolute value (RMB 100 million)									
2001	110 388	68 661	50 465	34 167	16 298	18 197	39 403	37 088	2 315	2 325
2002	121 327	74 228	54 667	37 650	17 017	19 561	44 005	42 672	1 333	3 094
2003	137 147	79 735	58 690	40 915	17 775	21 045	54 447	52 575	1 872	2 965
2004	161 356	89 394	65 725	46 492	19 233	23 670	67 726	63 975	3 751	4 236
2005	187 658	101 873	74 154	53 242	20 912	27 719	75 576	73 852	1 724	10 209
2006	219 598	115 364	82 842	60 203	22 640	32 522	87 579	84 979	2 600	16 655
2007	270 499	137 737	98 231	72 643	25 589	39 506	109 339	102 345	6 995	23 423
2008	318 068	158 899	112 655	84 414	28 241	46 245	134 942	124 701	10 241	24 227
2009	347 650	174 539	123 122	93 198	29 924	51 417	158 075	152 691	5 383	15 037
2010	408 505	201 581	141 466	108 909	32 556	60 116	191 867	181 041	10 826	15 057
2011	484 109	244 747	170 391	131 026	39 365	74 357	227 674	214 017	13 656	11 689
2012	539 040	275 444	190 585	147 770	42 815	84 859	248 960	238 321	10 639	14 636
2013	596 345	306 664	212 477	165 106	47 372	94 186	275 129	263 980	11 149	14 552
2014	646 548	338 031	236 239	183 605	52 633	101 793	294 906	282 242	12 664	13 611
2015	692 094	371 921	260 202	203 687	56 515	111 718	297 827	289 970	7 856	22 347
2016	745 981	410 806	288 668	226 791	61 878	122 138	318 199	310 145	8 054	16 976
2017	828 983	456 518	320 690	251 844	68 846	135 829	357 886	348 300	9 586	14 578
2018	915 774	506 135	354 124	276 916	77 209	152 011	402 585	393 848	8 737	7 054
2019	994 927	551 495	385 896	—	—	165 599	428 628	422 019	6 609	14 805
	构成（%） Composition (%)									
2001	100	62.2	45.7	31.0	14.8	16.5	35.7	33.6	2.1	2.1
2002	100	61.2	45.1	31.0	14.0	16.1	36.3	35.2	1.1	2.6
2003	100	58.1	42.8	29.8	13.0	15.3	39.7	38.3	1.4	2.2
2004	100	55.4	40.7	28.8	11.9	14.7	42.0	39.6	2.3	2.6
2005	100	54.3	39.5	28.4	11.1	14.8	40.3	39.4	0.9	5.4
2006	100	52.5	37.7	27.4	10.3	14.8	39.9	38.7	1.2	7.6
2007	100	50.9	36.3	26.9	9.5	14.6	40.4	37.8	2.6	8.7
2008	100	50.0	35.4	26.5	8.9	14.5	42.4	39.2	3.2	7.6
2009	100	50.2	35.4	26.8	8.6	14.8	45.5	43.9	1.5	4.3
2010	100	49.3	34.6	26.7	8.0	14.7	47.0	44.3	2.7	3.7
2011	100	50.6	35.2	27.1	8.1	15.4	47.0	44.2	2.8	2.4
2012	100	51.1	35.4	27.4	7.9	15.7	46.2	44.2	2.0	2.7
2013	100	51.4	35.6	27.7	7.9	15.8	46.1	44.3	1.9	2.4
2014	100	52.3	36.5	28.4	8.1	15.7	45.6	43.7	2.0	2.1
2015	100	53.7	37.6	29.4	8.2	16.1	43.0	41.9	1.1	3.2
2016	100	55.1	38.7	30.4	8.3	16.4	42.7	41.6	1.1	2.3
2017	100	55.1	38.7	30.4	8.3	16.4	43.2	42.0	1.2	1.8
2018	100	55.3	38.7	30.2	8.4	16.6	44.0	43.0	1.0	0.8
2019	100	55.4	38.8	—	—	16.6	43.1	42.4	0.7	1.5

注：表中数据根据国家统计局最新数据修订。
Note: Data are revised by National Bureau of Statistics.

按支出法计算的国内生产总值构成变化
Changes in the composition of GDP (based on expenditures)

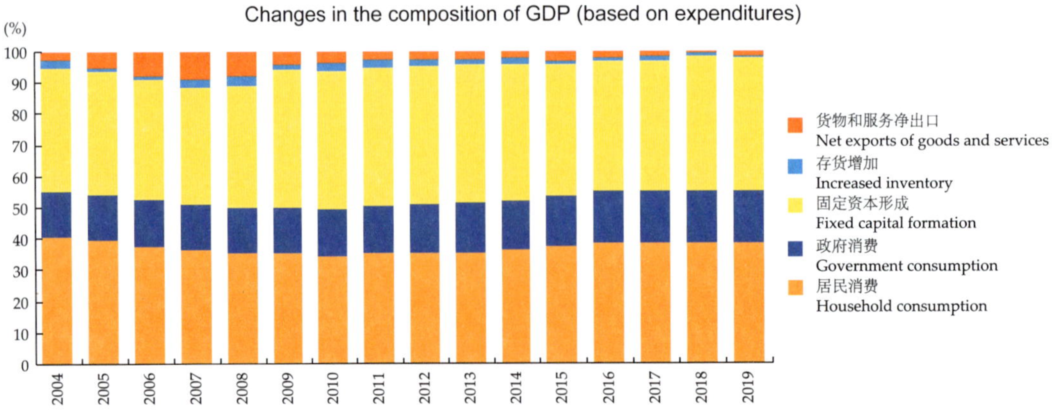

投资率和消费率
Investment ratio and consumption ratio

单位：% Unit: %

年 Year	资本形成率（投资率） Capital formation ratio (investment ratio)	最终消费率（消费率） Final consumption ratio (consumption ratio)
1986	38.2	64.2
1987	37.8	62.1
1988	39.5	61.5
1989	37.5	63.6
1990	34.4	62.9
1991	35.7	61.5
1992	39.6	59.4
1993	44.0	57.9
1994	40.8	57.9
1995	39.6	58.8
1996	38.2	59.8
1997	36.2	59.4
1998	35.6	60.2
1999	34.9	62.3
2000	34.3	63.3
2001	36.3	61.6
2002	36.9	60.6
2003	40.4	57.5
2004	42.7	54.7
2005	41.0	53.6
2006	40.6	51.9
2007	41.2	50.1
2008	43.2	49.2
2009	46.3	49.4
2010	47.9	48.5
2011	48.0	49.6
2012	47.2	50.1
2013	47.3	50.3
2014	46.8	50.7
2015	44.7	51.8
2016	44.1	53.6
2017	44.6	53.6
2018	44.8	54.3
2019	43.1	55.4

注：表中数据根据国家统计局最新数据修订。
Note: Data are revised by National Bureau of Statistics.

生产法现价GDP与支出法现价GDP及其增长率比较
Comparison between production-based GDP and expenditure-based GDP at current price

年 Year	(1) 生产法现价 GDP Production-based GDP		(2) 支出法现价 GDP Expenditure-based GDP		(1) – (2)	
	绝对量(亿元) Absolute value (RMB 100 million)	现价增速(%) Growth rate at current price (%)	绝对量(亿元) Absolute value (RMB 100 million)	现价增速(%) Growth rate at current price (%)	绝对量(亿元) Absolute value (RMB 100 million)	现价增速(%) Growth rate at current price (%)
1991	22 006	16.6	22 124	16.0	−119	0.56
1992	27 195	23.6	27 334	23.5	−140	0.03
1993	35 673	31.2	35 900	31.3	−227	−0.16
1994	48 638	36.3	48 823	36.0	−185	0.35
1995	61 340	26.1	61 539	26.0	−199	0.07
1996	71 814	17.1	72 103	17.2	−289	−0.09
1997	79 715	11.0	80 025	11.0	−310	0.02
1998	85 196	6.9	85 486	6.8	−291	0.05
1999	90 564	6.3	90 824	6.2	−259	0.06
2000	100 280	10.7	100 577	10.7	−297	−0.01
2001	110 863	10.6	111 250	10.6	−387	−0.06
2002	121 717	9.8	122 292	9.9	−575	−0.13
2003	137 422	12.9	138 315	13.1	−893	−0.20
2004	161 840	17.8	162 742	17.7	−902	0.11
2005	187 319	15.7	189 190	16.3	−1 872	−0.51
2006	219 439	17.1	221 207	16.9	−1 768	0.22
2007	270 092	23.1	271 699	22.8	−1 607	0.26
2008	319 245	18.2	319 936	17.8	−691	0.44
2009	348 518	9.2	349 883	9.4	−1 366	−0.19
2010	412 119	18.2	410 708	17.4	1 411	0.86
2011	487 940	18.4	486 038	18.3	1 902	0.06
2012	538 580	10.4	540 989	11.3	−2 409	−0.93
2013	592 963	10.1	596 963	10.3	−4 000	−0.25
2014	643 563	8.5	646 548	8.4	−2 985	0.11
2015	688 858	7.0	692 094	7.0	−3 236	−0.01
2016	746 395	8.4	745 981	7.8	415	0.57
2017	832 036	11.5	828 983	11.1	3 053	0.35
2018	919 281	10.5	915 774	10.5	3 507	0.02
2019	990 865	7.8	994 927	8.6	−4 062	−0.86

注：表中数据根据国家统计局最新数据修订。
Note: Data are revised by National Bureau of Statistics.

投资率和消费率
Investment ratio and consumption ratio

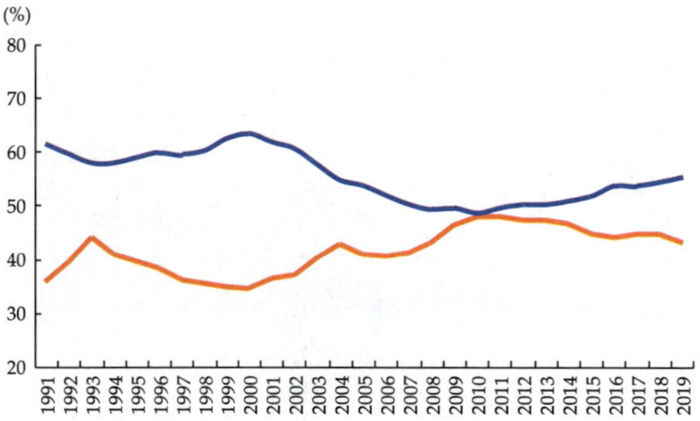

资本形成率（投资率）Capital formation ratio (investment ratio)
最终消费率（消费率）Final consumption ratio (consumption ratio)

生产法现价GDP与支出法现价GDP增速比较
Comparison of growth rate at current prices between production-based GDP and expenditure-based GDP

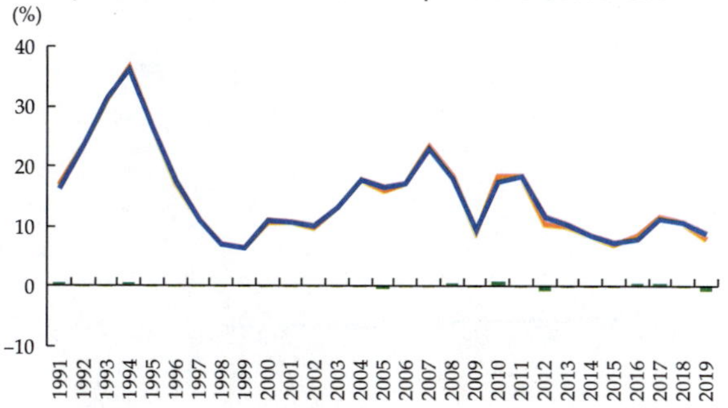

生产法现价GDP增速–支出法现价GDP增速 Gap between the two growth rates
生产法现价GDP增速 Growth rate of production-based GDP at current prices
支出法现价GDP增速 Growth rate of expenditure-based GDP at current prices

2. 社会消费品零售额
(2) Retail sales of consumer goods

社会消费品零售总额
Retail sales of consumer goods

单位：亿元
Unit: RMB 100 million

年 / 月 Year/Month	当月社会消费品零售总额 Monthly retail sales of consumer goods	当月同比增长率 (%) Monthly growth rate (YOY)(%)	社会消费品零售总额累计 Accumulative retail sales of consumer goods	累计同比增长率 (%) Accumulative growth rate (YOY)(%)
2018.01	—	—	—	—
2018.02	—	—	61 082	9.7
2018.03	29 194	10.1	90 275	9.8
2018.04	28 542	9.4	118 817	9.7
2018.05	30 359	8.5	149 176	9.5
2018.06	30 842	9.0	180 018	9.4
2018.07	30 734	8.8	210 752	9.3
2018.08	31 542	9.0	242 294	9.3
2018.09	32 005	9.2	274 299	9.3
2018.10	35 534	8.6	309 834	9.2
2018.11	35 260	8.1	345 093	9.1
2018.12	35 894	8.2	380 987	9.0
2019.01	—	—	—	—
2019.02	—	—	66 064	8.2
2019.03	31 726	8.7	97 790	8.3
2019.04	30 586	7.2	128 376	8.0
2019.05	32 956	8.6	161 332	8.1
2019.06	33 878	9.8	195 210	8.4
2019.07	33 073	7.6	228 283	8.3
2019.08	33 896	7.5	262 179	8.2
2019.09	34 495	7.8	296 674	8.2
2019.10	38 104	7.2	334 779	8.1
2019.11	38 094	8.0	372 872	8.0
2019.12	38 777	8.0	411 649	8.0
2020.01	—	—	—	—
2020.02	—	—	52 130	−20.5
2020.03	26 450	−15.8	78 580	−19.0
2020.04	28 178	−7.5	106 758	−16.2
2020.05	31 973	−2.8	138 730	−13.5
2020.06	33 526	−1.8	172 256	−11.4
2020.07	32 203	−1.1	204 459	−9.9
2020.08	33 571	0.5	238 029	−8.6
2020.09	35 295	3.3	273 324	−7.2

注：为消除春节日期不固定因素带来的影响，增强数据的可比性，按照国家统计制度，历年1~2月数据一起调查、一起发布。
Note: In order to eliminate the impact of the different date of "Spring Festival" of each year, and enhance the comparability of data, in accordance with the national statistical system, the data in January and February was investigated and released together.

累计社会消费品零售总额及其增长率
Accumulative retail sales and growth rates of consumer goods

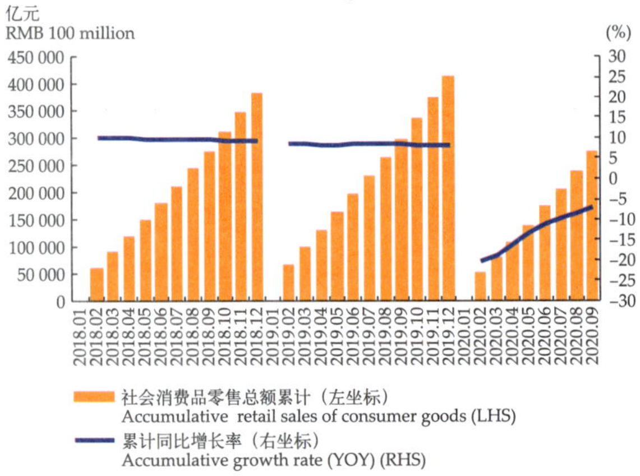

社会消费品零售总额与最终消费增长率的比较
Comparison of growth rate at current prices between retail sales of consumer goods and final consumption expenditure

单位：万亿元
Unit: RMB 1 trillion

年 Year	社会消费品零售总额 Retail sales of consumer goods	最终消费 Final consumption	社会消费品零售总额现价增长率 (%) Growth rate at current prices of retail sales of consumer goods (%)	最终消费现价增长率 (%) Growth rate at current prices of final consumption expenditure (%)
1991	0.94	1.36	13.4	13.5
1992	1.10	1.62	16.8	19.2
1993	1.43	2.08	29.8	28.2
1994	1.86	2.83	30.5	35.9
1995	2.36	3.62	26.8	28.0
1996	2.84	4.31	20.1	19.0
1997	3.13	4.75	10.2	10.3
1998	3.34	5.15	6.8	8.3
1999	3.56	5.66	6.8	10.0
2000	3.91	6.37	9.7	12.4
2001	4.31	6.85	10.1	7.7
2002	4.81	7.41	11.8	8.1
2003	5.25	7.95	9.1	7.4
2004	5.95	8.91	13.3	12.0
2005	6.84	10.14	14.9	13.9
2006	7.91	11.47	15.8	13.1
2007	9.36	13.62	18.2	18.7
2008	11.48	15.75	22.7	15.6
2009	13.27	17.27	15.5	9.7
2010	15.70	20.16	23.3	15.5
2011	18.39	24.47	17.3	21.4
2012	21.03	27.54	14.3	12.5
2013	24.28	30.67	13.1	11.3
2014	27.19	33.80	12.0	10.2
2015	30.09	37.19	14.7	10.0
2016	33.23	41.08	10.4	10.5
2017	36.63	45.65	10.2	11.1
2018	38.10	50.61	4.0	10.9
2019	41.16	55.15	8.0	9.0

注：表中数据根据国家统计局最新数据修订。
Note: Data are revised by National Bureau of Statistics.

社会消费品零售总额及最终消费增长趋势
Growth trend of retail sales of consumer goods and final consumption expenditure

3. 固定资产投资完成额
(3) Completed fixed-asset investment

固定资产投资（不含农户）完成额及增长率
Completed investment in fixed assets (excluding rural households) and growth rates

单位：亿元
Unit: RMB 100 million

年 / 月 Year/Month		投资完成额 Investment completed	增长率 (%) Growth rate (%)
2018	1~2	44 626	7.9
	1~3	100 763	7.5
	1~4	154 358	7.0
	1~5	216 043	6.1
	1~6	297 316	6.0
	1~7	355 798	5.5
	1~8	415 158	5.3
	1~9	483 442	5.4
	1~10	547 567	5.7
	1~11	609 267	5.9
	1~12	635 636	5.9
2019	1~2	44 849	6.1
	1~3	101 871	6.3
	1~4	155 747	6.1
	1~5	217 555	5.6
	1~6	299 100	5.8
	1~7	348 892	5.7
	1~8	400 628	5.5
	1~9	461 204	5.4
	1~10	510 880	5.2
	1~11	533 718	5.2
	1~12	551 478	5.4
2020	1~2	33 323	−24.5
	1~3	84 145	−16.1
	1~4	136 824	−10.3
	1~5	199 194	−6.3
	1~6	281 603	−3.1
	1~7	329 214	−1.6
	1~8	378 834	−0.3
	1~9	436 530	0.8

注：自2011年起，投资项目统计起点标准由原来的50万元调整为500万元，"固定资产投资（不含农户）"等于原口径的城镇固定资产投资加上农村企事业组织项目投资。

Notes: Since 2011, investment indicators are calculated using new threshold criteria of RMB 5 million instead of RMB 500 thousand in the past. "Investment in fixed assets (excluding rural households)" equals to "investment in fixed assets in urban area" under the old criteria plus "investment of rural enterprises and institutions".

固定资产投资（不含农户）完成额及增长率
Completed investment in fixed assets (excluding rural households) and growth rates

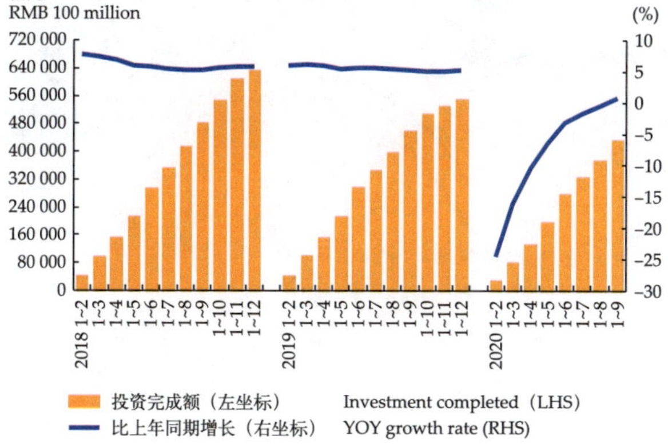

固定资产投资完成额和固定资本形成总额的比较
Comparision of completed fixed-asset investment and gross capital formation

单位：万亿元
Unit: RMB 1 trillion

年 Year	全社会固定资产投资完成额 Total completed fixed-asset investment	固定资本形成总额 Gross capital formation	全社会固定资产投资现价增长率 (%) Growth rate of total fixed-asset investment at current prices (%)	固定资本形成总额现价增长率 (%) Growth rate of gross capital formation at current prices(%)
1991	0.56	0.61	23.9	25.7
1992	0.81	0.85	44.4	46.0
1993	1.31	1.36	61.8	60.4
1994	1.70	1.72	30.4	26.6
1995	2.00	2.04	17.5	18.4
1996	2.29	2.33	14.5	14.6
1997	2.49	2.54	8.8	8.8
1998	2.84	2.88	13.9	13.4
1999	2.99	3.02	5.1	5.2
2000	3.29	3.35	10.3	10.9
2001	3.72	3.81	13.1	13.5
2002	4.35	4.38	16.9	15.1
2003	5.56	5.40	27.7	23.2
2004	7.05	6.57	26.8	21.7
2005	8.88	7.58	26.0	15.4
2006	11.00	8.72	23.9	15.1
2007	13.73	10.51	24.8	20.4
2008	17.28	12.80	25.9	21.8
2009	22.46	15.67	30.0	22.4
2010	25.17	18.58	12.1	18.6
2011	31.15	21.97	23.8	18.2
2012	37.47	24.46	20.3	11.3
2013	44.63	27.09	19.1	10.8
2014	51.20	29.01	14.7	7.1
2015	56.20	30.15	9.8	3.9
2016	60.65	31.81	7.9	5.5
2017	64.12	34.64	5.7	8.9
2018	64.57	38.08	0.7	9.0
2019	64.57	38.08	0.7	9.0

注：表中数据根据国家统计局最新数据修订。
Note: Data are revised by National Bureau of Statistics.

固定资产投资完成额和固定资本形成总额及其增长率
Completed fixed-asset investment and gross capital formation and growth rates

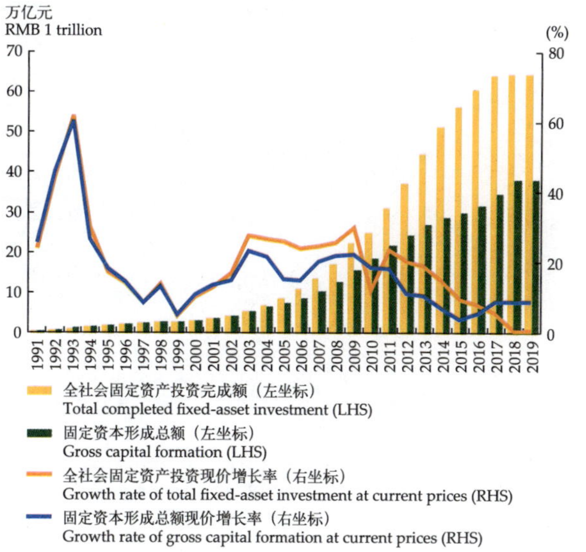

按建设性质分固定资产投资（不含农户）增长率

Completed investment in fixed assets (excluding rural households) growth rate by type of construction

年 / 月 Year/Month	增长率 (%) Growth rate (%)		
	新建 New construction	扩建 Expansion	改建 Transformation
2018 1~2	6.8	-2.6	19.6
1~3	5.6	0.8	16.8
1~4	5.6	-1.6	14.5
1~5	4.9	-0.1	9.4
1~6	4.5	0.9	10.6
1~7	3.8	0.1	9.9
1~8	3.3	-0.7	11.1
1~9	3.8	-1.5	10.6
1~10	4.5	-2.1	11.6
1~11	4.4	-2.0	11.3
1~12	5.3	-5.1	12.4
2019 1~2	2.8	1.8	11.5
1~3	5.4	-7.6	8.4
1~4	5.5	-5.8	3.8
1~5	5.4	-8.8	4.4
1~6	5.7	-9.3	4.0
1~7	5.9	-9.8	4.8
1~8	5.2	-6.9	4.0
1~9	5.1	-7.2	3.9
1~10	4.8	-6.8	2.6
1~11	5.5	-6.6	2.4
1~12	4.8	-6.1	3.3
2020 1~2	-26.4	-36.0	-31.6
1~3	-16.6	-27.3	-25.9
1~4	-11.1	-19.5	-19.0
1~5	-6.5	-15.9	-11.6
1~6	-2.9	-13.1	-7.1
1~7	-1.8	-11.0	-6.1
1~8	-0.9	-3.3	-5.9
1~9	-0.3	0.2	-3.7

注：按建设性质分组的投资不含房地产投资。
Note: Investment grouped by type of construction does not include real estate investment.

按建筑性质分固定资产投资（不含农户）完成额增长趋势

Growth of monthly accumulated completed investment in fixed assets (excluding rural households) by type of construction

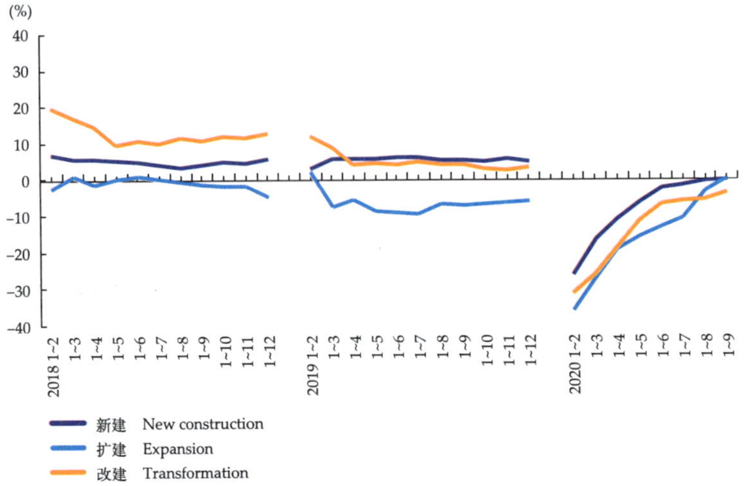

2020年前三个季度分省份固定资产投资（不含农户）及房地产开发投资情况

Accumulated completed investment in fixed assets (excluding rural households) and real estate development by province in the first three quarters of 2020

单位：亿元 Unit：RMB 100 million

省份 Province/municipality/ autonomous region	固定资产投资（不含农户）累计完成额增长率 (%) Growth rate of accumulated completed investment in fixed assets (excluding rural households) (%)	房地产开发投资完成额 Accumulated completed investment in real estate development	
			增长率 (%) Growth rate(%)
Xinjiang 新疆	17.3	843.5	0.2
Shanghai 上海	10.3	3 261.7	0.1
Shanxi 山西	9.5	1 379.8	0.1
Jilin 吉林	8.9	1 167.5	0.2
Hainan 海南	8.4	860.3	0.0
Jiangxi 江西	7.3	1 794.6	0.0
Tibet 西藏	6.6	111.3	0.3
Hunan 湖南	6.5	3 386.3	0.1
Yunnan 云南	6.5	3 160.1	0.1
Gansu 甘肃	6.5	986.2	0.1
Guangdong 广东	5.0	12 276.9	0.1
Zhejiang 浙江	4.3	8 536.7	0.1
Shaanxi 陕西	3.9	3 098.5	0.1
Henan 河南	3.6	5 391.3	0.0
Shandong 山东	2.7	6 865.3	0.1
Ningxia 宁夏	2.6	323.9	0.1
Chongqing 重庆	2.5	3 285.3	0.0
Anhui 安徽	2.4	5 456.3	0.0
Sichuan 四川	2.2	5 340.8	0.1
Heilongjiang 黑龙江	2.1	698.0	0.0
Guangxi 广西	2.1	2 630.7	0.0
Beijing 北京	1.8	2 918.8	0.1
Hebei 河北	1.7	3 520.8	0.0
Fujian 福建	1.4	4 605.1	0.1
Tianjin 天津	1.3	2 124.8	-0.1
Guizhou 贵州	1.0	2 482.4	0.1
Liaoning 辽宁	0.1	2 407.8	0.0
Qinghai 青海	-1.3	327.8	0.1
Jiangsu 江苏	-1.7	10 052.7	0.1
Inner Mongolia 内蒙古	-7.7	927.3	0.1
Hubei 湖北	-33.9	3 261.6	-0.2

4. 房地产
(4) Real estate development

房地产开发投资按工程用途分的完成额及增长率
Real estate development investment completed and growth rate by purpose of engineering

单位：亿元　Unit: RMB 100 million

年 / 月 Year/Month	房地产开发投资完成额 Real estate development investment completed		按工程用途分 By purpose of engineering							
			住宅投资 Residential building investment		办公楼投资 Office building investment		商业用房投资 Commercial and business building investment		其他投资 Other investment	
	绝对值 Absolute value	增长率 (%) Growth rate (%)	绝对值 Absolute value	增长率 (%) Growth rate (%)	绝对值 Absolute value	增长率 (%) Growth rate (%)	绝对值 Absolute value	增长率 (%) Growth rate (%)	绝对值 Absolute value	增长率 (%) Growth rate (%)
2018 1–2	10 831	9.9	7 379	12.3	653	-0.2	1 445	-4.8	1 355	21.8
1–3	21 291	10.4	14 705	13.3	1 193	-0.1	2 743	-6.5	2 651	21.5
1–4	30 592	10.3	21 331	14.2	1 646	-5.1	3 893	-7.8	3 721	19.9
1–5	41 420	10.2	29 037	14.2	2 185	-7.8	5 150	-9.3	5 048	22.4
1–6	55 531	9.7	38 990	13.6	2 834	-10.3	6 854	-9.7	6 853	23.6
1–7	65 886	10.2	46 443	14.2	3 340	-9.9	8 045	-8.9	8 058	23.3
1–8	76 519	10.1	54 114	14.1	3 838	-10.4	9 330	-8.5	9 237	21.9
1–9	88 665	9.9	62 806	14.0	4 409	-11.4	10 650	-9.1	10 799	22.1
1–10	99 325	9.7	70 370	13.7	4 911	-12.0	11 886	-9.2	12 157	21.5
1–11	110 083	9.7	78 027	13.6	5 423	-12.0	13 066	-9.4	13 568	21.9
1–12	120 264	9.5	85 192	13.4	5 996	-11.3	14 177	-9.4	14 898	21.6
2019 1–2	12 090	11.6	8 711	18.0	669	2.5	1 315	-9.0	1 395	3.0
1–3	23 803	11.8	17 256	17.3	1 162	-2.6	2 472	-9.9	2 913	9.9
1–4	34 217	11.9	24 925	16.8	1 607	-2.4	3 510	-9.8	4 175	12.2
1–5	46 075	11.2	33 780	16.3	2 106	-3.6	4 650	-9.7	5 540	9.7
1–6	61 609	10.9	45 167	15.8	2 815	-0.7	6 183	-9.8	7 444	8.6
1–7	72 843	10.6	53 466	15.1	3 333	-0.2	7 318	-9.0	8 725	8.3
1–8	84 589	10.5	62 187	14.9	3 861	0.6	8 456	-9.4	10 086	9.2
1–9	98 008	10.5	72 146	14.9	4 447	0.8	9 796	-8.0	11 619	7.6
1–10	109 603	10.3	80 666	14.6	4 988	1.6	10 987	-7.6	12 962	6.6
1–11	121 265	10.2	89 232	14.4	5 556	2.5	12 117	-7.3	14 360	5.8
1–12	132 194	9.9	97 071	13.9	6 163	2.8	13 226	-6.7	15 735	5.6
2020 1–2	10 115	-16.3	7 318	-16.0	550	-17.8	979	-25.6	1 268	-9.1
1–3	21 963	-7.7	16 015	-7.2	1 036	-10.8	2 106	-14.8	2 806	-3.7
1–4	33 103	-3.3	24 238	-2.8	1 530	-4.8	3 145	-10.4	4 190	0.4
1–5	45 920	-0.3	33 765	0.0	2 080	-1.2	4 328	-6.9	5 747	3.8
1–6	62 780	1.9	46 350	2.6	2 727	-3.1	5 850	-5.4	7 852	5.5
1–7	75 325	3.4	55 682	4.1	3 262	-2.1	6 991	-4.5	9 390	7.6
1–8	88 454	4.6	65 454	5.3	3 821	-1.0	8 209	-2.9	10 970	8.8
1–9	103 484	5.6	76 562	6.1	4 470	0.5	9 548	-2.5	12 904	11.1

房地产开发投资按工程用途分的构成变化
Change in composition of real estate development investment by purpose of engineering

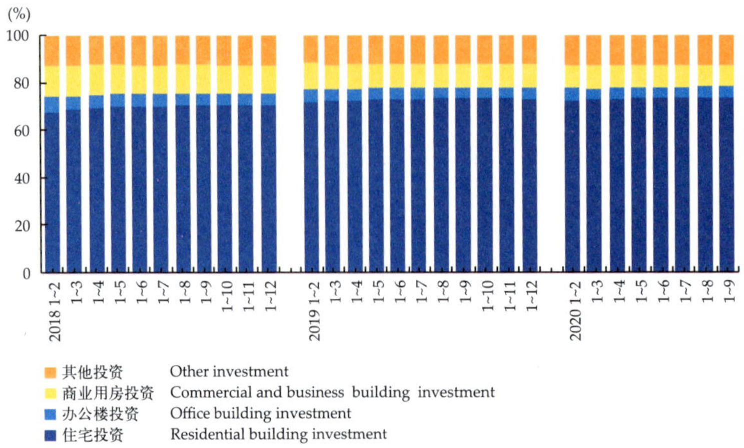

房地产开发投资按地区分的完成额及增长率
Real estate development investment completed and growth rate by region

单位：亿元 Unit: RMB 100 million

年 / 月 Year/Month	东部地区投资 Investment in eastern area		中部地区投资 Investment in central area		西部地区投资 Investment in western area		东北地区投资 Investment in northeastern area	
	绝对值 Absolute value	增长率 (%) Growth rate (%)	绝对值 Absolute value	增长率 (%) Growth rate (%)	绝对值 Absolute value	增长率 (%) Growth rate (%)	绝对值 Absolute value	增长率 (%) Growth rate (%)
2018 1~2	6 497	11.6	2 147	13.4	2 055	3.7	132	-15.3
1~3	12 277	11.8	4 443	15.0	4 122	2.9	449	1.3
1~4	17 181	11.3	6 604	14.8	5 980	3.2	827	10.7
1~5	22 992	11.3	8 895	13.3	8 136	2.8	1 397	19.9
1~6	30 194	10.8	11 839	11.4	11 454	4.2	2 044	17.7
1~7	35 755	11.5	13 920	10.4	13 647	5.8	2 564	17.7
1~8	41 237	11.2	16 213	9.7	15 955	6.6	3 114	17.3
1~9	47 603	11.0	18 612	8.4	18 725	7.5	3 725	16.5
1~10	53 136	10.8	20 755	7.1	21 254	8.4	4 180	15.6
1~11	58 857	11.3	22 886	5.9	23 806	8.2	4 534	16.3
1~12	64 355	10.9	25 180	5.4	26 009	8.9	4 720	17.6
2019 1~2	7 206	10.9	2 337	8.8	2 400	16.8	147	10.9
1~3	13 540	10.3	4 816	8.4	4 901	18.9	547	21.8
1~4	19 043	10.8	7 177	8.7	7 083	18.4	914	10.6
1~5	25 227	9.7	9 714	9.2	9 637	18.5	1 496	7.1
1~6	33 180	9.9	12 894	8.9	13 232	15.5	2 304	12.7
1~7	39 042	9.2	15 248	9.5	15 708	15.1	2 845	11.0
1~8	44 857	8.8	17 809	9.8	18 506	16.0	3 418	9.7
1~9	51 680	8.6	20 481	10.0	21 754	16.2	4 093	9.9
1~10	57 615	8.4	22 822	10.0	24 588	15.7	4 579	9.5
1~11	63 770	8.3	25 102	9.7	27 455	15.3	4 939	8.9
1~12	69 313	7.7	27 588	9.6	30 186	16.1	5 107	8.2
2020 1~2	6 308	-12.5	1 731	-25.9	1 953	-18.6	123	-16.1
1~3	12 714	-6.1	3 917	-18.7	4 861	-0.8	470	-14.0
1~4	18 444	-3.1	6 418	-10.6	7 342	3.7	900	-1.6
1~5	25 190	-0.1	9 051	-6.8	10 175	5.6	1 504	0.5
1~6	33 940	2.3	12 272	-4.8	14 242	7.6	2 326	1.0
1~7	40 621	4.0	14 772	-3.1	17 015	8.3	2 916	2.5
1~8	47 329	5.5	17 605	-1.1	19 966	7.9	3 554	4.0
1~9	55 023	6.5	20 670	0.9	23 518	8.1	4 273	4.4

房地产开发投资按地区分的构成变化
Change in composition of real estate development investment by region

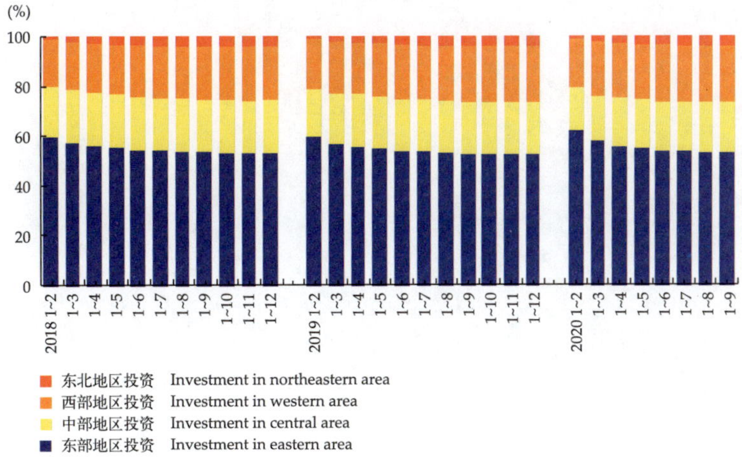

商品房建筑与销售
Construction and sales of commercial buildings

单位：亿平方米、亿元
Unit: 100 million square meters, RMB 100 million

年 / 月 Year/Month	施工面积 Area under construction	同比增长 (%) YOY growth (%)	竣工面积 Area completed	同比增长 (%) YOY growth (%)	销售面积 Area sold	同比增长 (%) YOY growth (%)	销售面积与竣工面积之比 (%) Ratio of sold to completed areas (%)	月度累计销售额 Monthly accumulated sales volume	增长率 (%) Growth rate (%)
2018 1~2	63.2	1.5	1.4	−12.1	1.5	4.1	103	12 454	15.3
1~3	64.7	1.5	2.1	−10.1	3.0	3.6	145	25 597	10.4
1~4	66.4	1.6	2.5	−10.7	4.2	1.3	168	36 222	9.0
1~5	68.5	2.0	3.0	−10.1	5.6	2.9	185	48 778	11.8
1~6	71.0	2.5	3.7	−10.6	7.7	3.3	208	66 945	13.2
1~7	72.9	3.0	4.2	−10.5	9.0	4.2	214	78 300	14.4
1~8	74.8	3.6	4.6	−11.6	10.2	4.0	222	89 396	14.5
1~9	76.7	3.9	5.1	−11.4	11.9	2.9	233	104 132	13.3
1~10	78.4	4.3	5.7	−12.5	13.3	2.2	232	115 914	12.5
1~11	80.5	4.7	6.7	−12.3	14.9	1.4	222	129 508	12.1
1~12	82.2	5.2	9.4	−7.8	17.2	1.3	183	149 973	12.2
2019 1~2	67.5	6.8	1.2	−11.9	1.4	−3.6	113	12 803	2.8
1~3	69.9	8.2	1.8	−10.8	3.0	−0.9	161	27 039	5.6
1~4	72.3	8.8	2.3	−10.3	4.2	−0.3	187	39 141	8.1
1~5	74.5	8.8	2.7	−12.4	5.6	−1.6	208	51 773	6.1
1~6	77.2	8.8	3.2	−12.7	7.6	−1.8	234	70 698	5.6
1~7	79.4	9.0	3.7	−11.3	8.9	−1.3	238	83 162	6.2
1~8	81.3	8.8	4.2	−10.0	10.2	−0.6	245	95 373	6.7
1~9	83.4	8.7	4.7	−8.6	11.9	−0.1	255	111 491	7.1
1~10	85.5	9.0	5.4	−5.5	13.3	0.1	246	124 417	7.3
1~11	87.5	8.7	6.4	−4.5	14.9	0.2	233	139 006	7.3
1~12	89.4	8.7	9.6	2.6	17.2	−0.1	179	159 725	6.5
2020 1~2	69.4	2.9	1.0	−22.9	0.8	−39.9	88	8 203	−35.9
1~3	71.8	2.6	1.6	−15.8	2.2	−26.3	141	20 365	−24.7
1~4	74.1	2.5	1.9	−14.5	3.4	−19.3	176	31 863	−18.6
1~5	76.3	2.3	2.4	−11.3	4.9	−12.3	206	46 269	−10.6
1~6	79.3	2.6	2.9	−10.5	6.9	−8.4	239	66 895	−5.4
1~7	81.8	3.0	3.3	−10.9	8.4	−5.8	252	81 422	−2.1
1~8	84.0	3.3	3.7	−10.8	9.8	−3.3	265	96 943	1.6
1~9	86.0	3.1	4.1	−11.6	11.7	−1.8	283	115 647	3.7

商品房施工面积、竣工面积与销售面积

Area of commercial housing under construction, completed, and sold

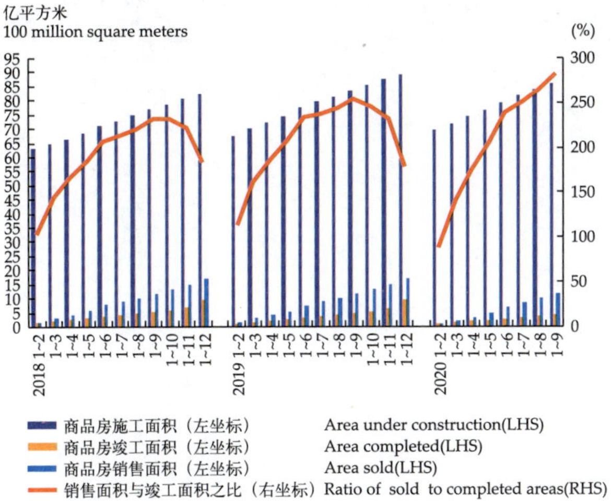

商品房施工面积、竣工面积与销售面积增长趋势

Growth of area of commercial housing under construction, completed, and sold

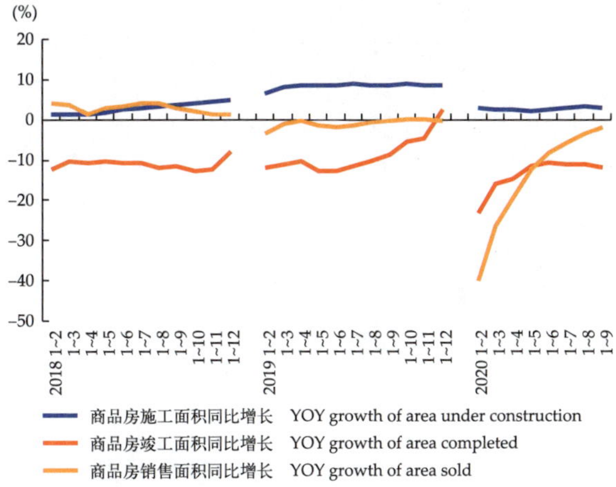

商品房销售额及其增长率

Sales volume of commercial housing and its growth rate

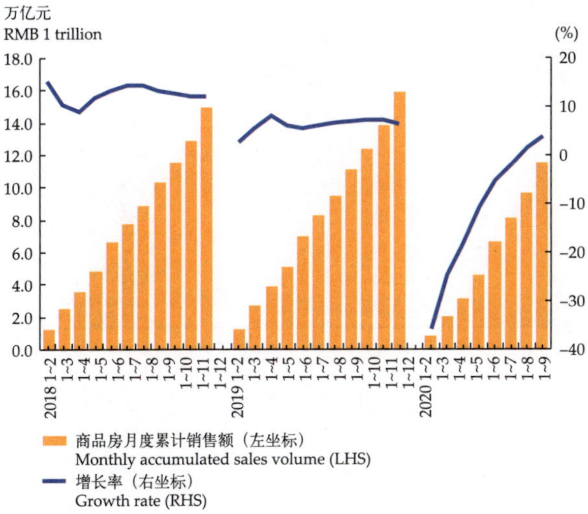

住宅在商品房施工面积、竣工面积与销售面积中所占的比重

Share of residences in commercial housing under construction, completed, and sold

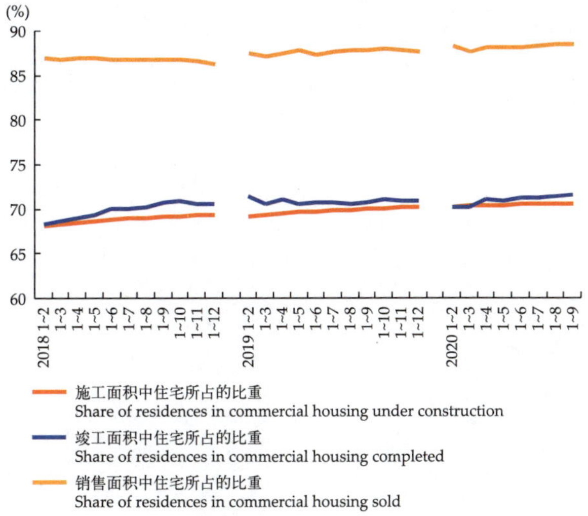

主要经济指标环比增速
MOM growth rates of main economic indicators

年 / 季度 Year/Quarter	国内生产总值 Gross domestic product (%)	年 / 月 Year/Month	规模以上工业增加值 Value added of industry (%)	固定资产投资（不含农户） Completed investment in fixed assets (excluding rural households) (%)	社会消费品零售总额 Retail sales of consumer goods (%)
2018		2018 1	0.57	0.45	0.63
		2	0.57	0.46	0.51
I	1.9	3	0.37	0.44	0.85
		4	0.65	0.45	0.75
		5	0.52	0.41	0.15
II	1.7	6	0.40	0.44	0.71
		7	0.46	0.44	0.88
		8	0.50	0.45	0.62
III	1.3	9	0.45	0.45	0.65
		10	0.47	0.44	0.75
		11	0.33	0.43	0.60
IV	1.5	12	0.49	0.43	0.74
2019		2019 1	0.45	0.43	0.83
		2	0.47	0.44	0.49
I	1.9	3	0.83	0.44	0.79
		4	0.25	0.42	0.81
		5	0.50	0.42	0.48
II	1.3	6	0.67	0.45	0.57
		7	0.36	0.43	0.59
		8	0.45	0.40	0.56
III	1	9	0.80	0.42	0.89
		10	0.38	0.40	0.80
		11	0.86	0.38	0.89
IV	1.6	12	0.62	0.39	0.78
2020		2020 1	-2.39	-5.50	-10.11
		2	-23.95	-22.77	0.89
I	-10	3	30.23	5.31	0.87
		4	1.96	5.07	0.88
		5	1.36	4.58	0.88
II	11.7	6	1.37	4.20	1.35
		7	0.96	3.83	0.62
		8	1.07	3.61	1.20
III	2.7	9	1.15	3.35	3.32

注：1. 自2011年4月起，国家统计局对外公布国内生产总值、规模以上工业增加值、固定资产投资（不含农户）、社会消费品零售总额四项统计指标的经季节调整的环比数据。
2. 表中数据根据国家统计局最新数据修订。

Notes: 1. From April 2011, National Bureau of Statistics began to publish four seasonally-adjusted MOM indices, namely: gross domestic product, value added of industry, completed investment in fixed assets (excluding rural households), retail sales of consumer goods.
2. Data are revised by National Bureau of Statistics.

五、对外部门
5. External Sector

1.外贸
(1) Foreign trade

据世界贸易组织统计，2019年，中国货物贸易出口总值为2.50万亿美元，占世界货物贸易出口总值18.89万亿美元的13.2%，比上年提高0.4个百分点，在全球货物贸易出口排名中位居第一。2019年，中国货物贸易进口总值为2.08万亿美元，占世界货物贸易进口总值19.24万亿美元的10.8%，比2016年提高0.6个百分点，在全球货物贸易进口中排名第二，位于美国之后。

According to WTO statistics, in 2019, China's export volume of goods totaled USD 2.50 trillion, accounting for 13.2 percent of the world total of USD 18.89 trillion, 0.4 percentage points higher than that in 2018. China's goods export ranked 1st in the world. China's import volume of goods reached USD 2.08 trillion, accounting for 10.8 percent of the world total of USD 19.24 trillion, 0.6 percentage points higher than that in 2016. China ranked 2nd in the world after the U.S. in terms of goods imports.

2019年世界货物贸易出口前十位排名
Top ten economies in the world in terms of goods exported in 2019

排名 Rank	经济体 Economy		出口（10亿美元） Exports (USD 1 billion)	比重（%） Share (%)
1	**中　国**	**China**	**2 499**	**13.2**
2	美　国	U.S.	1 646	8.7
3	德　国	Germany	1 489	7.9
4	荷　兰	Netherlands	709	3.8
5	日　本	Japan	706	3.7
6	法　国	France	570	3.0
7	韩　国	Korea	542	2.9
8	中国香港	HK SAR of China	535	2.8
9	意大利	Italy	533	2.8
10	英　国	U.K.	469	2.5
	世　界	**World total**	**18 889**	**100.0**

2019年世界货物贸易进口前十位排名
Top ten economies in the world in terms of goods imported in 2019

排名 Rank	经济体 Economy		进口（10亿美元） Imports (USD 1 billion)	比重（%） Share (%)
1	美　国	U.S.	2 568	13.4
2	**中　国**	**China**	**2 077**	**10.8**
3	德　国	Germany	1 234	6.4
4	日　本	Japan	721	3.7
5	英　国	U.K.	692	3.6
6	法　国	France	651	3.4
7	荷　兰	Netherlands	636	3.3
8	中国香港	HK SAR of China	578	3.0
9	韩　国	Korea	503	2.6
10	印　度	India	484	2.5
	世　界	**World total**	**19 238**	**100.0**

年度进出口额及其增长率
Annual imports & exports and growth rates

单位：亿美元
Unit: USD 100 million

年 Year	进出口 Imports & Exports		出口 Exports		进口 Imports		进出口差额 Trade balance
	总额 Total value	增长率 (%) Growth rate (%)	总额 Total value	增长率 (%) Growth rate (%)	总额 Total value	增长率 (%) Growth rate (%)	
1991	1 357	17.6	719	15.8	638	19.6	81
1992	1 655	22.0	849	18.1	806	26.3	44
1993	1 957	18.2	917	8.0	1 040	29.0	−122
1994	2 366	20.9	1 210	31.9	1 156	11.2	54
1995	2 809	18.7	1 488	23.0	1 321	14.2	167
1996	2 899	3.2	1 510	1.5	1 388	5.1	122
1997	3 252	12.2	1 828	21.0	1 424	2.5	404
1998	3 239	−0.4	1 837	0.5	1 402	−1.5	435
1999	3 606	11.3	1 949	6.1	1 657	18.2	292
2000	4 743	31.5	2 492	27.8	2 251	35.8	241
2001	5 097	7.5	2 661	6.8	2 436	8.2	225
2002	6 208	21.8	3 256	22.4	2 952	21.2	304
2003	8 510	37.1	4 382	34.6	4 128	39.8	255
2004	11 546	35.7	5 933	35.4	5 612	36.0	321
2005	14 219	23.2	7 620	28.4	6 600	17.6	1 020
2006	17 604	23.8	9 689	27.2	7 915	19.9	1 775
2007	21 766	23.6	12 205	25.9	9 561	20.8	2 643
2008	25 633	17.8	14 307	17.2	11 326	18.5	2 981
2009	22 075	−13.9	12 016	−16.0	10 059	−11.2	1 957
2010	29 740	34.7	15 778	31.3	13 962	38.8	1 815
2011	36 419	22.5	18 986	20.3	17 433	24.9	1 549
2012	38 671	6.2	20 487	7.9	18 184	4.3	2 303
2013	41 590	7.5	22 090	7.8	19 500	7.2	2 590
2014	43 015	3.4	23 423	6.0	19 592	0.4	3 831
2015	39 530	−8.0	22 735	−2.9	16 796	−14.2	5 939
2016	36 856	−6.8	20 976	−7.7	15 879	−5.5	5 097
2017	41 045	0.1	22 635	0.1	18 410	0.2	4 225
2018	46 230	0.1	24 874	0.1	21 356	0.2	3 518
2019	46 230	0.1	24 874	0.1	21 356	0.2	3 518

注：表中数据根据海关总署最新数据修订。
Note: Data are revised by General Administration of Customs of the People's Republic of China.

出口总值与GDP之比
Total exports over GDP

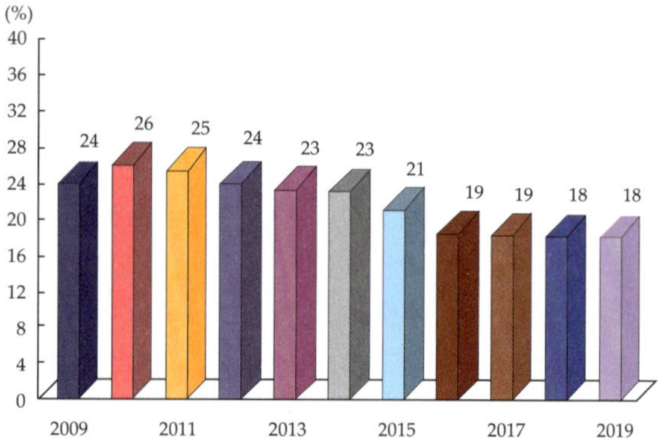

注：图中数据根据国家统计局最新数据修订。
Note: Data are revised by National Bureau of Statistics.

贸易差额
Trade balance

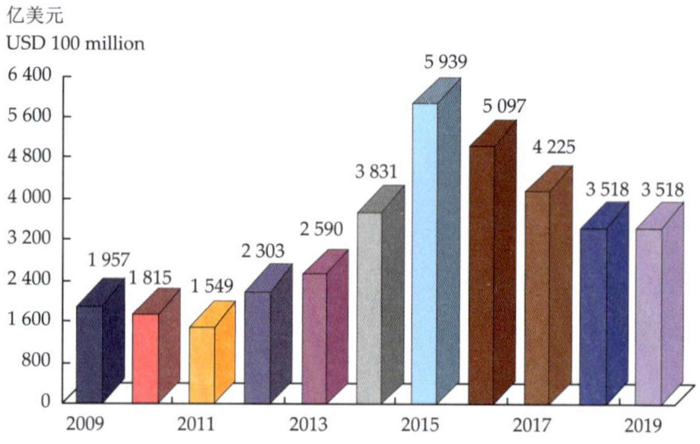

贸易总额及其增长趋势
Total trade volume and growth rates

贸易总额与GDP之比
Total trade volume over GDP

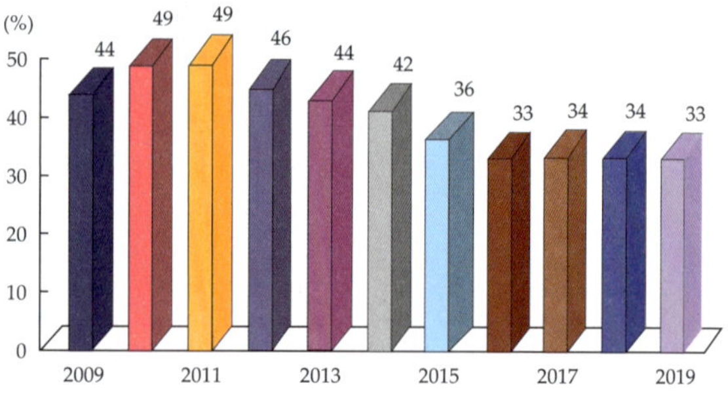

注：图中数据根据国家统计局最新数据修订。
Note: Data are revised by National Bureau of Statistics.

当月进出口总值及其增长率
Total monthly imports, exports, and growth rates

单位：亿美元
Unit: USD 100 million

年 / 月 Year/Month	出口总值 Total exports	进口总值 Total imports	出口同比增长率（%）Growth rate of exports (YOY)(%)	进口同比增长率（%）Growth rate of imports (YOY) (%)	当月差额 Monthly trade balance
2018.01	1 995	1 811	10.7	37.7	183
2018.02	1 706	1 384	43.6	6.6	323
2018.03	1 739	1 797	-3.0	14.8	-58
2018.04	1 989	1 727	11.9	22.3	262
2018.05	2 116	1 882	11.9	26.2	234
2018.06	2 156	1 747	10.7	13.8	409
2018.07	2 144	1 870	11.6	27.0	274
2018.08	2 170	1 908	9.6	20.7	262
2018.09	2 254	1 951	13.9	14.4	303
2018.10	2 148	1 817	14.3	20.3	331
2018.11	2 243	1 825	3.9	2.9	419
2018.12	2 209	1 641	-4.6	-7.6	568
2019.01	2 180	1 796	9.3	-0.9	384
2019.02	1 353	1 323	-20.7	-4.4	30
2019.03	1 982	1 668	14.0	-7.2	315
2019.04	1 936	1 805	-2.7	4.5	131
2019.05	2 139	1 727	1.1	-8.2	413
2019.06	2 124	1 628	-1.5	-6.8	496
2019.07	2 218	1 777	3.4	-4.9	441
2019.08	2 149	1 802	-1.0	-5.5	346
2019.09	2 181	1 785	-3.2	-8.5	397
2019.10	2 130	1 701	-0.8	-6.2	428
2019.11	2 215	1 830	-1.3	0.3	387
2019.12	2 383	1 911	7.9	16.5	472
2020.01	—	—	—	—	—
2020.02	2 929	2 998	-17.1	-3.9	-69
2020.03	1 851	1 652	-6.6	-1.0	199
2020.04	2 001	1 549	3.4	-14.2	452
2020.05	2 071	1 441	-3.2	-16.6	630
2020.06	2 136	1 672	0.5	2.7	464
2020.07	2 376	1 753	7.2	-1.4	623
2020.08	2 353	1 763	9.5	-2.1	589
2020.09	2 398	2 028	9.9	13.2	370

月度累计进出口总值及其增长率
Total accumulated monthly imports, exports, and growth rates

单位：亿美元
Unit: USD 100 million

年 / 月 Year/Month	累计出口总值 Accumulated total exports	累计进口总值 Accumulated total imports	累计出口同比增长率 (%) Growth rate of accumulated exports (YOY) (%)	累计进口同比增长率 (%) Growth rate of accumulated imports (YOY) (%)	累计贸易差额 Accumulated trade balance
2018.01	1 995	1 811	10.7	37.7	183
2018.02	3 700	3 195	23.7	22.2	505
2018.03	5 439	4 992	13.7	19.5	447
2018.04	7 429	6 719	13.2	20.2	709
2018.05	9 544	8 601	12.9	21.4	944
2018.06	11 700	10 348	12.5	20.1	1 353
2018.07	13 844	12 217	12.4	21.1	1 628
2018.08	16 014	14 123	12.0	21.0	1 891
2018.09	18 268	16 075	12.2	20.2	2 193
2018.10	20 416	17 893	12.4	20.2	2 523
2018.11	22 658	19 717	11.5	18.3	2 941
2018.12	24 867	21 357	9.9	15.8	3 509
2019.01	2 180	1 796	9.3	-0.9	384
2019.02	3 533	3 119	-4.5	-2.4	415
2019.03	5 516	4 786	1.4	-4.1	729
2019.04	7 451	6 591	0.3	-1.9	860
2019.05	9 590	8 318	0.5	-3.3	1 273
2019.06	11 714	9 946	0.1	-3.9	1 768
2019.07	13 932	11 723	0.6	-4.0	2 209
2019.08	16 081	13 525	0.4	-4.2	2 555
2019.09	18 251	15 267	-0.1	-5.0	2 984
2019.10	20 393	16 977	-0.1	-5.1	3 403
2019.11	22 608	18 860	-0.2	-4.5	3 747
2019.12	24 990	20 771	0.5	-2.7	4 219
2020.01	0	0	0.0	0.0	0
2020.02	2 928	2 997	-17.1	-4.0	-69
2020.03	4 779	4 648	-13.4	-3.0	131
2020.04	6 780	6 197	-9.0	-6.0	583
2020.05	8 852	7 638	-7.7	-8.2	1 214
2020.06	10 987	9 309	-6.2	-6.4	1 678
2020.07	13 364	11 062	-4.1	-5.7	2 301
2020.08	15 716	12 826	-2.3	-5.2	2 891
2020.09	18 114	14 853	-0.8	-3.1	3 261

注：表中数据根据海关总署最新数据修订。
Note: Data are revised by General Administration of Customs of the People's Republic of China.

当月进出口总值及其增长率
Total monthly imports, exports, and growth rates

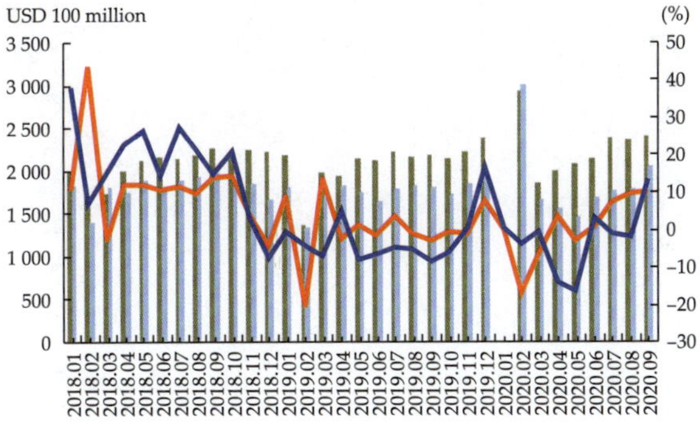

当月出口总值（左坐标） Total monthly exports (LHS)
当月进口总值（左坐标） Total monthly imports (LHS)
出口同比增长率（右坐标） YOY growth rate of exports (RHS)
进口同比增长率（右坐标） YOY growth rate of imports (RHS)

月度累计进出口总值及其增长率
Total accumulated monthly imports, exports, and growth rates

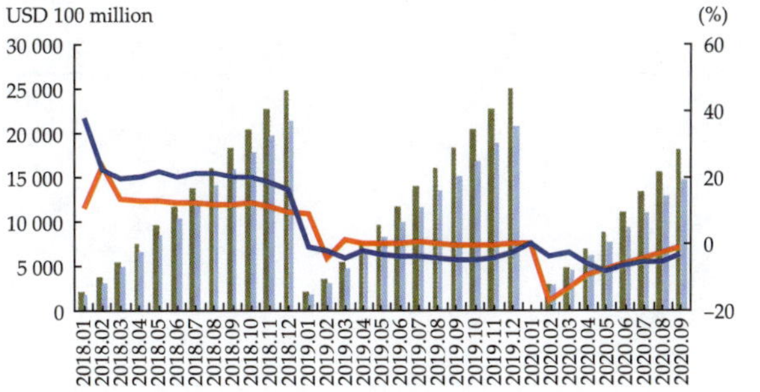

月度累计出口总值（左坐标） Accumulated total monthly exports (LHS)
月度累计进口总值（左坐标） Accumulated total monthly imports (LHS)
累计出口同比增长率（右坐标） YOY growth rate of accumulated exports (RHS)
累计进口同比增长率（右坐标） YOY growth rate of accumulated imports (RHS)

贸易差额月度变动趋势
Movement of monthly trade balance

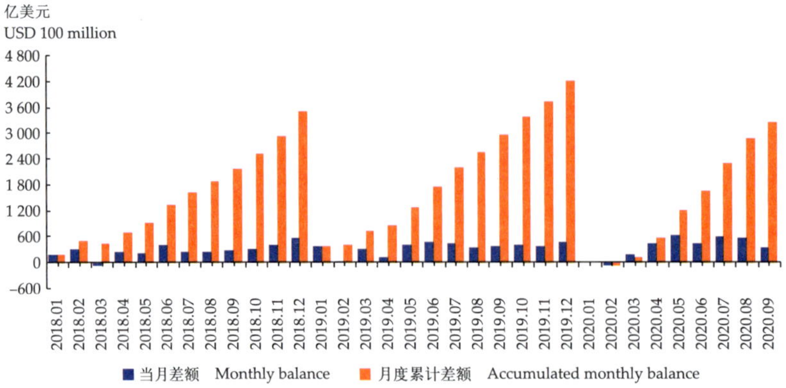

贸易差额构成
Composition of trade balance

单位：亿美元
Unit: USD 100 million

年 Year	贸易差额总计 Total trade balance	一般贸易 General trade	加工贸易 Processing trade	其他贸易 Other trade
1998	435	306	359	−229
1999	292	121	373	−202
2000	241	51	451	−261
2001	225	−16	535	−293
2002	304	71	577	−344
2003	255	−57	789	−478
2004	321	−45	1 063	−696
2005	1 020	354	1 425	−759
2006	1 775	832	1 889	−946
2007	2 643	1 107	2 491	−954
2008	2 981	908	2 967	−894
2009	1 957	−47	2 646	−642
2010	1 815	−487	3 228	−926
2011	1 549	−906	3 655	−1 200
2012	2 303	−345	3 814	−1 166
2013	2 590	−225	3 634	−818
2014	3 831	942	3 600	−710
2015	5 939	2 941	3 508	−509
2016	5 097	2 304	3 192	−399
2017	4 196	1 473	3 276	−554
2018	3 511	1 271	3 268	−1 027
2019	4 219	1 872	3 182	−835

注：“贸易差额总计”根据《海关统计》月报修订。
Note: "Total trade balance" are revised by *China Monthly Exports and Imports*.

月度累计贸易差额按企业性质分
Accumulated monthly trade balance by enterprise

单位：亿美元
Unit: USD 100 million

年 / 月 Year/Month	国有企业 State-owned enterprises	外资企业 Foreign-funded enterprises	其他企业 Other enterprises
2018.01	−264	28	419
2018.02	−459	121	845
2018.03	−703	160	992
2018.04	−945	227	1 428
2018.05	−1 181	261	1 865
2018.06	−1 436	395	2 391
2018.07	−1 678	420	2 883
2018.08	−1 935	457	3 367
2018.09	−2 214	555	3 860
2018.10	−2 423	668	4 280
2018.11	−2 693	831	4 805
2018.12	−2 901	1 040	5 373
2019.01	−259	84	596
2019.02	−498	118	1 118
2019.03	−733	256	1 349
2019.04	−1 033	264	2 057
2019.05	−1 282	372	2 703
2019.06	−1 493	527	3 202
2019.07	−1 735	618	3 701
2019.08	−2 012	663	4 324
2019.09	−2 256	775	4 886
2019.10	−2 493	917	4 979
2019.11	−2 758	1 006	5 499
2019.12	−3 012	1 082	6 150
2020.01	—	—	—
2020.02	−520	−83	535
2020.03	−703	−68	902
2020.04	−840	35	1 388
2020.05	−972	177	2 009
2020.06	−1 162	216	2 624
2020.07	−1 380	287	3 395
2020.08	−1 620	378	4 133
2020.09	−1 879	362	4 777

贸易差额构成
Composition of trade balance

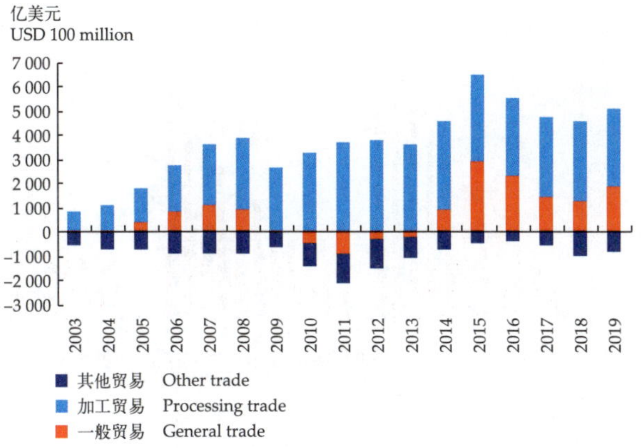

月度累计贸易差额按企业性质分
Accumulated monthly trade balance by enterprise

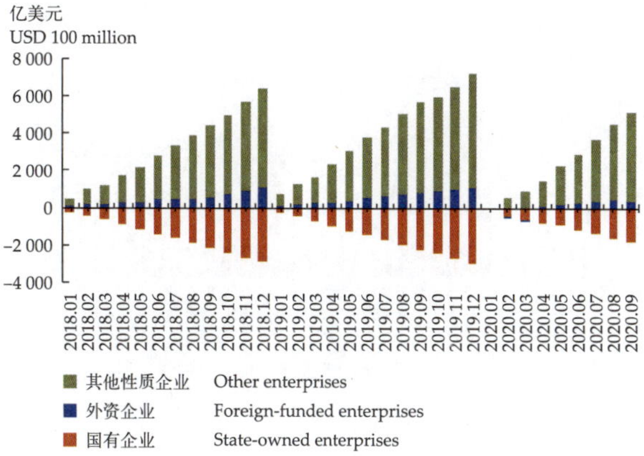

一般贸易累计进出口及其增长率
Accumulated imports and exports under general trade and growth rates

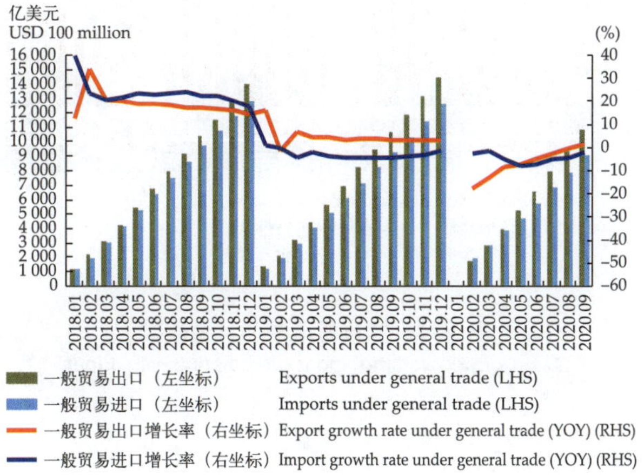

加工贸易累计进出口及其增长率
Accumulated imports and exports under processing trade and growth rates

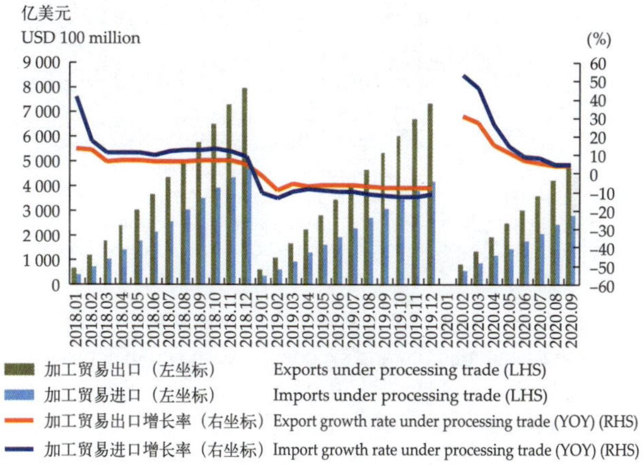

中国对美国进出口及其增长趋势
China's imports from and exports to the U.S. and their growth

中国对美国贸易总额和贸易差额
China's trade volume and trade balance with the U.S.

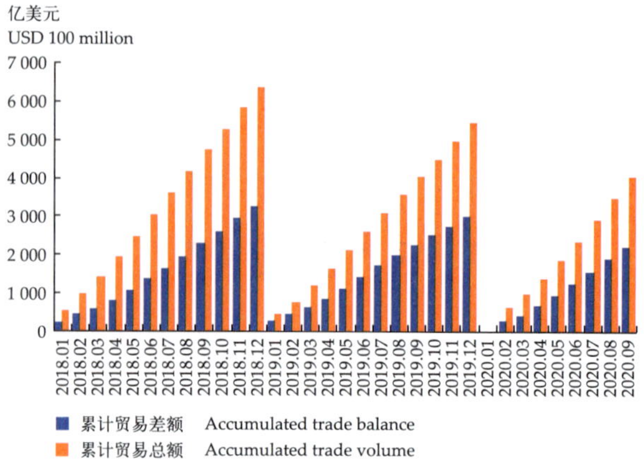

中国对欧盟进出口及其增长趋势
China's imports from and exports to the EU and their growth

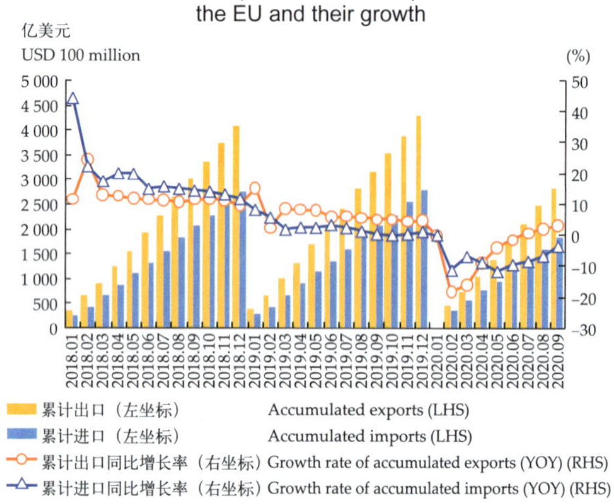

中国对欧盟贸易总额和贸易差额
China's trade volume and trade balance with the EU

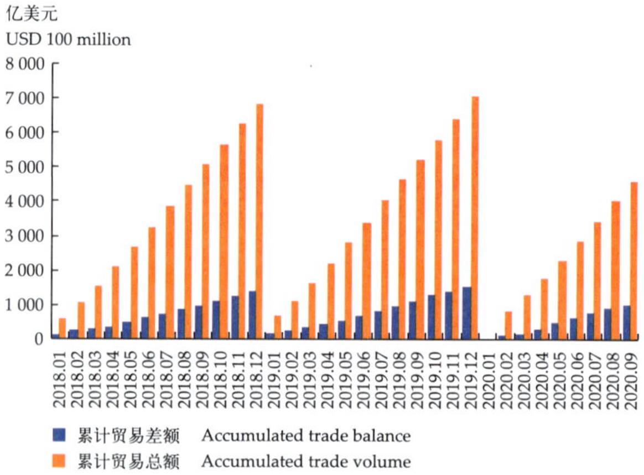

中国对日本进出口及其增长趋势
China's imports from and exports to Japan and their growth

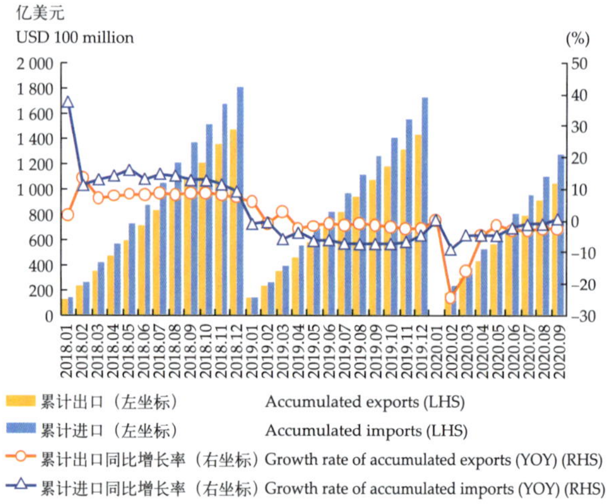

中国对日本贸易总额和贸易差额
China's trade volume and trade balance with Japan

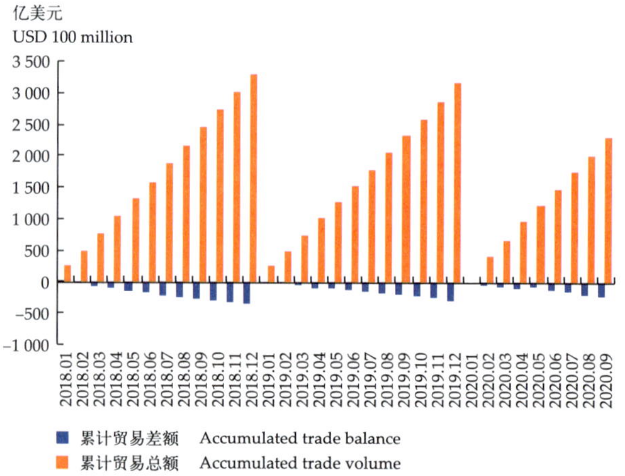

中国对东盟进出口及其增长趋势
China's imports from and exports to ASEAN and their growth

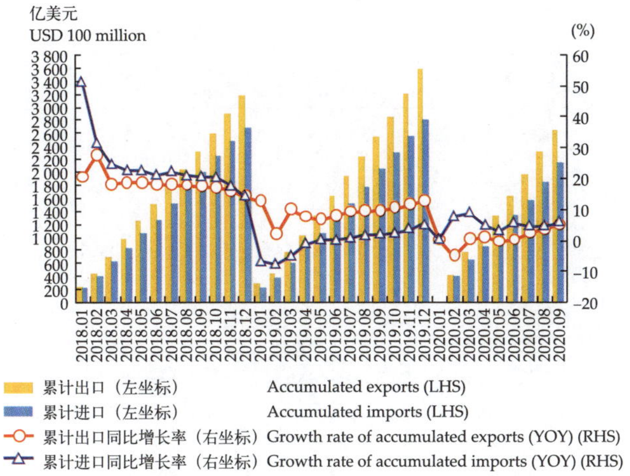

中国对东盟贸易总额和贸易差额
China's trade volume and trade balance with ASEAN

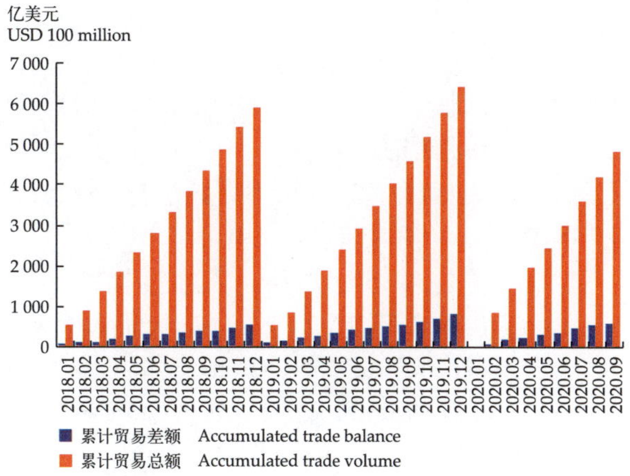

中国内地对香港地区进出口及其增长趋势
Mainland China's imports from and exports to Hong Kong SAR of China and their growth

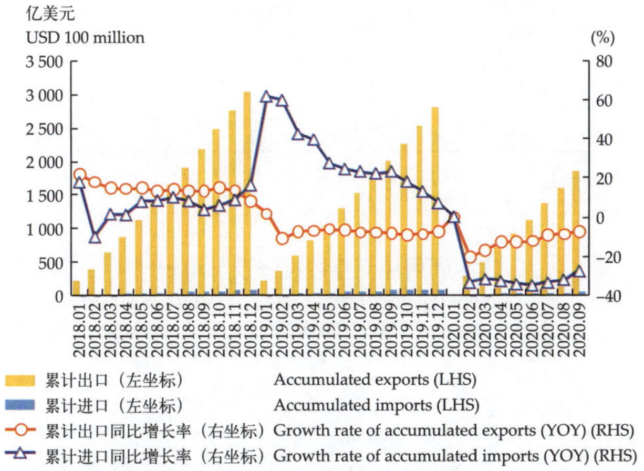

中国内地对香港地区贸易总额和贸易差额
Mainland China's trade volume and trade balance with Hong Kong SAR of China

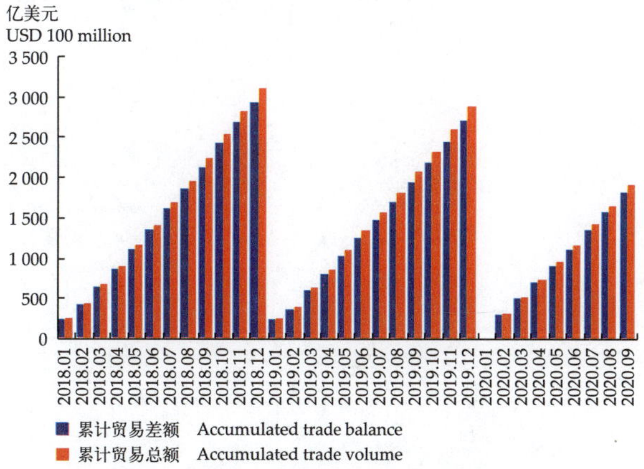

中国大陆对台湾地区进出口及其增长趋势
Mainland China's imports from and exports to China Taiwan and their growth

中国大陆对台湾地区贸易总额和贸易差额
Mainland China's trade volume and trade balance with China Taiwan

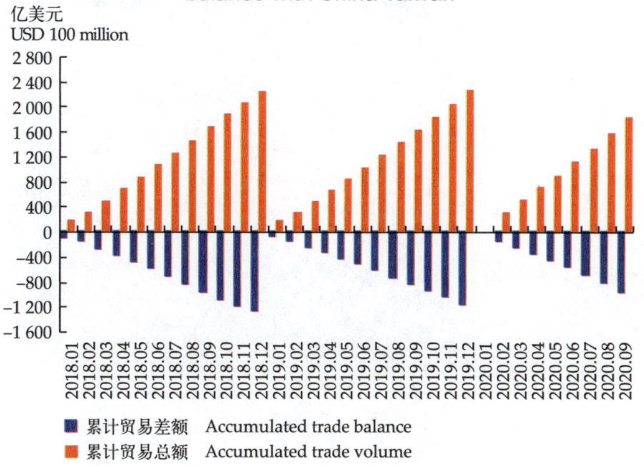

2. 外资
(2) Foreign investment

据联合国贸易与发展会议2020年6月发布的《2019年世界投资报告》，2019年中国吸收外资全球排名第二，流入1 410亿美元。

另据商务部统计，2020年1月，新设立外商投资企业3 485家，实际使用外资126.8亿美元。

According to the UNCTAD's *World Investment Report 2020* published in June 2020, China ranked world's No.2 recipient of foreign direct investment (FDI) in 2019, with capital inflows of USD 141 billion.

According to statistics of the Ministry of Commerce, in January 2020, 3,485 foreign-invested enterprises were approved for incorporation in China, with actual utilized FDI reaching USD 12.68 billion.

实际利用外商直接投资及其增长趋势
Actual utilized foreign direct investments and growth rates

单位：亿美元　Unit: USD 100 million

年 Year	绝对值 Absolute value	增长率（%） Growth rates（%）
2000	407.2	1.0
2001	468.8	15.1
2002	527.4	12.5
2003	535.1	1.4
2004	606.3	13.3
2005	603.3	−0.5
2006	630.2	4.5
2007	747.7	18.6
2008	924.0	23.6
2009	900.3	−2.6
2010	1 057.4	17.4
2011	1 160.1	9.7
2012	1 117.2	−3.7
2013	1 175.9	5.3
2014	1 195.6	1.7
2015	1 262.7	5.6
2016	1 260.0	−0.2
2017	1 310.0	4.0
2018	1 350.0	3.0
2019	1 381.4	2.4

实际利用外商直接投资及其增长率
Actual utilized foreign direct investments and growth rates

月度累计实际外商直接投资
Accumulated utilized FDI on a monthly basis

单位：亿美元　Unit: USD 100 million

年 / 月 Year/Month	实际外商直接投资累计金额 Accumulated utilized FDI	实际外商直接投资累计同比增长率 (%) Growth rate of accumulated utilized FDI (%)
2018.01	121	0.6
2018.02	211	1.7
2018.03	345	2.1
2018.04	436	2.0
2018.05	527	3.6
2018.06	683	4.1
2018.07	761	5.4
2018.08	865	6.1
2018.09	980	6.4
2018.10	1 077	6.5
2018.11	1 213	1.1
2018.12	1 350	3.0
2019.01	124	2.8
2019.02	217	3.0
2019.03	358	3.7
2019.04	451	3.5
2019.05	546	3.7
2019.06	707	3.5
2019.07	788	3.6
2019.08	893	3.2
2019.09	1 008	2.9
2019.10	1 108	2.9
2019.11	1 244	2.6
2019.12	1 381	2.4
2020.01	127	2.2
2020.02	—	—
2020.03	312	-12.8
2020.04	413	-8.4
2020.05	512	-6.2
2020.06	679	-4.0
2020.07	770	-2.3
2020.08	890	-0.3
2020.09	1 033	2.5

月度累计实际外商直接投资
Accumulated utilized FDI on a monthly basis

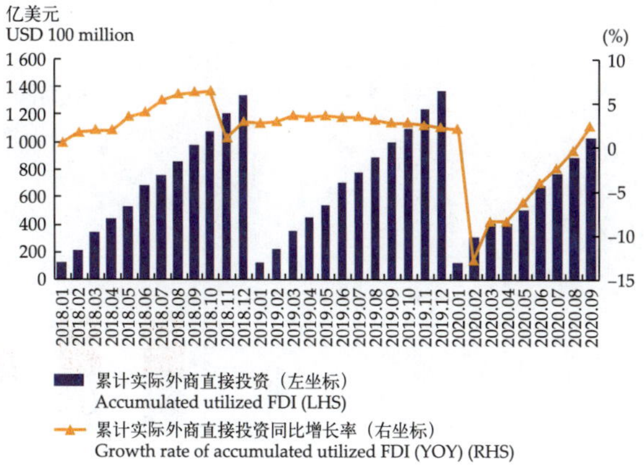

3. 国际收支
(3) Balance of payments (BOP)

中国国际收支变化趋势
Movement of China's balance of payments

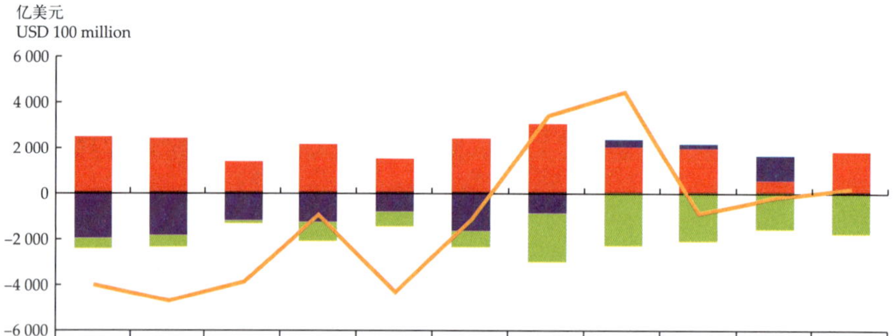

	2009	2010	2011	2012	2013	2014	2015	2016	2017	2018	2019
净误差与遗漏差额 Balance of errors and omissions (net)	−414	−529	−138	−871	−629	−669	−2 130	−2 295	−2 130	−1 602	−1 706
资本和金融项目差额 Balance of capital and financial accounts	−2 019	−1 849	−1 223	−1 283	−853	−1 692	−912	272	179	1 111	−69
经常项目差额 Balance of current account	2 433	2 378	1 361	2 154	1 482	2 360	3 042	2 022	1 951	491	1 775
储备资产差额 Balance of reserve assets	−3 984	−4 717	−3 878	−966	−4 314	−1 178	3 429	4 437	−915	−189	193

注：1. 储备资产的增加用负值表示，储备资产的减少用正值表示。
2. 图中数据根据国家外汇管理局最新数据修订。

Notes: 1. The increase in the reserve assets is expressed in a negative figure and the decrease in the reserve assets is expressed in a positive figure.
2. Data are revised by State Administration of Foreign Exchange.

2020年上半年国际收支平衡表简表
BOP sheet in the first half of 2020

单位：亿美元
Unit: USD 100 million

项目 Items		金额 Amounts
一、经常账户 Current account		1 102
	贷方 credit	7 403
	借方 debit	-6 302
1.1 货物和服务 Goods and services		1 318
	贷方 credit	6 596
	借方 debit	-5 278
1.1.1 货物 Goods		1 613
	贷方 credit	6 038
	借方 debit	-4 425
1.1.2 服务 Services		-295
	贷方 credit	558
	借方 debit	-853
1.2 初次收入 Primary income		-225
	贷方 credit	726
	借方 debit	-951
1.3 二次收入 Secondary income		9
	贷方 credit	82
	借方 debit	-73
二、资本和金融账户 Capital and financial account		-345
2.1 资本账户 Capital account		0
	贷方 credit	0
	借方 debit	0
2.2 金融账户 Financial account		-345
资产 Assets		-1 373
负债 Liabilities		1 029
2.2.1 非储备性质的金融账户 Financial account excluding reserve assets		-153
2.2.1.1 直接投资 Direct investment		47
资产 Assets		-292
负债 Liabilities		339
2.2.1.2 证券投资 Portfolio investment		424
资产 Assets		-236
负债 Liabilities		660
2.2.1.3 金融衍生工具 Financial derivatives		-45
资产 Assets		-35
负债 Liabilities		-9
2.2.1.4 其他投资 Other investment		-580
资产 Assets		-619
负债 Liabilities		39
2.2.2 储备资产 Reserve assets		-191
三、净误差与遗漏 Net errors and omissions		-757

注：根据《国际收支和国际投资头寸手册》（第六版）编制。
Note: Compiled in accordance with the sixth edition of *Balance of Payments and International Investment Position Manual* (BPM6).

4. 外汇储备
(4) Foreign exchange reserves

外汇储备及其增长率
Foreign exchange reserves and growth rates

单位：亿美元　Unit: USD 100 million

年 / 月 Year/month	外汇储备 Foreign exchange reserves	同比增长（%）Growth rate (YOY) (%)
2018.01	31 615	5.4
2018.02	31 345	4.3
2018.03	31 428	4.4
2018.04	31 249	3.1
2018.05	31 106	1.9
2018.06	31 121	1.8
2018.07	31 179	1.2
2018.08	31 097	0.6
2018.09	30 870	−0.7
2018.10	30 531	−1.8
2018.11	30 617	−1.8
2018.12	30 727	−2.1
2019.01	30 879	−2.3
2019.02	30 902	−1.4
2019.03	30 988	−1.4
2019.04	30 950	−1.0
2019.05	31 010	−0.3
2019.06	31 192	0.2
2019.07	31 037	−0.5
2019.08	31 072	−0.1
2019.09	30 924	0.2
2019.10	31 052	1.7
2019.11	30 956	1.1
2019.12	31 079	1.1
2020.01	31 155	0.9
2020.02	31 067	0.5
2020.03	30 606	−1.2
2020.04	30 915	−0.1
2020.05	31 017	0.0
2020.06	31 123	−0.2
2020.07	31 544	1.6
2020.08	31 646	1.8
2020.09	31 426	1.6

外汇储备及其增长率
Foreign exchange reserves and growth rates

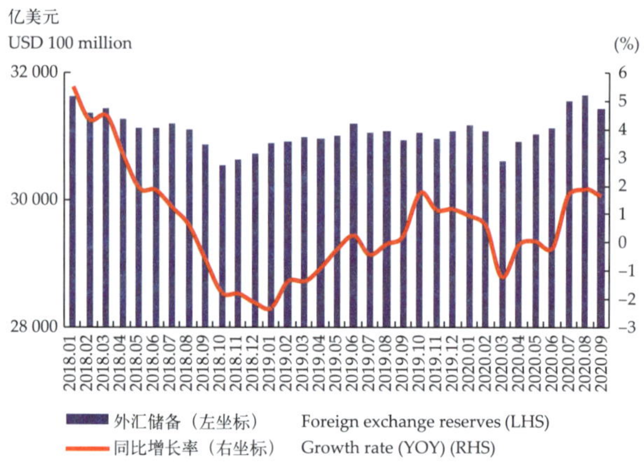

5. 外债
(5) External debt

外币外债余额与负债率
Balance and ratio of external debt to GDP

外币外债余额与债务率
Balance and ratio of external debt to foreign exchange income

注：图中数据根据国家外汇管理局最新数据修订。
Note: Data are revised by State Administration of Foreign Exchange.

2020年6月末外债数据
External debt balance at the end of June, 2020

单位：亿美元
Unit: USD 100 million

项目 Item	外债余额 Outstanding external debt	广义政府债务 General government debt	中央银行债务 Monetary authority debt	银行债务 Banks debt	其他部门债务 Other sectors debt	直接投资：公司间贷款 Direct investment: intercompany lending
债务余额 Debt balance	21 324	2 949	399	9 937	5 592	2 447
比重 (%) Share(%)	100.00	13.83	1.87	46.60	26.22	11.48

注：2014年末，国家外汇管理局按照国际货币基金组织“数据公布特殊标准”（SDDS）的分类标准公布我国外币外债数据，机构部门的分类相应进行了调整。
Note: At the end of 2014, State Administration of Foreign Exchange (SAFE) started to publish the data of China's external debts denominated in foreign currencies according to IMF's SDDS classification standards. The classification of sectors and departments were also adjusted accordingly.

2020年6月末外债结构
External debt structure at the end of June, 2020

2020年6月末，中国外债余额为21 324亿美元，其中，中长期外债余额为9 090亿美元，占外债余额的42.63%；短期外债余额为12 234亿美元，占外债余额的57.37%。
China's outstanding balance of external debt was USD 2,132.4 billion at the end of June 2020, among which USD 909.0 billion or 42.63 percent was medium- and long-term debt, and USD 1,223.4 billion or 57.37 percent was short-term debt.

六、财政收支与债务
6. Fiscal Revenue, Expenditure and Debt

年度财政收入、财政支出及其增长趋势
Annual budgetary revenue, budgetary expenditure, and their growth

单位：亿元
Unit: RMB 100 million

年 Year	财政收入 Budgetary revenue	财政支出 Budgetary expenditure	财政收入同比增长率 (%) Growth rate of budgetary revenue (YOY) (%)	财政支出同比增长率 (%) Growth rate of budgetary expenditure (YOY) (%)
2000	13 395	15 887	17.0	20.5
2001	16 386	18 903	22.3	19.0
2002	18 904	22 053	15.4	16.7
2003	21 715	24 650	14.9	11.8
2004	26 396	28 487	21.6	15.6
2005	31 649	33 930	19.9	19.1
2006	38 760	40 423	22.5	19.1
2007	51 322	49 781	32.4	23.2
2008	61 330	62 593	19.5	25.4
2009	68 518	76 300	11.7	21.9
2010	83 080	89 575	21.3	17.4
2011	103 740	108 930	24.8	21.2
2012	117 210	125 712	12.8	15.1
2013	129 143	139 744	10.2	11.2
2014	140 350	151 662	8.6	8.2
2015	152 217	175 768	8.4	15.8
2016	159 552	187 841	4.5	6.4
2017	172 567	203 330	7.4	7.7
2018	183 352	220 906	6.2	8.7
2019	190 382	238 874	3.8	8.1

注：表中数据根据财政部最新数据修订。
Note: Data are revised by Ministry of Finance.

月度累计财政收支增长率与收支差额
Monthly growth rates and balance of accumulated fiscal revenue and expenditure

单位：亿元
Unit: RMB 100 million

年 / 月 Year/Month	财政收入累计同比增长率（%）Growth rate of accumulated fiscal revenue (YOY) (%)	财政支出累计同比增长率（%）Growth rate of accumulated fiscal expenditure (YOY) (%)	累计财政收支总量差额 Balance of accumulated fiscal revenue and expenditure
2018.01	16.5	-7.4	10 694
2018.02	15.8	16.7	7 492
2018.03	13.6	10.9	-451
2018.04	12.9	10.3	3 327
2018.05	12.2	8.1	3 955
2018.06	10.6	7.8	-7 261
2018.07	10.0	7.3	-3 745
2018.08	9.4	6.9	-7 805
2018.09	8.7	7.5	-17 458
2018.10	7.4	7.6	-13 762
2018.11	6.5	6.8	-19 418
2018.12	6.2	8.7	-37 554
2019.01	—	—	—
2019.02	7.0	14.6	5 790
2019.03	6.2	15.0	-4 973
2019.04	5.3	15.2	-3 016
2019.05	3.8	12.5	-3 104
2019.06	3.4	10.7	-15 692
2019.07	3.1	9.9	-12 340
2019.08	3.2	8.8	-16 008
2019.09	3.3	9.4	-27 934
2019.10	3.8	8.7	-22 883
2019.11	3.8	7.7	-27 496
2019.12	3.8	8.1	-48 492
2020.01	—	—	—
2020.02	-9.9	-2.9	2 882
2020.03	-14.3	-5.7	-9 300
2020.04	-14.5	-2.7	-11 463
2020.05	-13.6	-2.9	-12 609
2020.06	-10.8	-5.8	-20 235
2020.07	-8.7	-3.2	-18 774
2020.08	-7.5	-2.1	-23 157
2020.09	-6.4	-1.9	-34 183

注：表中数据根据财政部最新数据修订。
Note: Data are revised by Ministry of Finance.

年度财政收入、财政支出及其增长趋势
Annual budgetary revenue, budgetary expenditure, and their growth

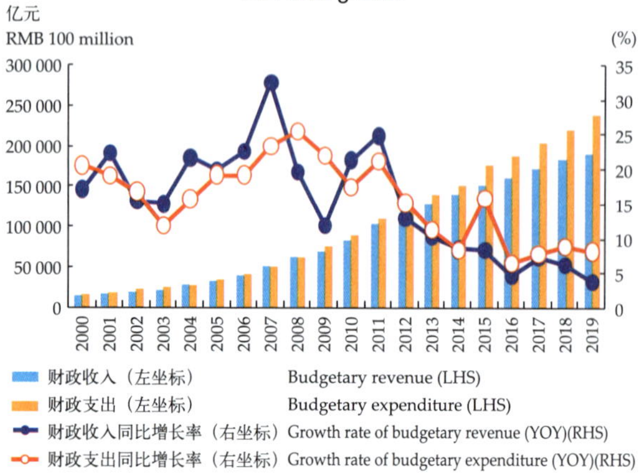

月度累计财政收支增长率与收支差额
Monthly growth rates and balance of accumulated fiscal revenue and expenditure

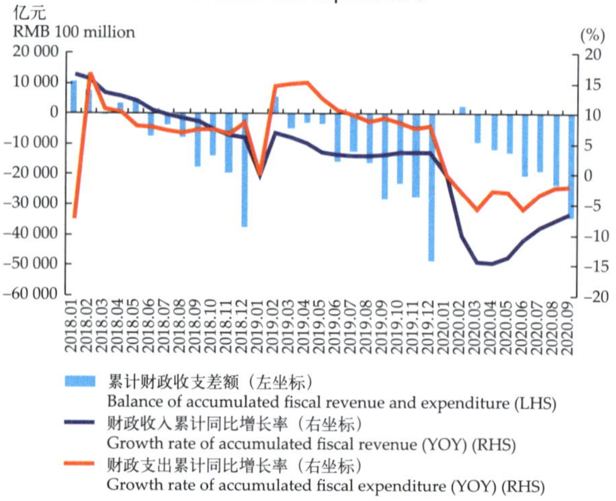

中央财政收支在全部财政收支中所占的比重

Ratio of revenues and expenditures of the central government to total fiscal revenues and expenditures

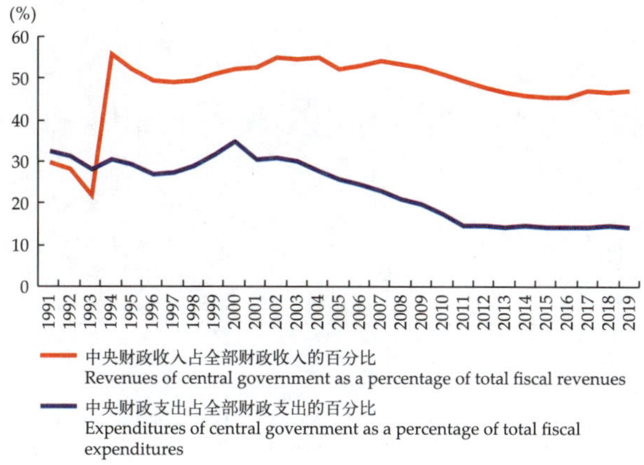

财政风险

Fiscal risks

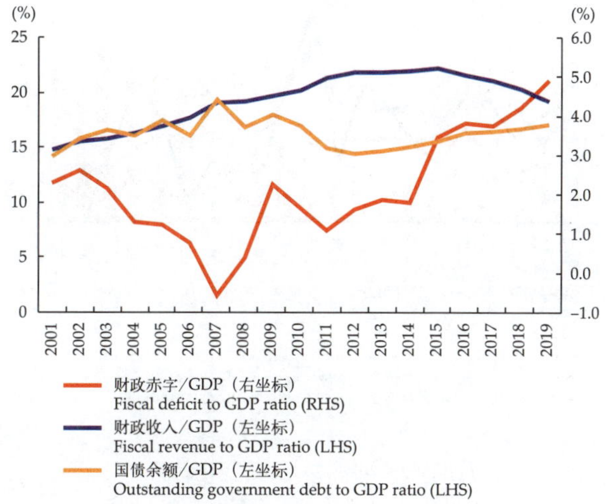

2020年主要预算指标：

2020年，中央财政预算收入为82 770亿元，比2019年执行数（下同）下降7.3%。从中央预算稳定调节基金调入5 300亿元，从中央政府性基金预算、中央国有资本经营预算调入3 580亿元，合计收入总量为91 650亿元。中央一般公共预算支出119 450亿元，增长9.1%。中央财政收支总量相抵，赤字为27 800亿元，比2019年增加9 500亿元。中央财政国债余额限额为213 008.35亿元。

汇总中央预算和地方预算安排，全国一般公共预算收入180 270亿元，下降5.3%。加上调入资金及使用结转结余29 980亿元，可安排的收入总量为210 250亿元。全国一般公共预算支出247 850亿元，增长3.8%。赤字37 600亿元，比2018年增加10 000亿元。

Budgetary targets for 2020:

In 2020, revenue in the central government's general public budget is expected to reach RMB 8.28 trillion, an decrease of 7.3% over the actual figure for 2019. Adding in the RMB 530.0 billion from the Central Budget Stabilization Fund and the RMB 358 billion from the budgets of central government-managed funds and central government state capital operations, total revenue in 2020 should amount to RMB 9.165 trillion. Expenditures from the central government's general public budget are projected to reach RMB 11.9450 trillion, an increase of 9.1%. Total expenditures are projected to exceed total revenue leaving a deficit of RMB 2.78 trillion, an increase of RMB 950 billion from 2019. The ceiling for the outstanding balance of central government bonds will be RMB 21.300835 trillion.

Combining the general public budgets of the central and local governments, it is projected that nationwide revenue will amount to RMB 18.03 trillion, decrease 5.3% from last year. Adding in the RMB 2.998 trillion transferred from other sources, total revenue available is expected to reach RMB 21.025 trillion. Nationwide expenditures are budgeted at RMB 24.785 trillion, an increase of 3.8%. This will produce a national deficit of RMB 3.76 trillion, an increase of RMB 1 trillion.

七、货币银行
7. Money and Banking

1. 货币供应量
(1) Money supply

年度M0、M1、M2及其变化趋势
Annual M0, M1, and M2 and their changes

单位：万亿元　Unit: RMB 1 trillion

年 Year	M0	M1	M2	M0 同比增长率 (%) Growth rate of M0 (YOY)(%)	M1 同比增长率 (%) Growth rate of M1 (YOY)(%)	M2 同比增长率 (%) Growth rate of M2 (YOY)(%)
2000	1.5	5.3	13.8	8.9	16.0	14.0
2001	1.6	6.0	15.8	7.1	12.7	14.4
2002	1.7	7.1	18.5	10.1	16.8	16.8
2003	2.0	8.4	22.1	14.3	18.7	19.6
2004	2.1	9.6	25.3	8.7	13.6	14.6
2005	2.4	10.7	29.9	11.9	11.8	17.6
2006	2.7	12.6	34.6	12.7	17.5	16.9
2007	3.0	15.3	40.3	12.1	21.0	16.7
2008	3.4	16.6	47.5	12.7	9.1	17.8
2009	3.8	22.1	61.0	11.8	32.4	27.7
2010	4.5	26.7	72.6	16.7	21.2	19.7
2011	5.1	29.0	85.2	13.8	7.9	13.6
2012	5.5	30.9	97.4	7.7	6.5	13.8
2013	5.9	33.7	110.7	7.1	9.3	13.6
2014	6.0	34.8	122.8	2.9	3.2	12.2
2015	6.3	40.1	139.2	4.9	15.2	13.3
2016	6.8	48.7	155.0	8.1	21.4	11.3
2017	7.1	54.4	167.7	3.4	11.8	8.2
2018	7.3	55.2	182.7	3.6	1.5	8.1
2019	7.7	57.6	198.6	5.4	4.4	8.7

月度M0、M1、M2及其变化趋势
Monthly M0, M1, and M2 and their changes

单位：万亿元　Unit:RMB 1 trillion

年 / 月 Year/Month	M0	M1	M2	M0 同比增长率 (%) Growth rate of M0 (YOY)(%)	M1 同比增长率 (%) Growth rate of M1 (YOY)(%)	M2 同比增长率 (%) Growth rate of M2 (YOY)(%)
2017.10	6.8	52.6	165.3	6.3	13.0	8.8
2017.11	6.9	53.6	167.0	5.7	12.7	9.1
2017.12	7.1	54.4	167.7	3.4	11.8	8.2
2018.01	7.5	54.3	172.1	−13.8	15.0	8.6
2018.02	8.1	51.7	172.9	13.5	8.5	8.8
2018.03	7.3	52.4	174.0	6.0	7.1	8.2
2018.04	7.1	52.5	173.8	4.5	7.2	8.3
2018.05	7.0	52.6	174.3	3.6	6.0	8.3
2018.06	7.0	54.4	177.0	3.9	6.6	8.0
2018.07	7.0	53.7	177.6	3.6	5.1	8.5
2018.08	7.0	53.8	178.9	3.3	3.9	8.2
2018.09	7.1	53.9	180.2	2.2	4.0	8.3
2018.10	7.0	54.0	179.6	2.8	2.7	8.0
2018.11	7.1	54.3	181.3	2.8	1.5	8.0
2018.12	7.3	55.2	182.7	3.6	1.5	8.1
2019.01	8.7	54.6	186.6	17.2	0.4	8.4
2019.02	7.9	52.7	186.7	−2.4	2.0	8.0
2019.03	7.5	54.8	188.9	3.1	4.6	8.6
2019.04	7.4	54.1	188.5	3.5	2.9	8.5
2019.05	7.3	54.4	189.1	4.3	3.4	8.5
2019.06	7.3	56.8	192.1	4.3	4.4	8.5
2019.07	7.3	55.3	191.9	4.5	3.1	8.1
2019.08	7.3	55.7	193.5	4.8	3.4	8.2
2019.09	7.4	55.7	195.2	4.0	3.4	8.4
2019.10	7.3	55.8	194.6	4.7	3.3	8.4
2019.11	7.4	56.2	196.1	4.8	3.5	8.2
2019.12	7.7	57.6	198.6	5.4	4.4	8.7
2020.01	9.3	54.6	202.3	6.6	0.0	8.4
2020.02	8.8	55.3	203.1	10.9	4.8	8.8
2020.03	8.3	57.5	208.1	10.8	5.0	10.1
2020.04	8.1	57.0	209.4	10.2	5.5	11.1
2020.05	8.0	58.1	210.0	9.5	6.8	11.1
2020.06	7.9	60.4	213.5	9.5	6.5	11.1
2020.07	8.0	59.1	212.5	9.9	6.9	10.7
2020.08	8.0	60.1	213.7	9.4	8.0	10.4
2020.09	8.2	60.2	216.4	11.1	8.1	10.9

货币供应量与货币流动性
Money supply and monetary liquidity

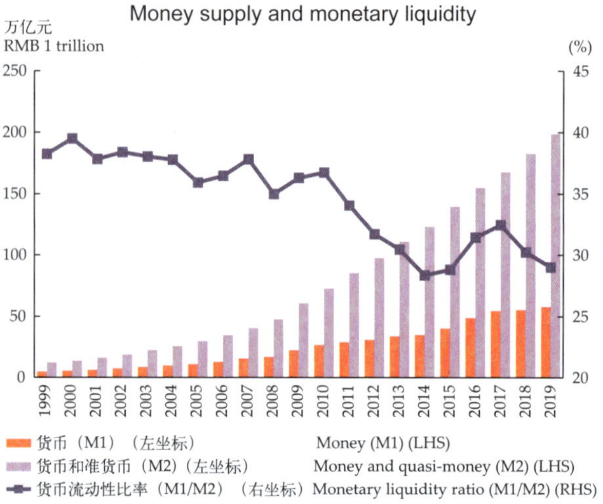

年度M0、M1、M2及其变化趋势
Annual M0, M1, and M2 and their changes

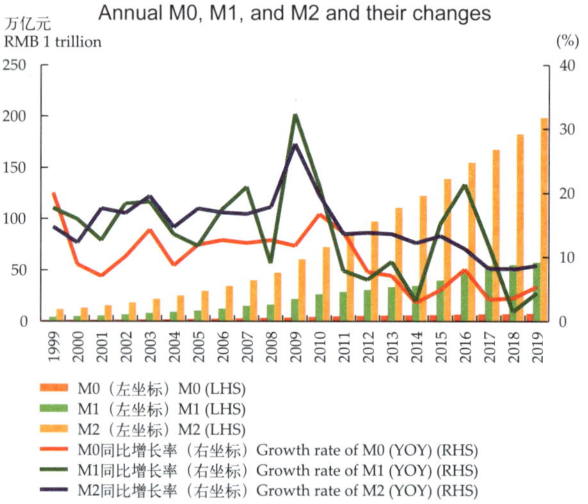

月度M0、M1、M2及其变化趋势
Monthly M0, M1, and M2 and their changes

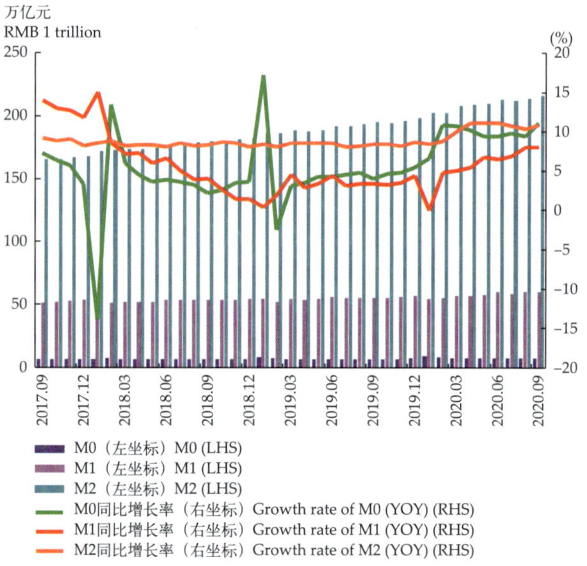

货币供应量构成
Composition of money supply

单位：亿元
Unit: RMB 100 million

年 / 月 Year/Month	货币和准货币 Money & quasi-money M2	货币 Money M1	流通中货币 Currency in circulation M0	单位活期存款 Corporate demand deposits	准货币 Quasi-money	单位定期存款 Corporate time deposits	个人存款 Personal deposits	其他存款 Other deposits
2018.10	1 795 562	540 128	70 107	470 022	1 255 433	340 816	702 827	211 790
2018.11	1 813 175	543 499	70 563	472 935	1 269 676	342 191	710 236	217 249
2018.12	1 826 744	551 686	73 208	478 478	1 275 058	340 179	721 689	213 191
2019.01	1 865 935	545 638	87 471	458 168	1 320 297	355 605	760 392	204 300
2019.02	1 867 427	527 190	79 485	447 706	1 340 237	356 710	773 741	209 786
2019.03	1 889 412	547 576	74 942	472 634	1 341 837	359 015	782 606	200 215
2019.04	1 884 670	540 615	73 966	466 649	1 344 056	365 305	776 276	202 474
2019.05	1 891 154	544 356	72 798	471 557	1 346 798	364 891	778 726	203 182
2019.06	1 921 360	567 696	72 581	495 115	1 353 664	362 163	790 201	201 300
2019.07	1 919 411	553 043	72 689	480 354	1 366 368	363 148	789 111	214 108
2019.08	1 935 492	556 798	73 153	483 645	1 378 694	366 889	791 892	219 913
2019.09	1 952 250	557 138	74 130	483 008	1 395 113	374 318	807 437	213 357
2019.10	1 945 601	558 144	73 395	484 749	1 387 457	365 733	801 412	220 312
2019.11	1 961 430	562 487	73 974	488 513	1 398 943	367 311	803 868	227 764
2019.12	1 986 489	576 009	77 189	498 820	1 410 480	363 486	819 162	227 832
2020.01	2 023 066	545 532	93 249	452 283	1 477 535	383 921	861 177	232 437
2020.02	2 030 830	552 701	88 187	464 514	1 478 130	379 784	860 504	237 842
2020.03	2 080 923	575 050	83 022	492 028	1 505 873	390 275	884 279	231 319
2020.04	2 093 534	570 150	81 485	488 665	1 523 383	405 776	876 294	241 313
2020.05	2 100 184	581 111	79 707	501 404	1 519 073	404 645	881 205	233 223
2020.06	2 134 949	604 318	79 459	524 859	1 530 631	399 040	903 188	228 403
2020.07	2 125 458	591 193	79 867	511 325	1 534 266	397 801	895 926	240 538
2020.08	2 136 837	601 289	80 043	521 246	1 535 548	400 254	899 950	235 344
2020.09	2 164 085	602 312	82 371	519 941	1 561 773	407 659	919 507	234 606

广义货币供应量M2变动
Changes in the composition of broad money M2

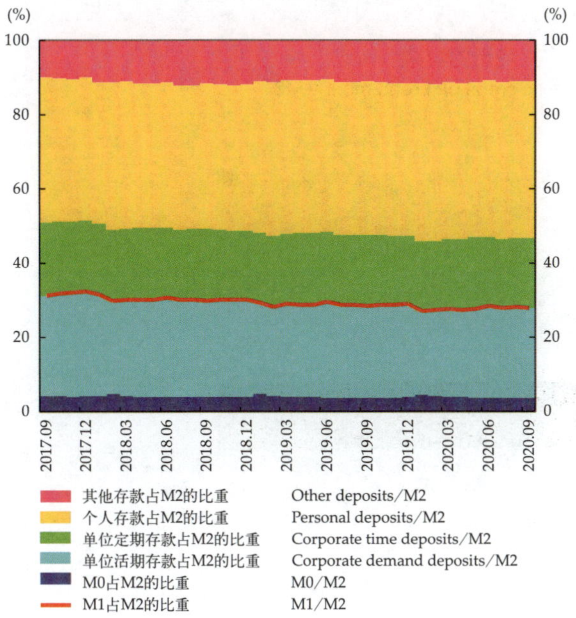

2020年9月末货币供应量构成
Composition of money supply at the end of September, 2020

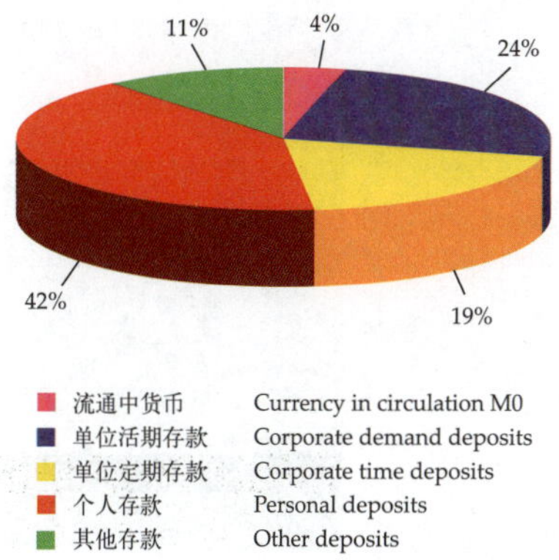

存款性公司概览
Depository corporations survey

单位：万亿元
Unit: RMB 1 trillion

年 / 月 Year/Month	国外净资产 Net foreign assets	国内信贷 Domestic credit	对政府债权（净）Claims on government (net)	对非金融部门债权 Claims on non-financial sectors	对其他金融部门债权 Claims on other financial sectors	其他 Others	货币和准货币 Money & quasi-money M2
2017.10	25.39	174.12	18.47	127.18	28.47	-34.17	165.34
2017.11	25.39	176.00	19.04	128.17	28.79	-34.39	167.00
2017.12	25.33	178.03	20.49	128.88	28.66	-35.68	167.68
2018.01	25.62	181.47	20.12	131.58	29.77	-35.00	172.08
2018.02	25.58	182.56	20.77	132.60	29.19	-35.24	172.91
2018.03	25.54	184.18	21.50	133.88	28.79	-35.73	173.99
2018.04	25.54	184.00	21.23	134.74	28.03	-35.77	173.77
2018.05	25.54	184.45	21.02	135.49	27.95	-35.68	174.31
2018.06	25.71	187.32	22.04	137.31	27.98	-36.01	177.02
2018.07	25.80	188.53	21.94	139.11	27.48	-36.71	177.62
2018.08	25.72	190.52	22.71	140.89	26.92	-37.37	178.87
2018.09	25.67	192.77	23.90	142.37	26.51	-38.27	180.17
2018.10	25.64	193.09	23.43	143.22	26.44	-39.17	179.56
2018.11	25.57	194.70	23.88	144.32	26.50	-38.96	181.32
2018.12	25.57	196.55	25.14	145.07	26.33	-39.44	182.67
2019.01	25.65	200.58	24.87	148.74	26.97	-39.63	186.59
2019.02	25.83	200.85	25.01	149.42	26.43	-39.94	186.74
2019.03	26.01	203.92	26.06	151.43	26.43	-40.99	188.94
2019.04	25.91	203.77	25.77	152.31	25.68	-41.21	188.47
2019.05	26.02	204.64	25.76	153.46	25.42	-41.54	189.12
2019.06	26.17	207.49	26.63	155.04	25.83	-41.53	192.14
2019.07	26.14	207.53	26.59	155.95	24.98	-41.72	191.94
2019.08	26.25	210.28	27.13	158.25	24.90	-42.98	193.55
2019.09	26.30	212.45	27.69	160.15	24.62	-43.53	195.23
2019.10	26.34	212.36	27.31	160.67	24.38	-44.14	194.56
2019.11	26.38	214.61	27.58	162.18	24.86	-44.85	196.14
2019.12	26.46	217.28	29.01	163.16	25.11	-45.09	198.65
2020.01	26.59	221.14	29.20	166.94	25.00	-45.42	202.31
2020.02	26.59	222.95	29.40	168.18	25.37	-46.46	203.08
2020.03	26.23	228.87	30.52	171.85	26.50	-47.01	208.09
2020.04	26.27	231.22	30.72	173.81	26.70	-48.14	209.35
2020.05	26.52	232.29	30.79	175.63	25.87	-48.79	210.02
2020.06	26.65	235.18	31.50	177.47	26.21	-48.34	213.49
2020.07	26.80	235.52	31.44	179.03	25.05	-49.77	212.55
2020.08	26.85	237.69	31.80	180.90	24.98	-50.85	213.68
2020.09	26.96	240.69	33.12	182.58	24.99	-51.25	216.41

国外净资产及国内信贷对广义货币的影响
The impact of net foreign assets and domestic credit on broad money M2

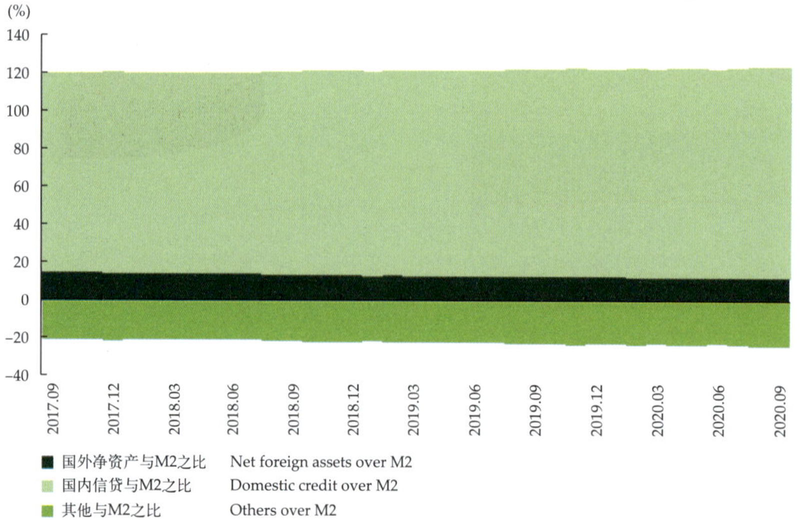

2. 存贷款
(2) Deposits and loans

金融机构人民币各项存贷款余额及其增长趋势
Outstanding amounts of total deposits & loans and their growth in financial institutions

单位：万亿元
Unit: RMB 1 trillion

年 / 月 Year/month	各项存款 Total deposits	各项贷款 Total loans	各项存款同比增长率 (%) Growth rate of deposits (YOY)(%)	各项贷款同比增长率 (%) Growth rate of loans (YOY)(%)
2017.10	163.3	118.4	9.1	13.0
2017.11	164.9	119.5	9.6	13.3
2017.12	164.1	120.1	9.0	12.7
2018.01	168.0	123.0	10.5	13.2
2018.02	167.7	123.9	8.6	12.8
2018.03	169.2	125.0	8.7	12.8
2018.04	169.7	126.2	8.9	12.7
2018.05	171.0	127.3	8.9	12.6
2018.06	173.1	129.2	8.4	12.7
2018.07	174.1	130.6	8.5	13.2
2018.08	175.2	131.9	8.3	13.2
2018.09	176.1	133.3	8.5	13.2
2018.10	176.5	134.0	8.1	13.1
2018.11	177.4	135.2	7.6	13.1
2018.12	177.5	136.3	8.2	13.5
2019.01	180.8	139.5	7.6	13.4
2019.02	182.1	140.4	8.6	13.4
2019.03	183.8	142.1	8.7	13.7
2019.04	184.1	143.1	8.5	13.4
2019.05	185.3	144.3	8.3	13.3
2019.06	187.6	146.0	8.3	13.0
2019.07	188.2	147.0	8.1	12.6
2019.08	190.0	148.2	8.4	12.4
2019.09	190.7	149.9	8.3	12.5
2019.10	191.0	150.6	8.2	12.4
2019.11	192.3	152.0	8.4	12.4
2019.12	192.9	153.1	8.7	12.3
2020.01	195.8	156.4	8.3	12.1
2020.02	196.8	157.4	8.1	12.1
2020.03	201.0	160.2	9.3	12.7
2020.04	202.3	161.9	9.9	13.1
2020.05	204.6	163.4	10.4	13.2
2020.06	207.5	165.2	10.6	13.2
2020.07	207.6	166.2	10.3	13.0
2020.08	209.5	167.5	10.3	13.0
2020.09	211.1	169.4	10.7	13.0

金融机构人民币各项存贷款余额及其增长趋势
Outstanding amounts of total deposits & loans and their growth in financial institutions

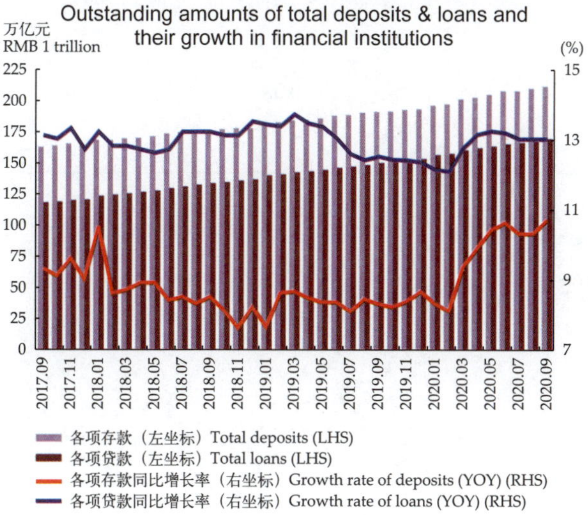

金融机构当年累计新增人民币存款
Accumulated new RMB deposits in financial institutions

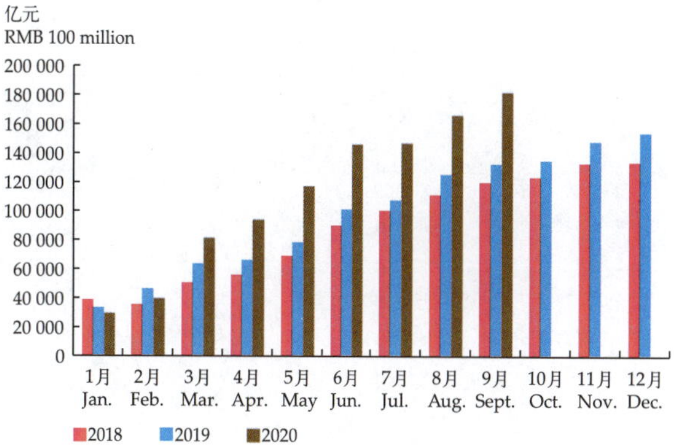

金融机构当月新增人民币存款
New RMB deposits in financial institutions by month

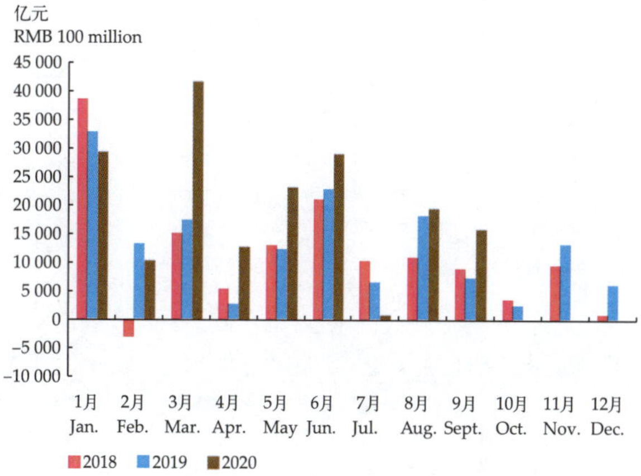

2020年9月末人民币存款余额
Outstanding amounts of RMB deposits at the end of September, 2020

单位：亿元
Unit: RMB 100 million

项目 Item	余额 Outstanding amount
各项存款 Total deposits	**2 110 774**
境内存款 Domestic deposits	2 098 143
住户存款 Deposits of households	912 537
非金融企业存款 Deposits of non-financial enterprises	649 315
政府存款 Deposits of government	359 062
非银行业金融机构存款 Deposits of non-banking financial institutions	177 228
境外存款 Overseas deposits	12 632

住户存款和非金融企业存款余额
Outstanding amounts of household deposits and non-financial corporate deposits

单位：亿元
Unit: RMB 100 million

年 / 月 Year/Month	住户存款 Deposits of households	活期及临时性存款 Demand & temporary deposits	定期及保证性存款 Time & marginal deposits	非金融企业存款 Deposits of non-financial enterprises	活期及临时性存款 Demand & temporary deposits	定期及保证性存款 Time & marginal deposits
2017.10	634 539	241 454	393 085	521 948	224 655	297 293
2017.11	635 994	241 874	394 120	529 130	229 895	299 235
2017.12	643 768	248 239	395 529	542 405	237 888	304 517
2018.01	652 744	250 481	402 263	541 612	232 055	309 557
2018.02	681 474	263 966	417 509	517 594	211 486	306 108
2018.03	686 804	258 521	428 283	529 321	219 818	309 503
2018.04	673 585	249 895	423 690	534 777	221 556	313 221
2018.05	675 751	250 395	425 355	534 916	222 502	312 414
2018.06	686 695	255 578	431 117	544 362	230 035	314 327
2018.07	683 763	252 705	431 059	538 174	225 358	312 816
2018.08	687 226	252 639	434 587	544 313	224 653	319 660
2018.09	700 518	258 601	441 917	547 417	220 860	326 557
2018.10	697 171	255 942	441 228	541 413	223 267	318 146
2018.11	704 576	259 573	445 003	548 748	225 026	323 723
2018.12	716 038	267 215	448 824	562 976	236 190	326 786
2019.01	754 594	286 398	468 197	558 512	225 512	332 999
2019.02	767 902	278 186	489 716	546 489	215 395	331 094
2019.03	776 654	275 339	501 315	565 751	226 505	339 246
2019.04	770 406	271 094	499 312	564 013	221 105	342 907
2019.05	772 823	271 971	500 851	565 193	223 036	342 157
2019.06	784 172	277 699	506 473	580 837	236 266	344 571
2019.07	783 140	278 230	504 910	566 941	227 461	339 479
2019.08	785 854	279 810	506 044	572 733	227 878	344 855
2019.09	801 298	286 136	515 162	577 652	226 300	351 353
2019.10	795 286	282 075	513 212	570 660	227 174	343 485
2019.11	797 752	283 322	514 429	579 316	231 774	347 541
2019.12	813 017	294 712	518 305	595 365	242 504	352 861
2020.01	855 388	312 585	542 803	578 291	215 746	362 545
2020.02	854 188	305 149	549 039	581 131	223 301	357 830
2020.03	877 723	307 747	569 976	613 040	235 863	377 178
2020.04	869 727	296 393	573 334	624 771	232 026	392 745
2020.05	874 546	296 882	577 664	632 825	236 251	396 574
2020.06	896 318	310 920	585 398	647 213	245 030	402 183
2020.07	889 123	304 072	585 051	631 734	235 988	395 746
2020.08	893 096	306 013	587 083	639 225	239 245	399 980
2020.09	912 537	316 730	595 807	649 315	238 178	411 138

住户存款和非金融企业存款余额
Outstanding amounts of household deposits and non-financial enterprise deposits

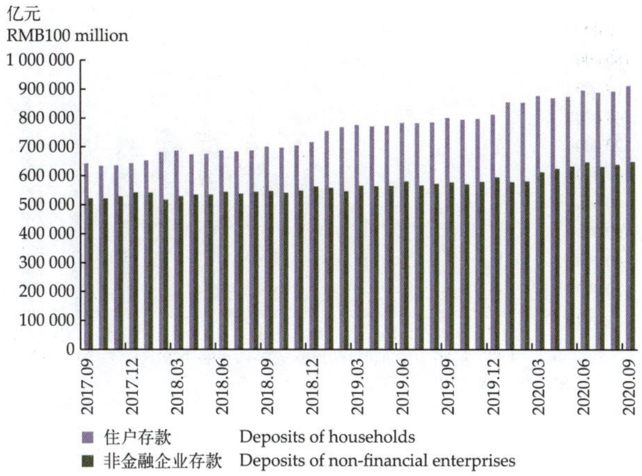

住户存款构成
Composition of household deposits

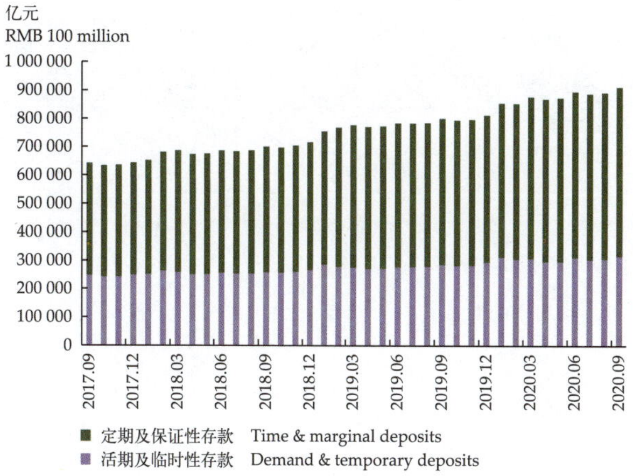

非金融企业存款构成
Composition of non-financial enterprise deposits

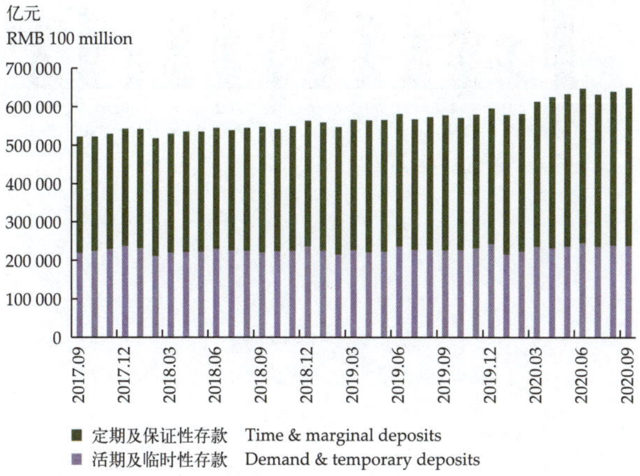

2020年9月末人民币存款余额
Outstanding amounts of RMB deposits at the end of September, 2020

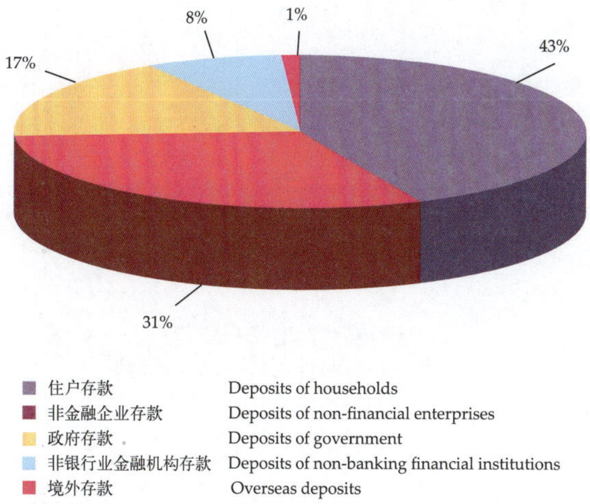

2020年9月末人民币贷款余额
RMB loans issued by the end of September, 2020 by sectors

单位：亿元
Unit: RMB 100 million

项目 Item	余额 Outstanding amounts	比年初增加 Increase over the beginning of the year
各项贷款 Total loans	1 693 665	162 542
境内贷款 Domestic loans	1 687 886	162 130
住户贷款 Loans to households	614 431	61 240
短期贷款 Short-term loans	151 119	−3 353
中长期贷款 Mid & long-term loans	463 312	64 593
非金融企业及机关团体贷款 Loans to non-financial enterprises and government departments & organizations	1 068 347	105 610
短期贷款及票据融资 Short-term loans and paper financing	403 419	31 405
中长期贷款 Mid & long-term loans	637 883	72 493
其他贷款 Other loans	27 045	1 713
非银行业金融机构贷款 Loans to non-banking financial institutions	5 107	−4 720
境外贷款 Overseas loans	5 780	412

金融机构当年累计新增人民币存款
Accumulated new RMB deposits in financial institutions

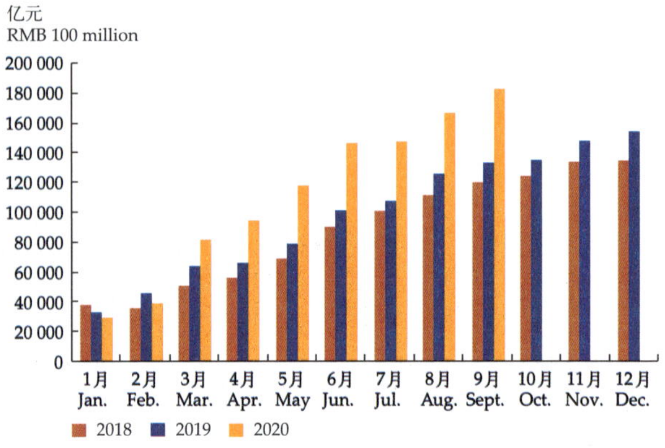

金融机构当月新增人民币贷款
New RMB loans in financial institutions by month

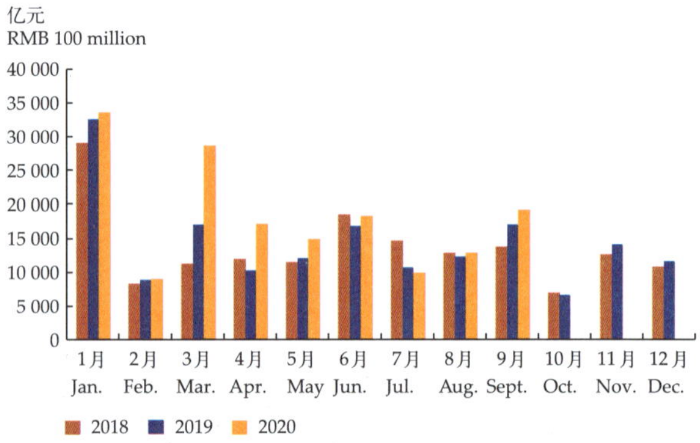

当年累计新增住户贷款
Accumulated new loans to households

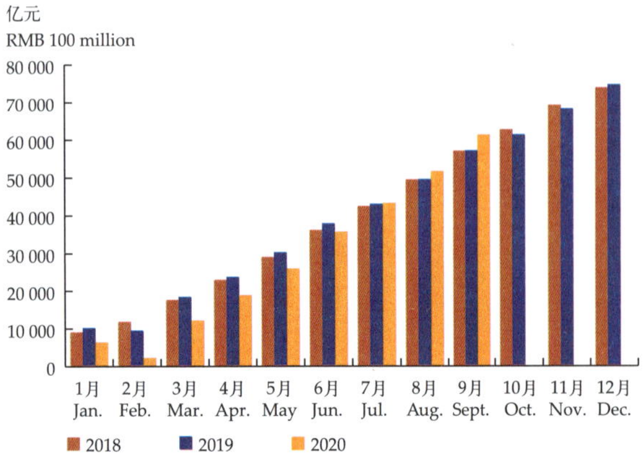

当月新增住户贷款
New loans to households by month

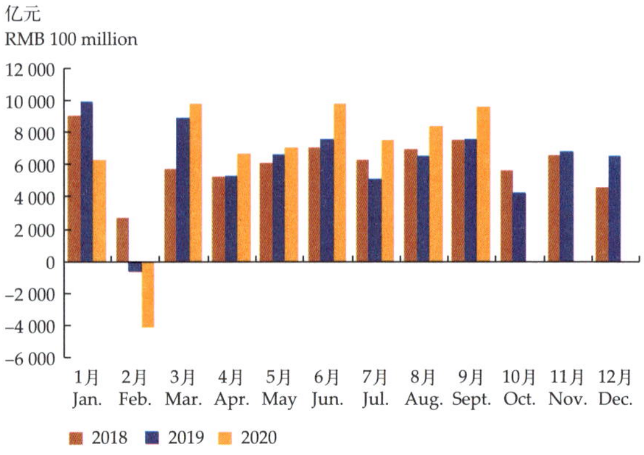

当年累计新增非金融企业及其他部门贷款
Accumulated new loans to non-financial institutions and other sectors

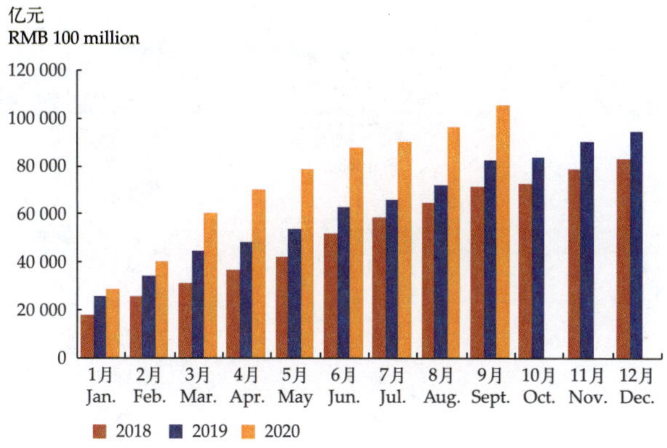

当月新增非金融企业及其他部门贷款
New loans to non-financial institutions and other sectors by month

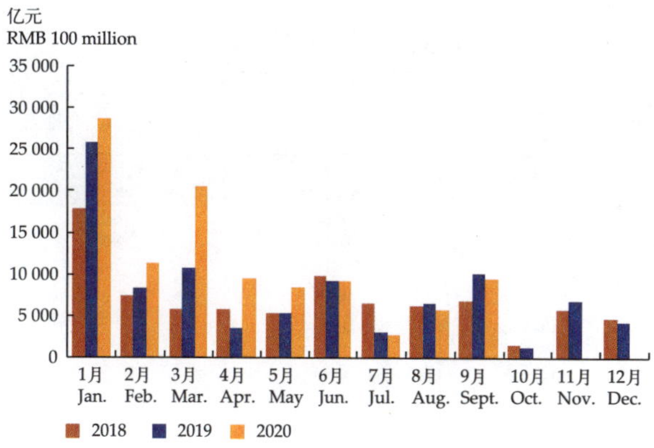

当年累计新增个人短期消费贷款
Accumulated new short-term consumer loans

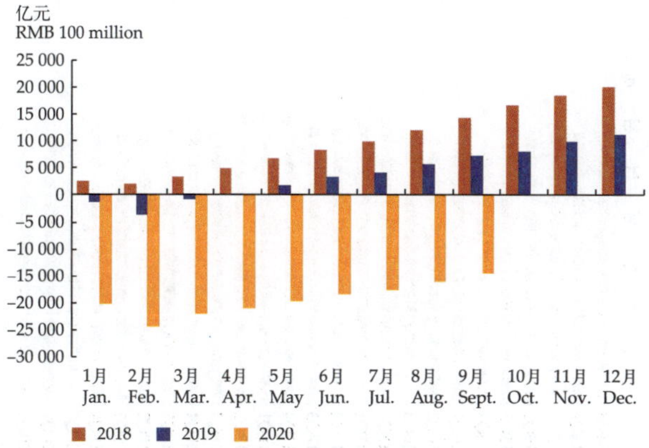

当月新增个人短期消费贷款
New short-term consumer loans by month

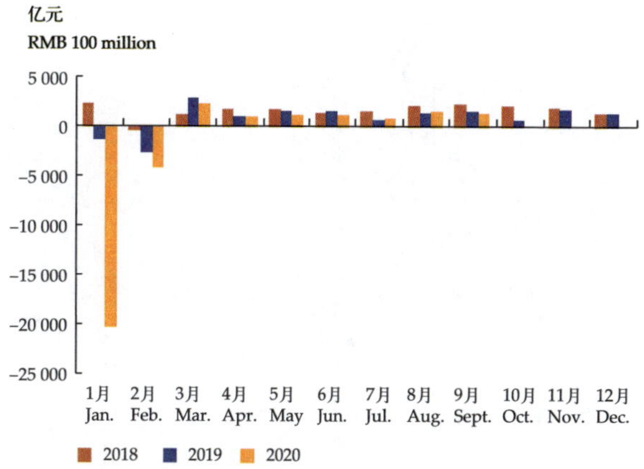

当年累计新增个人中长期消费贷款
Accumulated new mid and long-term consumer loans

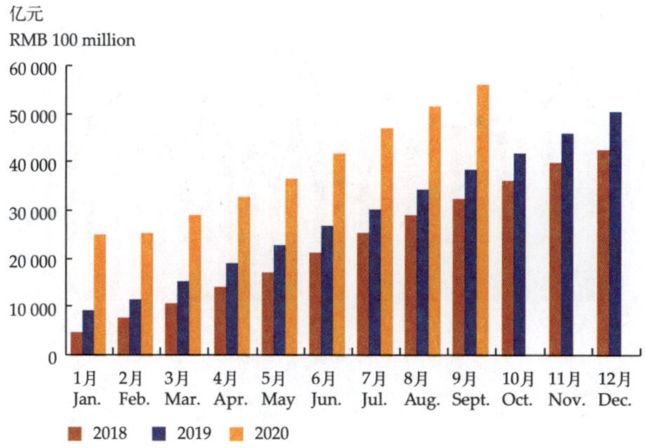

当月新增个人中长期消费贷款
New mid and long-term consumer loans by month

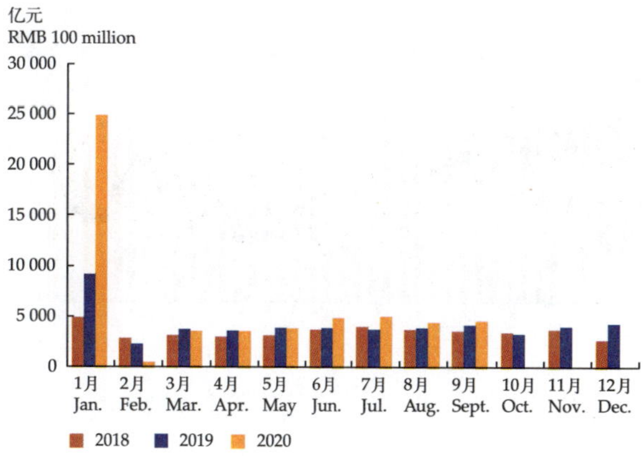

3. 基础货币
(3) Monetary base

基础货币余额及其增长趋势
Monetary base and its growth

单位：万亿元
Unit: RMB 1 trillion

年 / 月 Year/Month	余额 Outstanding amounts	同比增长率 (%) Growth rate (YOY)(%)
2017.10	30.53	6.0
2017.11	30.71	6.0
2017.12	32.19	4.9
2018.01	30.75	0.6
2018.02	31.83	5.9
2018.03	32.13	7.0
2018.04	30.73	3.4
2018.05	30.45	2.4
2018.06	31.85	4.80
2018.07	31.19	4.3
2018.08	31.11	3.1
2018.09	31.79	3.9
2018.10	29.82	−2.3
2018.11	30.58	−0.4
2018.12	33.10	2.8
2019.01	31.32	1.9
2019.02	30.36	−4.6
2019.03	30.37	−5.5
2019.04	29.88	−2.8
2019.05	30.41	−0.1
2019.06	31.31	−1.69
2019.07	30.13	−3.40
2019.08	30.03	−3.5
2019.09	30.59	−3.8
2019.10	29.88	0.2
2019.11	30.40	−0.6
2019.12	32.42	−2.0
2020.01	32.16	2.7
2020.02	30.87	1.7
2020.03	31.78	4.6
2020.04	31.17	4.3
2020.05	30.87	1.5
2020.06	30.83	−1.5
2020.07	29.72	−0.7
2020.08	31.56	3.2
2020.09	30.24	1.2

基础货币构成
Composition of monetary base

单位：亿元
Unit: RMB 100 million

年 / 季度 Year/Quarter	货币发行 Currency issue	其他存款性公司存款 Deposits of other depository corporations
2017Q4	77 074	243 802
2018Q1	79 453	238 740
2018Q2	75 658	237 805
2018Q3	78 117	231 051
2018Q4	79 146	235 511
2019Q1	81 311	209 648
2019Q2	78 237	221 817
2019Q3	80 218	212 230
2019Q4	82 859	226 024
2020Q1	90 751	212 681
2020Q2	85 413	207 203
2020Q3	88 063	209 650

基础货币构成
Composition of monetary base

基础货币余额及其增长趋势
Monetary base and its growth

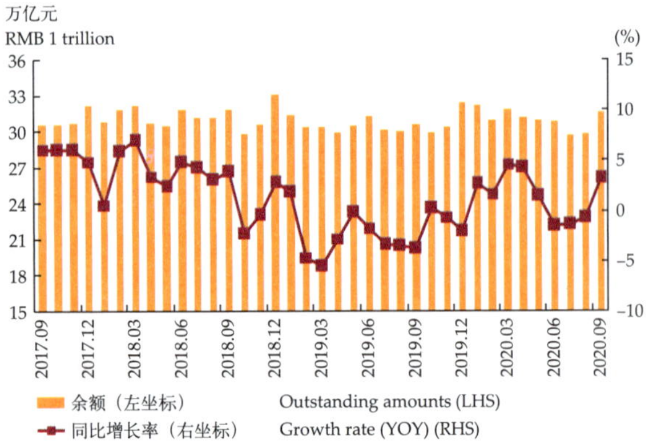

金融机构准备金和超额准备金率
Reserves and excess reserve ratio of financial institutions

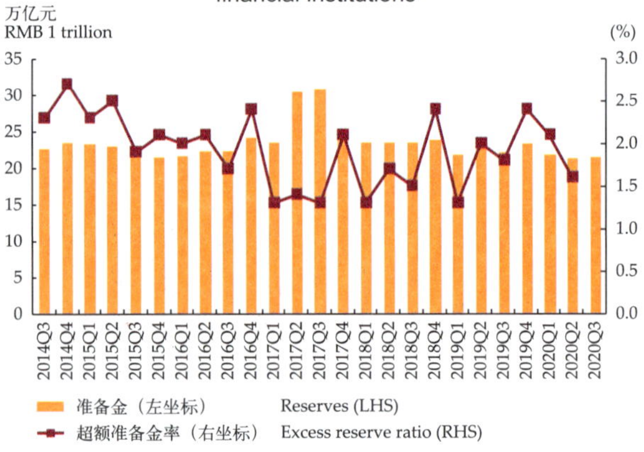

金融机构法定人民币存款准备金率
Official RMB reserve requirement ratios of financial institutions

单位：%
Unit: %

日期 Date	中资全国性大型银行① Chinese-funded large banks operating nationwide[1]	中小金融机构② Medium-and small-sized financial institutions[2]	农村信用社和村镇银行 Rural credit cooperatives and township and village banks
2003.09.21	7.0	7.0	6.0
2004.04.25	7.5	7.5	6.0
2006.07.05	8.0	8.0	6.0
2006.08.15	8.5	8.5	6.0
2006.11.15	9.0	9.0	6.5
2007.01.15	9.5	9.5	7.0
2007.02.25	10.0	10.0	7.5
2007.04.16	10.5	10.5	8.0
2007.05.15	11.0	11.0	8.5
2007.06.05	11.5	11.5	9.0
2007.08.15	12.0	12.0	9.5
2007.09.25	12.5	12.5	10.0
2007.10.25	13.0	13.0	10.5
2007.11.26	13.5	13.5	11.0
2007.12.25	14.5	14.5	12.0
2008.01.25	15.0	15.0	12.5
2008.03.25	15.5	15.5	13.0
2008.04.25	16.0	16.0	13.5
2008.05.20	16.5	16.5	14.0
2008.06.15	17.0	17.0	14.5
2008.06.25	17.5	17.5	15.0
2008.09.25	17.5	16.5	14.0
2008.10.15	17.0	16.0	13.5
2008.12.05	16.0	14.0	11.5
2008.12.25	15.5	13.5	11.0
2010.01.18	16.0	14.0	11.0
2010.02.25	16.5	14.5	11.0
2010.05.10	17.0	15.0	11.0
2010.11.16	17.5	15.5	11.5
2010.11.29	18.0	16.0	12.0
2010.12.20	18.5	16.5	12.5
2011.01.20	19.0	17.0	13.0
2011.02.24	19.5	17.5	13.5
2011.03.25	20.0	18.0	14.0
2011.04.21	20.5	18.5	14.5
2011.05.18	21.0	19.0	15.0
2011.06.20	21.5	19.5	15.5
2011.12.05	21.0	19.0	15.0
2012.02.24	20.5	18.5	14.5
2012.05.18	20.0	18.0	14.0
2015.02.05	19.5	17.5	13.5
2015.04.20	18.5	16.5	11.5
2015.09.06	18.0	16.0	10.5
2015.10.24	17.5	15.5	9.5
2016.03.01	17.0	15.0	9.0
2018.04.25	16.0	14.0	9.0
2018.07.05	15.5	13.5	9.0
2018.10.15	14.5	12.5	9.0
2019.01.15	14.0	12.0	8.5
2019.01.25	13.5	11.5	8.0
2019.09.16	13.0	11.0	7.5
2020.01.06	12.5	10.5	7.0
2020.04.15	12.5	10.0	6.5
2020.05.15	12.5	9.5	6.0

注：①包括中国工商银行、中国农业银行、中国银行、中国建设银行、交通银行和中国邮政储蓄银行。
②包括中国农业发展银行、股份制商业银行、城市商业银行、农村商业银行、有关外资金融机构。

Notes: 1. Including Industrial and Commercial Bank of China,Agricultural Bank of China,Bank of China,China Construction Bank,Bank of Communications,Postal Savings Bank of China.
2. Including Agricultural Development Bank of China, joint-stock commercial banks, city commercial banks, rural commercial banks and foreign-funded financial institutions.

4. 社会融资规模
(4) Aggregate financing to the real economy (AFRE)

社会融资规模增量统计表（月）
Aggregate financing to the real economy (flow) (by month)

单位：亿元人民币
Unit: RMB 100 million

年 / 月 Year/Month	增量 Flow	其中：Of which :									
		人民币贷款 RMB bank loans	外币贷款（折合人民币）Foreign currency bank loans (converted into RMB)	委托贷款 Entrusted loans	信托贷款 Trust loans	未贴现银行承兑汇票 Undiscounted bankers' acceptances	企业债券 Net Financing of corporate bonds	政府债券 Government bonds	非金融企业境内股票融资 Equity financing on the domestic stock market by non-financial enterprises	存款类金融机构资产支持证券 Asset-backed securities of depository financial institutions	贷款核销 Loans written off
2017.10	15 861	6 635	−44	108	1 013	12	1 628	601	4 968	61	271
2017.11	22 956	11 428	198	306	1 400	15	979	1 324	5 979	248	481
2017.12	18 103	5 769	169	661	2 163	676	688	817	2 759	1 476	2 059
2018.01	31 417	26 850	266	−709	397	1 437	1 894	500	5	−137	320
2018.02	12 064	10 199	86	−750	674	106	734	379	175	−146	261
2018.03	17 091	11 425	139	−1 850	−343	−323	3 611	404	1 816	387	1 234
2018.04	22 243	10 987	−26	−1 481	−101	1 454	4 042	533	5 303	821	259
2018.05	11 234	11 396	−228	−1 570	−936	−1 741	−351	438	2 728	377	479
2018.06	20 373	16 787	−364	−1 642	−1 576	−3 649	1 308	258	6 509	272	1 737
2018.07	18 382	12 861	−773	−950	−1 205	−2 744	2 189	175	7 998	123	176
2018.08	24 078	13 140	−344	−1 207	−685	−779	3 541	141	8 651	501	377
2018.09	23 061	14 341	−670	−1 432	−890	−548	15	272	9 108	895	1 615
2018.10	9 538	7 141	−800	−949	−1 366	−453	1 523	176	3 032	188	446
2018.11	16 127	12 302	−787	−1 310	−455	−127	3 918	200	−247	1 157	729
2018.12	19 311	9 281	−702	−2 210	−488	1 023	3 895	130	3 452	1 503	2 522
2019.01	46 791	35 668	343	−699	345	3 787	4 829	289	1 700	−466	249
2019.02	9 665	7 641	−105	−508	−37	−3 103	875	119	4 347	−14	201
2019.03	29 602	19 584	3	−1 070	528	1 365	3 546	122	3 412	261	1 227
2019.04	16 710	8 733	−330	−1 197	129	−357	3 949	262	4 433	243	316
2019.05	17 124	11 855	191	−631	−52	−768	1 033	259	3 857	383	392
2019.06	26 243	16 737	−4	−827	15	−1 311	1 439	153	6 867	607	1 806
2019.07	12 872	8 086	−221	−987	−676	−4 562	2 944	593	6 427	286	244
2019.08	21 956	13 045	−247	−513	−658	157	3 384	256	5 059	269	351
2019.09	25 142	17 612	−440	−22	−672	−431	2 431	289	3 777	284	1 692
2019.10	8 680	5 470	−10	−667	−624	−1 053	2 032	180	1 871	623	416
2019.11	19 937	13 633	−249	−959	−673	570	3 330	524	1 716	693	639
2019.12	21 030	10 770	−205	−1 316	−1 092	951	2 625	432	3 738	865	3 018
2020.01	50 722	34 924	513	−26	432	1 403	3 950	609	7 613	478	166
2020.02	8 578	7 202	252	−356	−540	−3 961	3 894	449	1 824	−549	263
2020.03	51 842	30 390	1 145	−588	−21	2 818	9 934	198	6 344	−161	1 117
2020.04	31 024	16 239	910	−579	23	577	9 234	315	3 357	−202	460
2020.05	31 866	15 502	457	−273	−337	836	2 879	353	11 362	−88	413
2020.06	34 342	19 029	204	−484	−852	2 190	3 383	538	7 450	−15	2 044
2020.07	16 928	10 221	−524	−152	−1 367	−1 130	2 358	1 215	5 459	−742	748
2020.08	35 853	14 201	397	−415	−316	1 441	3 659	1 282	13 788	308	643
2020.09	34 693	19 171	−302	−317	−1 159	1 503	1 316	1 141	10 116	440	1 790

注：1.社会融资规模增量是指一定时期内实体经济从金融体系获得的资金额。
2.从2019年12月起，中国人民银行进一步完善社会融资规模统计，将“国债”和“地方政府一般债券”纳入社会融资规模统计，与原有“地方政府专项债券”合并为“政府债券”指标。指标数值为托管机构的托管面值。历史数据追溯到2017年1月。
3.从2019年9月起，中国人民银行完善“社会融资规模”中的“企业债券”统计，将“交易所企业资产支持证券”纳入“企业债券”指标。
4.从2018年9月起，中国人民银行将“地方政府专项债券”纳入社会融资规模统计。
5.从2018年7月起，中国人民银行完善社会融资规模统计方法，将“存款类金融机构资产支持证券”和“贷款核销”纳入社会融资规模统计，在“其他融资”项下单独列示。
数据来源：中国人民银行、中国银行保险监督管理委员会、中国证券监督管理委员会、中央国债登记结算有限责任公司和银行间市场交易商协会等部门。

Notes:1. AFRE(flow) refers to the total volume of financing provided by the financial system to the real economy during a certain period of time.
2. Since December 2019, the People's Bank of China made further efforts to improve the statistical method of AFRE. "Treasury bonds" and "local government general bonds" were newly introduced into AFRE and merged with "local government special bonds" into "government bonds", which is recorded at face value at depositories. The historical data were traced back to January 2017.
3. Since September 2019, the People's Bank of China improved the statistics of "net financing of corporate bonds" in AFRE, and incorporated "asset-backed securities of non-financial enterprises" into "net financing of corporate bonds".
4. Since September 2018, the People's Bank of China incorporated "local government special bonds" into AFRE.
5.Since July 2018, the People's Bank of China improved the statistical method of AFRE, and incorporated "asset-backed securities of depository financial institutions" and "loans written off" into AFRE, which is reflected as a sub-item of "other financing".
Sources: The PBC, CBIRC, CSRC, CCDC, NAFMII, and so forth.

社会融资规模增量统计表（年）
Aggregate financing to the real economy (flow) (by year)

单位：亿元人民币
Unit: RMB 100 million

年 Year	增量 Flow	其中（占比）：Of which (percentage): 人民币贷款 RMB loans	外币贷款（折合人民币）Foreign currency-denominated loans (RMB equivalent)	委托贷款 Entrusted loans	信托贷款 Trust loans	未贴现银行承兑汇票 Undiscounted bankers' acceptances	企业债券 Net Financing of corporate bonds	政府债券 Government bonds	非金融企业境内股票融资 Equity financing on the domestic stock market by non-financial enterprises	存款类金融机构资产支持证券 Asset-backed securities of depository financial institutions	贷款核销 Loans written off
2010	140 191	57	3	6	3	17	8	4	0	0	0
2011	128 286	58	4	10	2	8	11	3	0	0	0
2012	157 631	52	6	8	8	7	14	2	0	0	0
2013	173 169	51	3	15	11	4	10	1	0	0	0
2014	164 571	59	2	15	3	−1	15	3	0	0	0
2015	154 086	73	−4	10	0	−7	19	5	0	0	0
2016	178 022	70	−3	12	5	−11	17	7	0	0	0
2017	261 536	53	0	3	9	2	2	3	21	1	3
2018	224 920	70	−2	−7	−3	−3	12	2	22	3	5
2019	255 753	66	0	−4	−1	−2	13	1	18	2	4

社会融资规模存量统计表（季度）
Statistics of stocks of Aggregate financing to the real economy (by quarter)

单位：万亿元人民币
Unit: RMB 1 trillion

年/季度 Year/Quarter	存量 Stock	其中：Of which: 人民币贷款 RMB loans	外币贷款（折合人民币）Foreign currency-denominated loans (RMB equivalent)	委托贷款 Entrusted loans	信托贷款 Trust loans	未贴现银行承兑汇票 Undiscounted bankers' acceptances	企业债券 Net Financing of corporate bonds	政府债券 Government bonds	非金融企业境内股票融资 Equity financing on the domestic stock market by non-financial enterprises	存款类金融机构资产支持证券 Asset-backed securities of depository financial institutions	贷款核销 Loans written off
2017Q3	200.44	116.65	2.48	13.89	8.00	4.37	18.52	6.37	26.78	0.51	1.71
2017Q4	205.91	119.03	2.48	13.99	8.47	4.44	18.85	6.65	28.15	0.69	1.99
2018Q1	211.62	123.86	2.46	13.66	8.55	4.56	19.36	6.78	28.35	0.70	2.18
2018Q2	216.78	127.78	2.53	13.19	8.29	4.17	19.68	6.90	29.81	0.84	2.42
2018Q3	222.90	131.81	2.45	12.83	8.02	3.76	19.91	6.96	32.38	0.99	2.64
2018Q4	227.04	134.69	2.21	12.38	7.79	3.81	20.70	7.01	33.01	1.28	3.01
2019Q1	235.24	140.98	2.18	12.15	7.88	4.01	21.47	7.06	33.95	1.26	3.18
2019Q2	241.05	144.71	2.21	11.89	7.88	3.77	22.06	7.13	35.47	1.38	3.43
2019Q3	246.68	148.58	2.19	11.73	7.68	3.28	22.71	7.24	36.99	1.46	3.66
2019Q4	251.31	151.57	2.11	11.44	7.45	3.33	23.47	7.36	37.73	1.68	4.07
2020Q1	262.25	158.82	2.34	11.35	7.43	3.36	25.21	7.48	39.31	1.66	4.22
2020Q2	271.80	163.90	2.49	11.22	7.32	3.72	26.80	7.60	41.52	1.63	4.51
2020Q3	280.05	168.26	2.35	11.13	7.03	3.90	27.37	7.97	44.46	1.63	4.83

5. 利率
(5) Interest rates

中央银行基准利率
Central bank benchmark interest rates

单位：年利率%
Unit: annual interest rate %

日期 Date	法定存款准备金 Required reserves	超额存款准备金 Excess reserves	对金融机构贷款 Lending to financial institutions				再贴现 Rediscount
			1 年期 1-year	6 个月以内 6-month and less	3 个月以内 3-month and less	1 个月以内 1-month and less	
1996.05.01	8.82	8.82	10.98	10.17	10.08	9.00	*
1996.08.23	8.28	7.92	10.62	—	9.72	—	*
1997.10.23	7.56	7.02	9.36	9.09	8.82	8.55	*
1998.03.25	5.22	—	7.92	7.02	6.84	6.39	6.03
1998.07.01	3.51	—	5.67	5.58	5.49	5.22	4.32
1998.12.07	3.24	—	5.13	5.04	4.86	4.59	3.96
1999.06.10	2.07	—	3.78	3.69	3.51	3.24	2.16
2001.09.11	—	—	—	—	—	—	2.97
2002.02.21	1.89	—	3.24	3.15	2.97	2.70	2.97
2003.12.20	—	1.62	—	—	—	—	—
2004.03.25	—	—	3.87	3.78	3.60	3.33	3.24
2005.03.17	—	0.99	—	—	—	—	—
2008.01.01	—	—	4.68	4.59	4.41	4.14	4.32
2008.11.27	1.62	0.72	3.60	3.51	3.33	3.06	2.97
2008.12.23	—	—	3.33	3.24	3.06	2.79	1.80
2010.12.26	—	—	3.85	3.75	3.55	3.25	2.25
2015.11.05	—	—	3.50	3.40	3.20	2.90	2.25
2020.04.07	—	0.35	—	—	—	—	—
2020.07.01	—	—	—	—	—	—	2.00

注：1. 1998年3月法定准备金和超额准备金两个账户合并为准备金账户。
2. *按同档次中央银行贷款利率下浮5%～10%。
3. 2015年11月，中国人民银行将原期限"20天以内"改为"1个月以内"。

Notes: 1. The required reserves account and excess reserves account were merged into the reserves account in March 1998.
2. *The interest rate is 5%~10% below that of the central bank lending rate of the same tranche.
3. In November 2015, the PBC switched previous tenor "20 days and less" to "1-month and less".

法定存款准备金利率和再贴现利率
Required reserves interest rates and rediscount interest rates

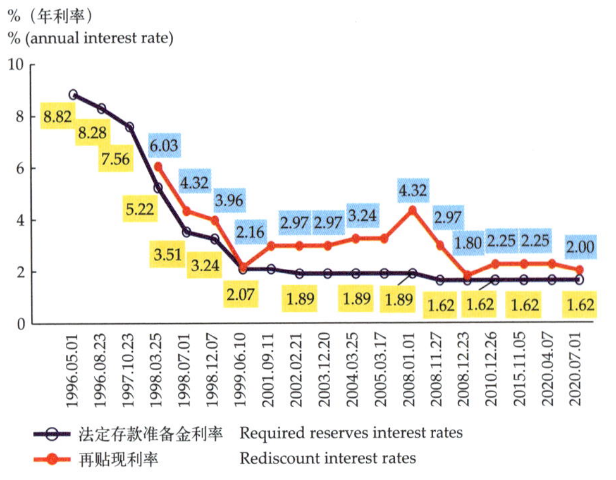

对金融机构贷款利率
Interest rates of central bank lending to financial institutions

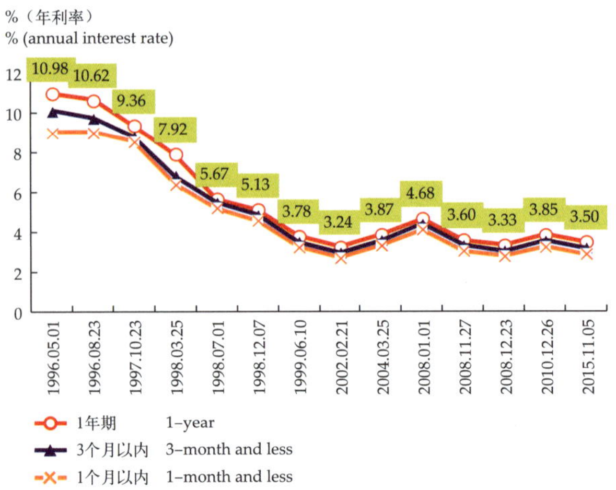

金融机构人民币存款基准利率
RMB deposit benchmark interest rates in financial institutions

单位：年利率 %
Unit: annual interest rate %

日期 Date	活期 Demand deposits	定期 Time deposits					
		3个月 3-month	6个月 6-month	1年 1-year	2年 2-year	3年 3-year	5年 5-year
1990.04.15	2.88	6.30	7.74	10.08	10.98	11.88	13.68
1990.08.21	2.16	4.32	6.48	8.64	9.36	10.08	11.52
1991.04.21	1.80	3.24	5.40	7.56	7.92	8.28	9.00
1993.05.15	2.16	4.86	7.20	9.18	9.90	10.80	12.06
1993.07.11	3.15	6.66	9.00	10.98	11.70	12.24	13.86
1996.05.01	2.97	4.86	7.20	9.18	9.90	10.80	12.06
1996.08.23	1.98	3.33	5.40	7.47	7.92	8.28	9.00
1997.10.23	1.71	2.88	4.14	5.67	5.94	6.21	6.66
1998.03.25	1.71	2.88	4.14	5.22	5.58	6.21	6.66
1998.07.01	1.44	2.79	3.96	4.77	4.86	4.95	5.22
1998.12.07	1.44	2.79	3.33	3.78	3.96	4.14	4.50
1999.06.10	0.99	1.98	2.16	2.25	2.43	2.70	2.88
2002.02.21	0.72	1.71	1.89	1.98	2.25	2.52	2.79
2004.10.29	0.72	1.71	2.07	2.25	2.70	3.24	3.60
2006.08.19	0.72	1.80	2.25	2.52	3.06	3.69	4.14
2007.03.18	0.72	1.98	2.43	2.79	3.33	3.96	4.41
2007.05.19	0.72	2.07	2.61	3.06	3.69	4.41	4.95
2007.07.21	0.81	2.34	2.88	3.33	3.96	4.68	5.22
2007.08.22	0.81	2.61	3.15	3.60	4.23	4.95	5.49
2007.09.15	0.81	2.88	3.42	3.87	4.50	5.22	5.76
2007.12.21	0.72	3.33	3.78	4.14	4.68	5.40	5.85
2008.10.09	0.72	3.15	3.51	3.87	4.41	5.13	5.58
2008.10.30	0.72	2.88	3.24	3.60	4.14	4.77	5.13
2008.11.27	0.36	1.98	2.25	2.52	3.06	3.60	3.87
2008.12.23	0.36	1.71	1.98	2.25	2.79	3.33	3.60
2010.10.20	0.36	1.91	2.20	2.50	3.25	3.85	4.20
2010.12.26	0.36	2.25	2.50	2.75	3.55	4.15	4.55
2011.02.09	0.40	2.60	2.80	3.00	3.90	4.50	5.00
2011.04.06	0.50	2.85	3.05	3.25	4.15	4.75	5.25
2011.07.07	0.50	3.10	3.30	3.50	4.40	5.00	5.50
2012.06.08	0.40	2.85	3.05	3.25	4.10	4.65	5.10
2012.07.06	0.35	2.60	2.80	3.00	3.75	4.25	4.75
2014.11.22	0.35	2.35	2.55	2.75	3.35	4.00	—
2015.03.01	0.35	2.10	2.30	2.50	3.10	3.75	—
2015.05.11	0.35	1.85	2.05	2.25	2.85	3.50	—
2015.06.28	0.35	1.60	1.80	2.00	2.60	3.25	—
2015.08.26	0.35	1.35	1.55	1.75	2.35	3.00	—
2015.10.24	0.35	1.10	1.30	1.50	2.10	2.75	—

注：从2014年11月起，中国人民银行不再公布人民币5年期定期存款基准利率。
Note: Since November 2014, the PBC stopped publishing the benchmark interest rate for 5-year RMB deposits.

人民币存款基准利率
RMB deposit benchmark interest rates

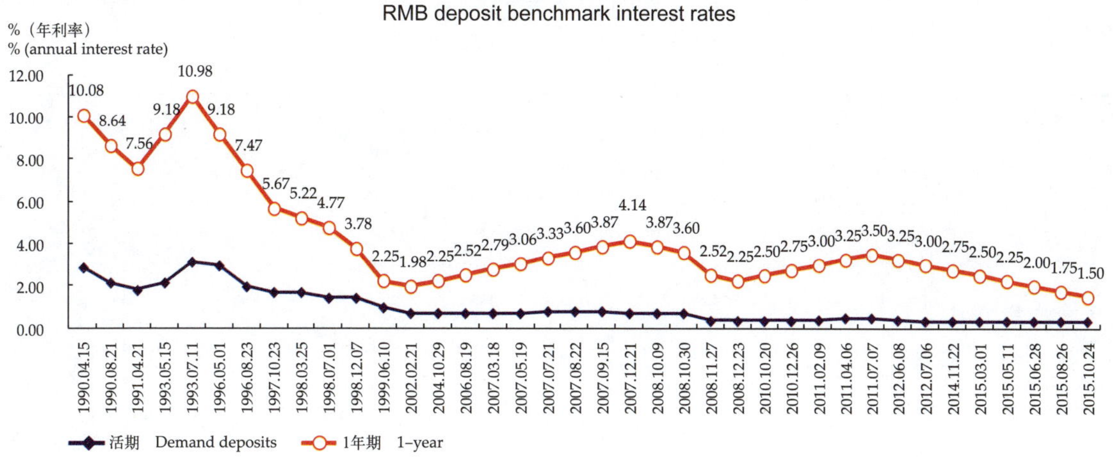

贷款市场报价利率
Loan prime rate

单位：年利率%
Unit: annual interest rate %

日期 Date	1 年期 1-year	5 年期及以上 Over 5-year
2019.08.20	4.25	4.85
2019.09.20	4.20	4.85
2019.10.21	4.20	4.85
2019.11.20	4.15	4.80
2019.12.20	4.15	4.80
2020.01.20	4.15	4.80
2020.02.20	4.05	4.75
2020.03.20	4.05	4.75
2020.04.20	3.85	4.65
2020.05.20	3.85	4.65
2020.06.20	3.85	4.65
2020.07.20	3.85	4.65
2020.08.20	3.85	4.65
2020.09.20	3.85	4.65

贷款市场报价利率
Loan prime rate

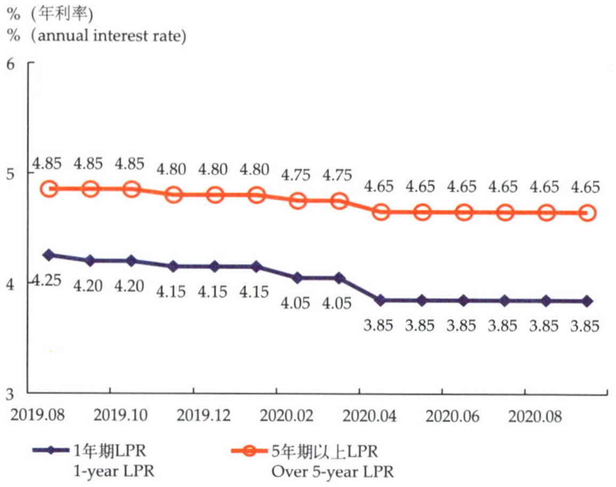

金融机构人民币贷款各利率区间占比
Share of loans with floating rates in various ranges

单位：% Unit:%

年 / 月 Year/Month	LPR 减点 LPR-bps	LPR	LPR 加点 LPR+bps					
			小计 Subtotal	(LPR, LPR+0.5%)	[LPR+0.5%, LPR+1.5%)	[LPR+1.5%, LPR+3%)	[LPR+3%, LPR+5%)	LPR+5% 及以上 Above LPR+5%
2019.10	16.28	1.03	82.69	19.62	25.19	16.39	11.06	10.42
2019.11	18.91	1.33	79.75	19.42	23.82	16.98	10.56	8.97
2019.12	21.87	1.32	76.81	19.53	22.72	17.08	9.67	7.82
2020.01	20.63	1.75	77.62	19.95	24.70	16.83	8.95	7.17
2020.02	31.41	2.12	66.47	17.72	21.02	12.29	6.91	8.53
2020.03	24.42	2.75	72.83	19.39	22.81	14.35	8.87	7.42
2020.04	20.72	3.72	75.56	17.40	25.35	14.91	9.88	8.01
2020.05	22.36	5.24	72.41	14.76	25.31	14.10	9.88	8.36
2020.06	24.00	5.97	70.03	14.95	25.63	13.21	8.84	7.40
2020.07	21.69	5.86	72.45	13.63	26.19	14.17	9.48	8.97
2020.08	24.48	6.29	69.23	13.26	23.77	13.62	9.41	9.15
2020.09	24.89	7.41	67.70	13.31	23.74	14.09	8.78	7.79

注：1. 2019年8月17日，中国人民银行宣布改革完善LPR形成机制，金融机构主要参考LPR进行贷款定价，贷款利率区间占比情况也相应调整为按LPR加减点方式统计。
2. 2019年7月及之前的下浮和上浮是指在贷款基准利率的基础上浮动一定倍数，2019年8月及之后的加点和减点是指贷款利率在LPR的基础上加减一定的百分点。

Notes: 1. On August 17, 2019, the People's Bank of China announced the reform and improvement of the LPR formation mechanism. Financial institutions mainly refer to LPR for loan pricing, and the proportion of the loan interest rate range is also adjusted as LPR plus or minus points.

2. The floating down and floating up in July 2019 and before refer to the floating of a certain multiple on the basis of the benchmark lending rate, while the floating up and down in August 2019 and after refer to the addition and subtraction of a certain percentage point on the basis of LPR.

2020年第三季度金融机构人民币贷款各利率区间占比
Share of loans with rates floating at various ranges in the third quarter of 2020

单位：% Unit: %

金融机构 Financial insitution	LPR 减点 LPR-bps	LPR	LPR 加点 LPR+bps					
			小计 Subtotal	(LPR, LPR+0.5%)	[LPR+0.5%, LPR+1.5%)	[LPR+1.5%, LPR+3%)	[LPR+3%, LPR+5%)	LPR+5% 及以上 Above LPR+5%
四大国有商业银行 Four state-owned commercial banks	32.46	13.75	53.79	22.45	28.38	2.72	0.07	0.18
股份制商业银行 Joint-stock commercial banks	24.82	5.20	69.98	15.09	31.19	16.07	3.58	4.06
外资商业银行 Foreign commercial banks	46.39	4.22	49.39	13.91	20.23	6.93	1.35	6.97
城市商业银行 City commercial banks	5.32	2.00	92.68	4.94	22.69	23.53	17.56	23.95
农村合作金融机构 Rural cooperative financial institutions	2.07	1.43	96.50	4.37	22.52	27.42	25.52	16.67
政策性银行 Policy banks	63.75	7.99	28.25	19.64	8.51	0.08	0.01	0.00
合计 Total	23.74	6.58	69.69	13.40	24.54	13.98	9.19	8.58

大额美元存款与美元贷款平均利率
Average interest rates of large-value dollar deposits and loans

单位：%　Unit: %

年 / 月 Year/Month	大额存款 Large-value deposits					贷款 Loans				
	活期 Demand	3 个月以内 Within 3 months	3（含）~6 个月 3~6 months (including 3 months)	6（含）~12 个月 6~12 months (including 6 months)	1 年 1 year	1 年以上 Above 1 year	3 个月以内 Within 3 months	3（含）~6 个月 3~6 months (including 3 months)	6（含）~12 个月 6~12 months (including 6 months)	1 年 1 year	1 年以上 Above 1 year
2017.10	0.20	1.50	1.96	2.25	2.47	2.37	2.53	2.88	2.68	2.96	3.84
2017.11	0.22	1.49	2.11	3.01	2.56	2.39	2.56	2.91	2.95	2.87	4.15
2017.12	0.20	1.70	2.23	2.44	2.58	2.60	2.67	2.99	2.96	3.27	3.98
2018.01	0.19	1.79	2.37	2.61	2.77	2.87	2.72	3.10	2.84	3.04	4.48
2018.02	0.18	1.82	2.39	2.70	2.97	2.81	2.79	3.28	2.95	3.21	4.11
2018.03	0.30	1.92	2.70	3.09	3.28	3.33	3.17	3.42	3.21	3.73	4.23
2018.04	0.31	2.00	2.90	3.21	2.82	3.26	3.28	3.63	3.39	3.67	4.99
2018.05	0.32	2.06	3.30	3.45	3.31	3.23	3.30	3.60	3.49	3.60	4.60
2018.06	0.33	2.15	2.95	2.95	3.40	3.43	3.35	3.61	3.55	3.67	4.32
2018.07	0.30	2.18	2.94	3.11	3.41	3.34	3.47	3.67	3.57	3.61	4.66
2018.08	0.38	2.23	3.00	3.20	2.80	3.54	3.50	3.71	3.59	4.01	4.39
2018.09	0.40	2.34	2.95	3.37	3.03	3.19	3.49	3.66	3.56	3.82	4.49
2018.10	0.42	2.45	3.03	3.33	3.68	3.09	3.64	3.87	3.89	5.09	4.74
2018.11	0.37	2.46	3.22	3.75	3.74	3.99	3.65	4.05	4.07	4.21	4.85
2018.12	0.40	2.64	3.31	3.45	3.54	3.59	3.61	3.89	3.91	3.93	4.74
2019.01	0.42	2.74	3.40	3.64	3.77	3.77	3.94	4.06	3.72	3.99	4.90
2019.02	0.45	2.70	3.29	3.44	3.63	3.53	3.62	3.90	3.58	3.79	4.32
2019.03	0.44	2.67	3.26	3.38	3.39	3.58	3.63	3.59	3.87	3.66	4.65
2019.04	0.46	2.61	3.12	3.28	3.37	3.48	3.73	3.71	3.40	3.68	4.43
2019.05	0.42	2.55	3.13	3.50	3.11	3.33	3.68	3.54	3.34	3.70	4.31
2019.06	0.32	2.60	3.04	2.93	3.04	3.04	3.65	3.36	3.21	3.22	4.38
2019.07	0.35	2.55	2.93	2.78	3.02	2.86	3.59	3.29	3.13	2.94	4.37
2019.08	0.38	2.39	2.78	2.91	2.88	3.46	3.40	3.12	2.82	3.00	4.24
2019.09	0.39	2.25	2.66	2.83	2.64	2.87	3.31	3.04	2.83	3.22	3.76
2019.10	0.34	2.08	2.44	2.76	2.64	2.50	3.22	3.05	2.92	3.28	3.67
2019.11	0.34	1.84	2.51	2.97	2.66	3.03	3.03	2.99	2.79	3.01	3.94
2019.12	0.30	1.93	2.37	2.55	2.70	2.64	3.01	3.01	2.73	2.93	3.88
2020.01	0.31	1.94	2.46	2.61	2.61	2.62	2.88	2.78	2.58	2.52	3.71
2020.02	0.28	1.97	2.47	2.48	2.52	2.47	2.76	2.76	2.43	2.58	3.49
2020.03	0.21	1.43	1.84	1.72	1.77	1.68	2.19	1.92	1.80	1.57	2.85
2020.04	0.21	1.06	1.90	2.02	2.08	1.88	2.15	2.26	1.97	1.82	2.43
2020.05	0.21	0.95	1.32	1.38	1.61	1.74	1.71	1.73	1.59	1.62	2.27
2020.06	0.20	0.75	1.32	1.30	1.41	1.45	1.57	1.47	1.41	1.46	2.42
2020.07	0.21	0.70	1.07	1.16	1.39	1.46	1.53	1.43	1.32	1.32	2.17
2020.08	0.23	0.73	0.96	1.24	1.36	1.43	1.46	1.40	1.28	1.30	1.95
2020.09	0.21	0.72	0.92	1.16	1.18	1.39	1.37	1.24	1.35	1.29	2.46

八、金融市场
8. Financial Market

1. 货币市场
(1) Money market

银行间市场交易量
Transaction volume in the inter-bank market

单位：万亿元
Unit: RMB 1 trillion

年 Year	债券回购 Repurchasing	同业拆借 Inter-bank borrowing	现券买卖 Outright transactions
2000	1.6	0.7	0.1
2001	4.0	0.8	0.1
2002	10.2	1.2	0.4
2003	11.7	2.4	3.1
2004	9.4	1.5	2.5
2005	15.9	1.3	6.0
2006	26.6	2.2	10.2
2007	44.8	10.6	15.6
2008	58.1	15.0	37.1
2009	70.3	19.4	47.3
2010	87.6	27.9	64.0
2011	99.5	33.4	63.6
2012	141.7	46.7	75.2
2013	158.2	35.5	41.6
2014	224.4	37.7	40.4
2015	457.8	64.2	86.7
2016	601.3	95.9	127.1
2017	616.4	79.0	102.8
2018	722.7	139.3	150.7
2019	819.6	151.6	213.7

银行间市场月加权平均利率
Monthly weighted average interest rates in the inter-bank market

单位：% Unit:%

年 / 月 Year/Month	同业拆借市场 Inter-bank borrowing market	质押式债券回购 Bond-pledged repurchasing
2018.07	2.47	2.43
2018.08	2.29	2.25
2018.09	2.59	2.60
2018.10	2.42	2.39
2018.11	2.49	2.46
2018.12	2.57	2.68
2019.01	2.15	2.16
2019.02	2.20	2.24
2019.03	2.42	2.47
2019.04	2.43	2.46
2019.05	2.24	2.27
2019.06	1.70	1.74
2019.07	2.08	2.15
2019.08	2.65	2.65
2019.09	2.55	2.56
2019.10	2.56	2.57
2019.11	2.29	2.29
2019.12	2.09	2.10
2020.01	1.99	2.08
2020.02	1.83	1.81
2020.03	1.40	1.44
2020.04	1.11	1.11
2020.05	1.25	1.29
2020.06	1.85	1.89
2020.07	1.90	1.91
2020.08	2.04	2.06
2020.09	1.80	1.93

银行间市场交易量
Transaction volume in the inter-bank market

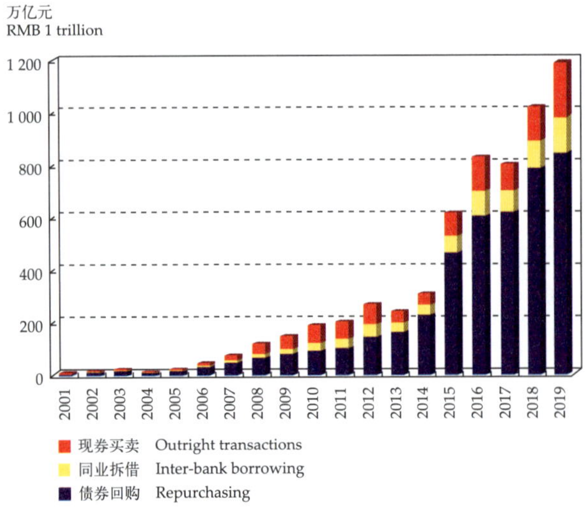

银行间市场月加权平均利率
Monthly weighted average interest rates in the inter-bank market

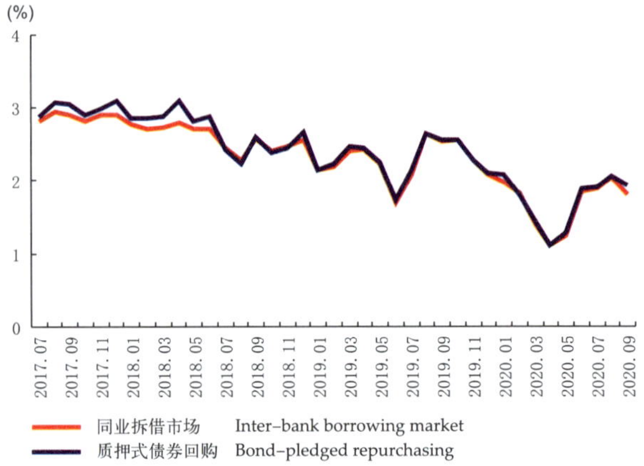

各品种Shibor走势
Movements of the Shibor

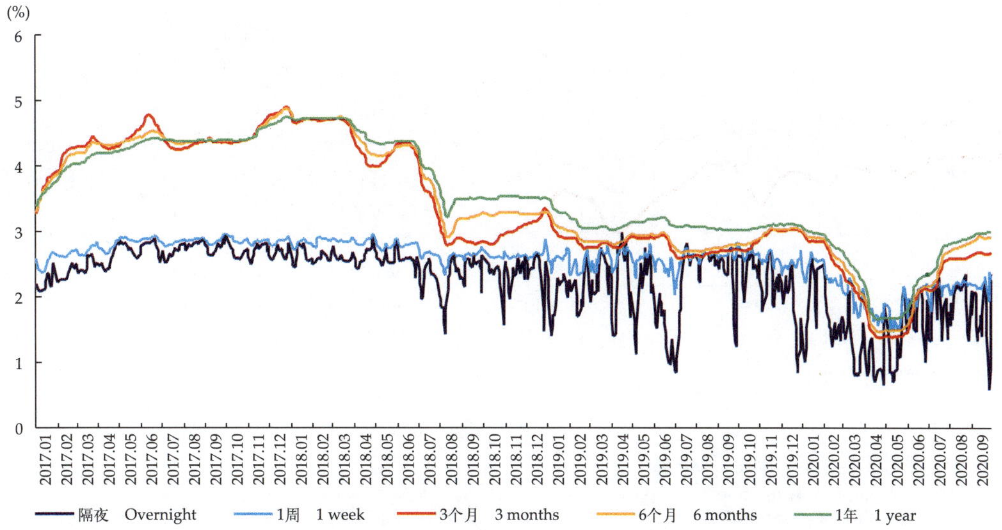

全国银行间同业拆借各期限当月交易量及月加权平均利率
Monthly transaction volume and monthly weighted average interest rates of inter-bank borrowing with different maturities

单位：亿元、%
Unit: RMB 100 million, %

年 / 月 Year/Month	1天 1 day		7天 7 days		14天 14 days		21天 21 days		1个月 1 month		2个月 2 months		3个月 3 months		4个月 4 months		6个月 6 months		9个月 9 months		1年 1 year	
	交易量 Volume	利率 Rate	交易量 Volume	利率 Rate	交易量 Volume	利率 Rate	交易量 Volume	利率 Rate	交易量 Volume	利率 Rate	交易量 Volume	利率 Rate	交易量 Volume	利率 Rate	交易量 Volume	利率 Rate	交易量 Volume	利率 Rate	交易量 Volume	利率 Rate	交易量 Volume	利率 Rate
2018.10	107 791	2.35	7 110	3.20	1 021	2.71	461	2.76	564	2.90	211	3.07	929	3.24	571	3.10	135	3.50	13	3.77	22	4.37
2018.11	127 077	2.43	8 521	3.17	1 265	2.73	492	2.75	408	2.88	505	3.05	567	3.59	59	3.38	48	3.94	5	4.62	33	4.32
2018.12	110 241	2.46	8 361	3.57	1 062	3.54	674	3.04	524	3.46	296	3.95	312	4.45	88	3.76	108	3.90	47	3.90	53	4.25
2019.01	133 759	2.07	8 504	3.19	735	2.89	393	3.03	391	2.95	225	3.41	414	3.82	140	2.94	22	3.53	8	3.45	52	3.86
2019.02	103 760	2.12	8 277	3.03	895	2.63	74	2.60	311	2.76	548	2.77	256	3.68	161	2.95	93	3.02	8	3.27	85	3.68
2019.03	138 424	2.35	9 415	3.20	1 388	2.93	186	2.98	674	2.97	277	2.90	360	4.00	63	2.97	39	3.33	23	3.50	50	3.67
2019.04	137 262	2.35	10 236	3.18	1 641	3.02	257	2.90	395	2.91	177	3.11	846	3.26	113	3.18	35	3.36	15	3.68	91	3.42
2019.05	139 085	2.17	7 904	3.23	917	2.70	127	2.95	228	3.01	349	3.05	660	3.42	17	3.19	34	3.27	84	3.29	160	3.50
2019.06	116 137	1.60	6 241	3.17	351	2.94	71	3.11	320	3.31	231	3.51	302	3.79	29	3.44	33	3.60	5	3.70	15	3.72
2019.07	129 006	2.00	8 527	3.08	884	2.65	92	2.66	504	2.75	96	3.38	489	3.44	16	3.33	20	3.77	11	3.57	19	3.75
2019.08	105 474	2.60	8 283	3.20	768	2.85	91	2.85	192	3.26	174	3.21	323	3.68	21	3.43	19	3.44	8	3.27	2	4.12
2019.09	94 081	2.47	8 746	3.16	2 328	2.97	870	3.04	488	3.23	336	3.32	289	3.78	18	3.63	36	3.23	4	3.43	17	3.80
2019.10	85 192	2.49	8 094	3.13	788	2.88	137	2.96	393	3.17	200	3.40	328	3.91	46	3.40	33	3.26	5	3.31	26	3.39
2019.11	101 685	2.22	7 359	3.05	537	2.88	61	2.94	285	3.39	729	3.17	425	3.73	21	3.82	81	3.63	7	3.56	23	4.12
2019.12	102 337	1.98	9 016	3.01	667	3.21	269	3.30	390	3.30	273	3.48	319	4.04	18	3.59	28	3.67	2	4.14	28	4.15
2020.01	90 053	1.88	6 772	3.00	1 272	2.84	346	2.94	719	2.85	88	3.62	461	3.56	28	3.79	38	4.01	9	3.70	28	3.92
2020.02	57 690	1.63	10 234	2.69	884	2.67	80	2.67	532	2.91	336	3.32	339	3.60	37	3.71	150	2.83	9	3.80	31	3.96
2020.03	140 449	1.31	10 539	2.28	1 105	1.96	152	2.06	536	2.53	116	3.00	430	3.26	39	3.58	66	3.15	29	3.58	53	3.61
2020.04	175 936	1.05	11 278	1.93	1 471	1.54	163	1.78	470	1.71	240	1.91	438	2.93	16	2.91	154	1.85	163	2.09	188	2.02
2020.05	135 179	1.19	9 882	1.98	557	1.60	87	1.54	597	1.64	94	2.02	519	2.41	7	2.18	71	1.82	17	2.51	31	2.90
2020.06	111 455	1.79	9 771	2.36	787	2.26	115	2.48	502	2.23	198	2.60	293	3.22	15	2.82	48	3.16	18	2.60	39	3.04
2020.07	121 028	1.83	10 391	2.46	1 041	2.26	63	2.43	756	2.37	168	2.49	473	3.37	10	2.85	53	2.93	7	2.82	17	3.36
2020.08	104 086	1.98	8 243	2.55	827	2.45	109	2.50	1 229	2.45	90	2.98	368	3.49	15	2.96	9	3.20	8	3.32	13	3.70
2020.09	118 055	1.70	8 618	2.60	2 315	2.89	412	2.93	567	2.92	174	3.35	292	3.75	12	3.47	65	3.46	3	3.35	20	3.55

全国银行间同业拆借各期限月加权平均利率
Monthly weighted average interest rates of inter-bank borrowing with different maturities

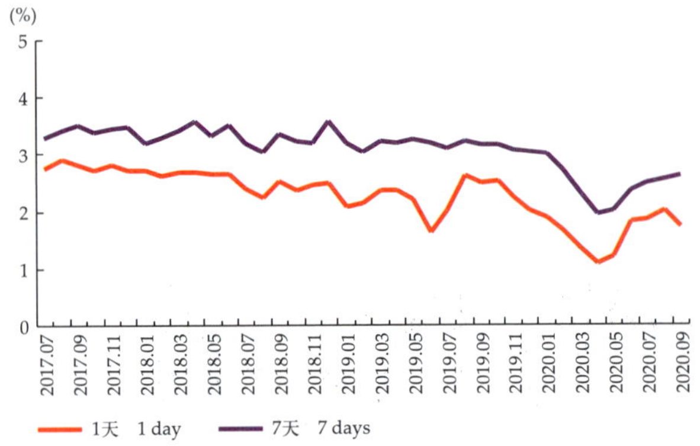

全国银行间同业拆借各期限当月交易量
Monthly transaction volume of inter-bank borrowing with different maturities

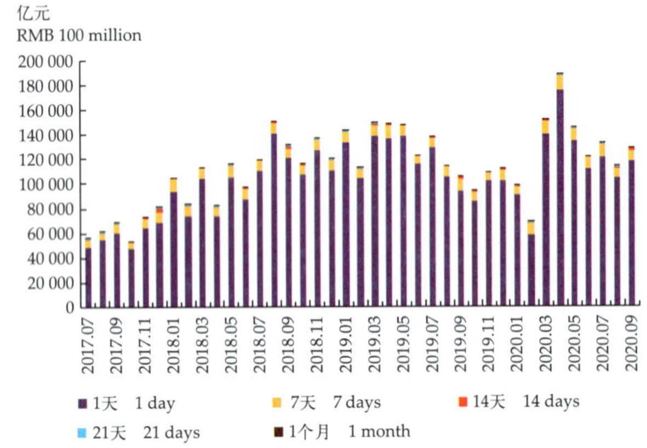

2. 债券市场
(2) Bond market

债券回购交易成交金额
Turnover of repurchasing

单位：亿元
Unit: RMB 100 million

年 / 月 Year/Month	银行间债券市场 Inter-bank bond market	交易所 Stock exchanges
2018.10	569 715	168 456
2018.11	716 132	199 208
2018.12	627 825	190 640
2019.01	752 840	216 521
2019.02	517 487	149 124
2019.03	695 491	199 858
2019.04	711 920	199 795
2019.05	697 546	204 309
2019.06	620 367	182 750
2019.07	766 186	231 675
2019.08	712 979	220 874
2019.09	665 222	192 872
2019.10	590 962	185 751
2019.11	718 174	198 259
2019.12	747 123	206 964
2020.01	592 612	182 118
2020.02	509 673	208 924
2020.03	920 292	237 490
2020.04	1 036 882	224 635
2020.05	865 091	198 448
2020.06	787 789	233 148
2020.07	868 427	264 592
2020.08	836 405	250 192
2020.09	915 401	269 105

债券现券交易成交金额
Turnover of outright transactions

单位：亿元
Unit: RMB 100 million

年 / 月 Year/Month	银行间债券市场 Inter-bank bond market	交易所 Stock exchanges
2018.10	134 207	4 632
2018.11	180 142	6 066
2018.12	173 089	6 712
2019.01	149 129	6 881
2019.02	108 276	4 637
2019.03	175 711	7 303
2019.04	175 930	7 423
2019.05	185 436	6 926
2019.06	155 679	6 274
2019.07	190 436	7 536
2019.08	200 369	7 433
2019.09	190 713	6 757
2019.10	168 684	5 494
2019.11	213 707	7 014
2019.12	223 378	8 613
2020.01	145 447	6 462
2020.02	98 221	7 823
2020.03	244 287	19 233
2020.04	254 495	19 881
2020.05	217 046	13 022
2020.06	234 846	13 551
2020.07	263 676	20 184
2020.08	227 211	18 936
2020.09	235 053	15 264

债券回购交易成交金额
Turnover of repurchasing

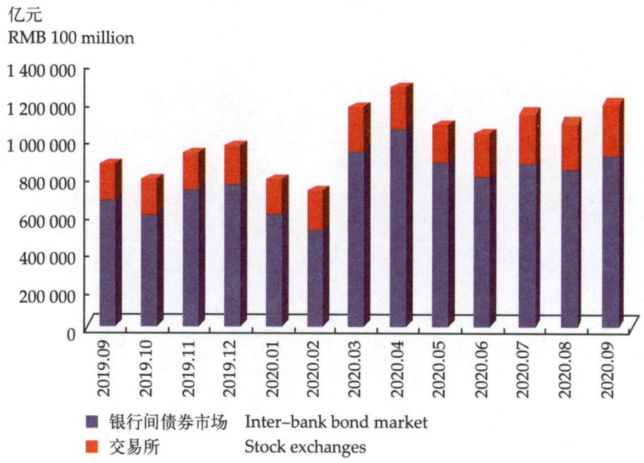

债券现券交易成交金额
Turnover of outright transactions

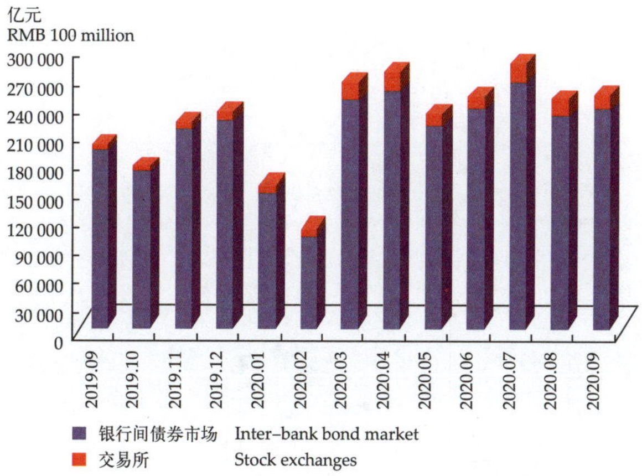

政府债券发行、兑付、期末余额
Issue and redemption values and end-period balance of government bonds

单位：亿元
Unit: RMB 100 million

年 / 月 Year/Month	发行额 Issue value	兑付额 Redemption value	期末余额 End-period balance
2018.10	6 055	2 820	326 865
2018.11	3 348	3 776	326 618
2018.12	4 495	1 028	330 069
2019.01	5 880	1 537	331 769
2019.02	5 242	1 555	336 116
2019.03	8 036	3 772	339 528
2019.04	6 926	4 354	343 961
2019.05	7 429	2 977	347 817
2019.06	12 838	5 383	354 685
2019.07	9 144	3 370	361 112
2019.08	9 939	4 130	366 171
2019.09	6 177	3 740	369 948
2019.10	4 687	2 922	371 819
2019.11	4 829	2 612	373 535
2019.12	4 062	824	377 273
2020.01	9 551	2 885	384 886
2020.02	6 329	1 665	386 709
2020.03	7 575	2 340	393 053
2020.04	7 234	4 313	396 410
2020.05	19 798	4 757	407 772
2020.06	9 715	4 719	415 223
2020.07	11 728	6 666	420 682
2020.08	17 657	4 015	434 470
2020.09	15 071	5 855	444 586

政府债券发行与兑付
Issue and redemption values of government bonds

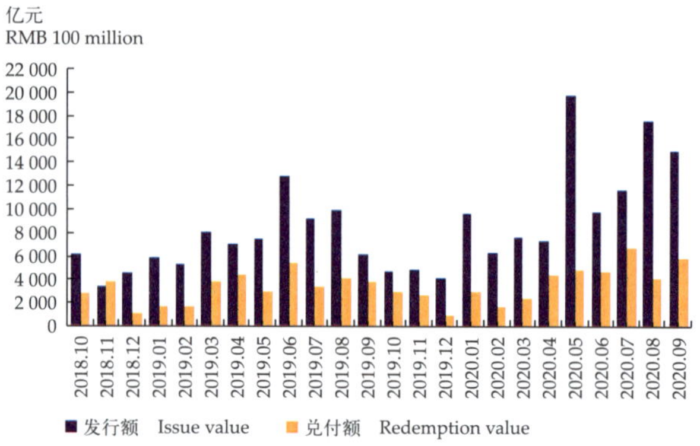

政府债券期末余额
Outstanding amounts of government bonds at end-period

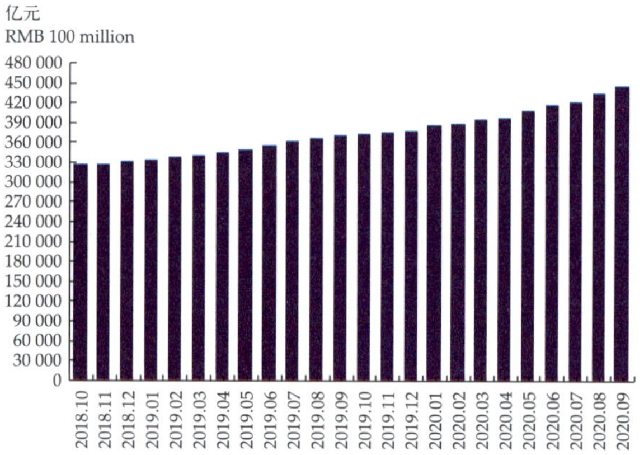

3.股票市场
(3) Stock market

股票成交、发行筹资额
Turnover of stock trading and funds raised in the stock market

年 / 月 Year/Month		成交金额（亿元）Turnover of stock trading (RMB 100 million)		A 股筹资（亿元）A-shares capital raised (RMB 100 million)					B 股筹资（亿元）B-shares capital raised (RMB 100 million)		H 股筹资（亿元）H-shares capital raised (RMB 100 million)	
		上海证券交易所 A 股 A-shares on the Shanghai Stock Exchange	深圳证券交易所 A 股 A-shares on the Shenzhen Stock Exchange	首次发行金额 Initial public offering	公开增发 Additional offering	定向增发（现金）Placement (Cash)	配股 Allotment	权证行权 Exercise warrant	首次发行金额 Initial public offering	再筹资金额 Refinancing	首次发行金额 Initial public offering	再筹资金额 Refinancing
2019	1	28 072	37 427	127.00	0.00	496.00	0.00	0.00	0.00	0.00	9.91	0.00
	2	38 505	50 348	34.00	0.00	85.00	0.00	0.00	0.00	0.00	0.00	0.00
	3	83 066	103 095	94.00	0.00	53.00	19.00	0.00	0.00	0.00	20.84	67.38
	4	75 657	93 104	88.00	0.00	84.00	90.00	0.00	0.00	0.00	91.93	0.00
	5	43 239	55 028	498.00	0.00	821.00	109.00	0.00	0.00	0.00	0.00	8.97
	6	38 573	48 867	556.00	0.00	166.00	0.00	0.00	0.00	0.00	142.05	0.00
	7	40 010	51 533	446.00	0.00	135.00	25.00	0.00	0.00	0.00	43.92	0.00
	8	42 736	55 869	252.00	0.00	33.00	0.00	0.00	0.00	0.00	0.00	0.00
	9	45 704	67 809	99.00	0.00	193.00	0.00	0.00	0.00	0.00	29.10	0.00
	10	29 827	46 847	224.00	0.00	56.00	0.00	0.00	0.00	0.00	20.91	22.92
	11	33 714	51 564	402.00	87.00	161.00	0.00	0.00	0.00	0.00	60.75	49.16
	12	44 362	68 618	463.00	3.00	250.00	0.00	0.00	0.00	0.00	536.18	33.40
2020	1	44 680	67 573	459.00	0.00	153.00	79.00	0.00	0.00	0.00	4.99	9.10
	2	75 625	121 034	264.00	0.00	183.00	0.00	0.00	0.00	0.00	0.00	0.00
	3	75 126	115 825	100.00	0.00	70.00	82.00	0.00	0.00	0.00	0.00	0.00
	4	50 700	81 108	191.00	0.00	308.00	64.00	0.00	0.00	0.00	0.00	0.00
	5	44 959	67 478	160.00	0.00	273.00	0.00	0.00	0.00	0.00	0.00	0.00
	6	57 465	87 722	261.00	0.00	436.00	0.00	0.00	0.00	0.00	139.11	79.80
	7	132 621	169 256	934.00	0.00	401.00	0.00	0.00	0.00	0.00	179.54	0.00
	8	96 385	126 521	700.00	6.00	937.00	13.00	0.00	0.00	0.00	94.17	98.71
	9	62 254	107 569	530.00	0.00	569.00	12.00	0.00	0.00	0.00	197.39	23.07

月末加权平均市盈率
Weighted average price-earnings ratio at month-end

年 / 月 Year/Month	上海证券交易所 A 股 A-shares on the Shanghai Stock Exchange	上海证券交易所 B 股 B-shares on the Shanghai Stock Exchange	深圳证券交易所 A 股 A-shares on the Shenzhen Stock Exchange	深圳证券交易所 B 股 B-shares on the Shenzhen Stock Exchange
2018.10	13.0	10.7	20.5	6.1
2018.11	13.0	10.9	21.2	6.0
2018.12	12.5	10.6	20.1	6.0
2019.01	13.0	10.7	20.4	5.8
2019.02	14.8	11.7	24.8	6.7
2019.03	15.5	12.0	26.3	7.3
2019.04	15.5	12.3	24.5	11.5
2019.05	13.4	10.1	23.0	10.2
2019.06	13.8	10.4	23.5	10.3
2019.07	13.9	9.9	23.8	10.3
2019.08	13.7	9.2	23.9	9.9
2019.09	13.8	9.5	24.0	9.9
2019.10	14.0	9.1	24.4	9.5
2019.11	13.7	8.4	24.1	9.4
2019.12	14.6	9.0	26.3	10.2
2020.01	14.4	8.7	26.8	10.3
2020.02	14.1	8.1	27.2	9.8
2020.03	13.5	7.6	24.8	8.6
2020.04	14.1	7.6	25.3	9.9
2020.05	13.1	6.9	25.7	10.1
2020.06	13.9	7.4	28.6	10.4
2020.07	15.6	8.2	32.8	10.9
2020.08	16.1	8.8	33.5	11.3
2020.09	15.3	8.7	31.5	10.9

股票成交金额
Turnover of stock trading

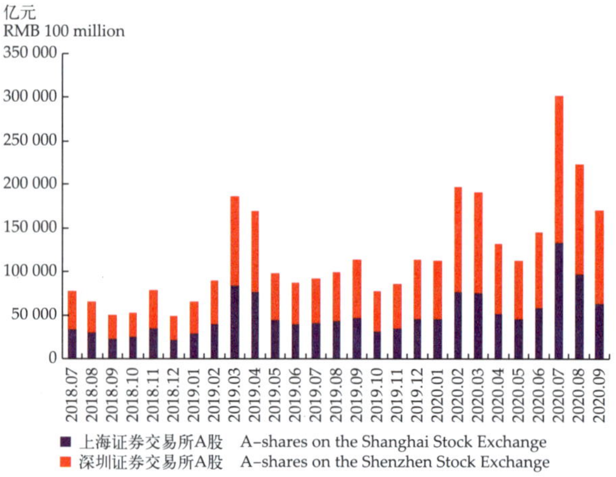

月末加权平均市盈率
Weighted average price-earnings ratio at month-end

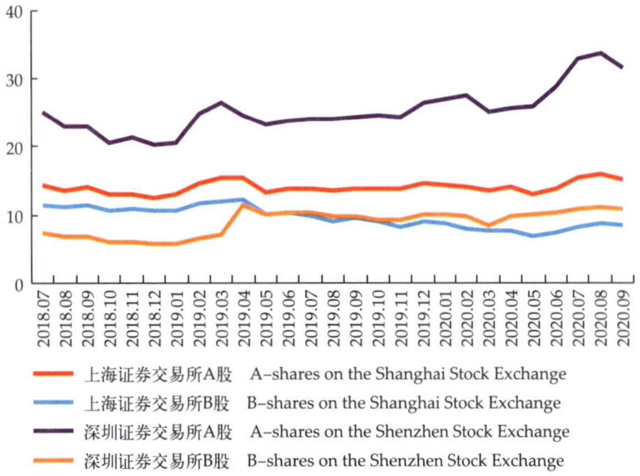

月末收盘指数
Closing index at month-end

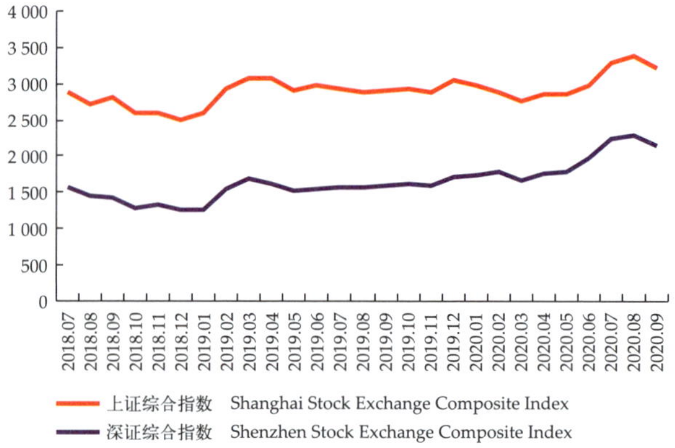

4. 票据市场
(4) Commercial paper market

票据市场交易额与期末余额
Transactions and outstanding balance of commercial paper market

单位：亿元
Unit: RMB 100 million

年 / 月 Year/Month	商业汇票 Drafts	贴现 Discount bills	再贴现 Rediscount bills
发生额 Transactions during the period			
2019.10	13 393	19 260	870
2019.11	16 814	24 301	1 109
2019.12	23 528	29 826	1 278
2020.01	22 763	33 487	934
2020.02	12 922	25 945	908
2020.03	24 715	50 010	1 779
2020.04	19 786	45 171	1 198
2020.05	17 421	33 871	723
2020.06	19 189	32 770	838
2020.07	15 935	30 857	1 156
2020.08	14 752	25 659	1 177
2020.09	17 662	28 197	1 750
期末余额 Outstanding balance at the end of the period			
2019.10	123 391	75 293	4 395
2019.11	123 805	75 916	4 482
2019.12	127 292	76 176	4 714
2020.01	129 100	79 761	4 515
2020.02	128 147	80 396	4 432
2020.03	134 254	82 470	5 082
2020.04	138 991	86 380	5 098
2020.05	141 326	87 967	4 755
2020.06	141 928	85 862	4 336
2020.07	139 508	84 841	4 370
2020.08	139 673	83 165	4 443
2020.09	139 143	80 533	4 822

注：中国人民银行于2019年第三季度调整了商业汇票、贴现口径，与以前数据不可比。
Note: Since Q3 2019, the PBC has improved the statistics of drafts and discount bills, the data is not comparable to previous.

商业汇票交易情况
Draft transactions

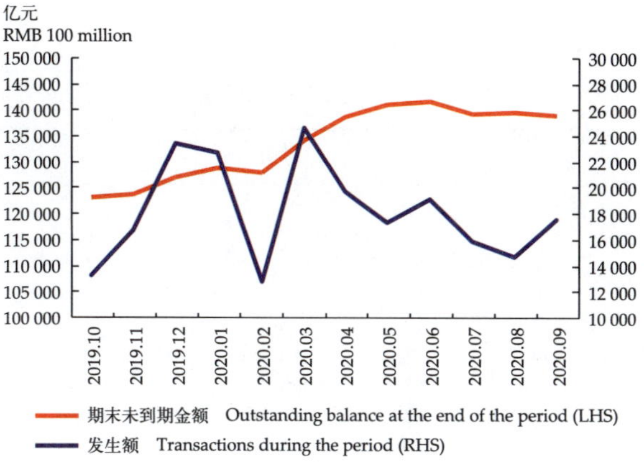

贴现情况
Discount bills

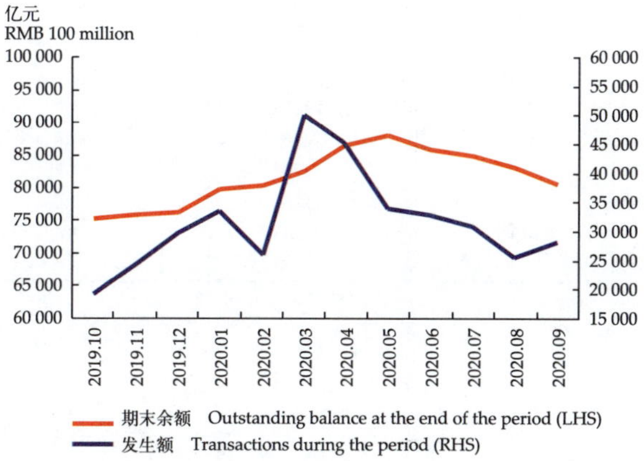

再贴现情况
Rediscount bills

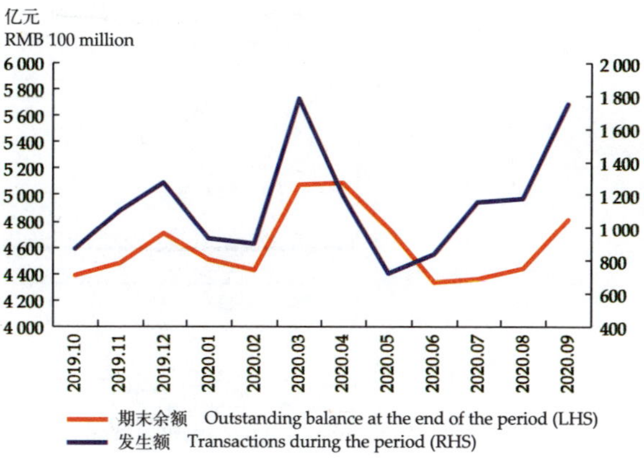

5.外汇市场
(5) Foreign exchange market

世界主要货币兑人民币月平均汇率
Monthly average exchange rate of the RMB against major foreign currencies

年 / 月 Year/Month	人民币 / 美元 RMB/USD	人民币 / 欧元 RMB/EUR	人民币 /100 日元 RMB/JPY 100	人民币 / 港元 RMB/HKD	卢布 / 人民币 RUB/RMB
2018.10	6.9264	7.9526	6.1587	0.8837	9.5050
2018.11	6.9351	7.8824	6.1219	0.8857	9.5827
2018.12	6.8853	7.8309	6.1279	0.8805	9.7763
2019.01	6.7897	7.7553	6.2346	0.8659	9.8408
2019.02	6.7364	7.6363	6.0964	0.8584	9.7729
2019.03	6.7093	7.5869	6.0358	0.8548	9.7102
2019.04	6.7151	7.5440	6.0148	0.8560	9.6139
2019.05	6.8523	7.6660	6.2388	0.8731	9.4597
2019.06	6.882	7.7759	6.3745	0.8793	9.3052
2019.07	6.8752	7.7179	6.353	0.8802	9.1930
2019.08	7.0879	7.8661	6.6845	0.9033	9.3301
2019.09	7.0785	7.8083	6.6085	0.9033	9.1462
2019.10	7.0702	7.8335	6.5291	0.9016	9.0637
2019.11	7.0177	7.7577	6.4486	0.8963	9.0967
2019.12	7.0128	7.7895	6.4236	0.8984	8.9746
2020.01	6.9172	7.7022	6.3255	0.8897	8.9088
2020.02	6.9923	7.6272	6.3548	0.8994	9.1556
2020.03	7.0119	7.7596	6.5244	0.9029	10.5786
2020.04	7.0686	7.6885	6.5586	0.9119	10.6174
2020.05	7.0986	7.7313	6.6167	0.9157	10.2103
2020.06	7.0867	7.9772	6.5841	0.9144	9.7636
2020.07	7.0088	8.0260	6.5605	0.9042	10.1854
2020.08	6.9346	8.1986	6.5387	0.8948	10.6394
2020.09	6.8148	8.0378	6.4508	0.8793	11.1292

世界主要货币兑人民币期末汇率
Exchange rate of the RMB against major foreign currencies at the end of the period

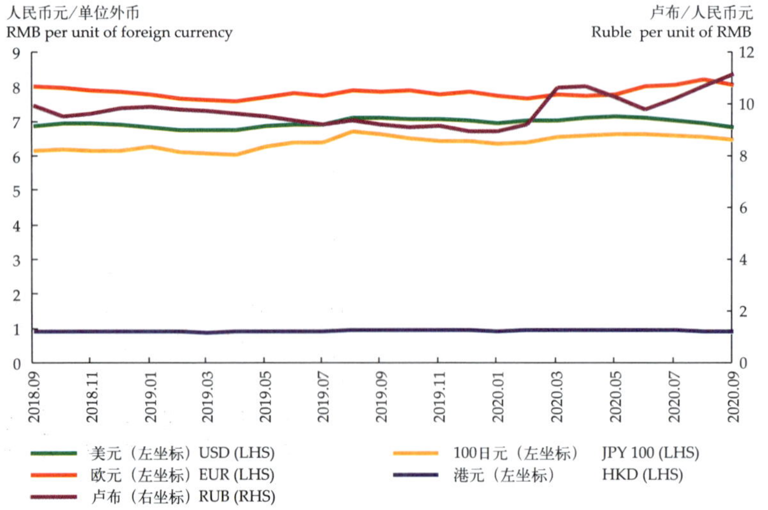

人民币/美元中间价
Central parity of the RMB against the USD

2005年至2020年9月
From 2005 to Sept., 2020

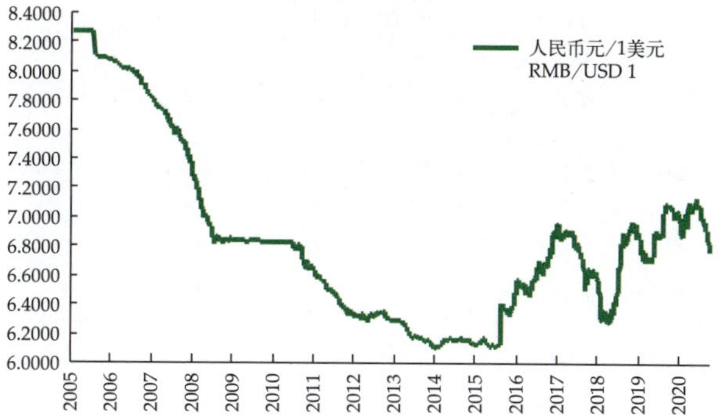

人民币/日元中间价
Central parity of the RMB against the JPY

2005年至2020年9月
From 2005 to Sept., 2020

人民币/欧元中间价
Central parity of the RMB against the EUR

2005年至2020年9月
From 2005 to Sept., 2020

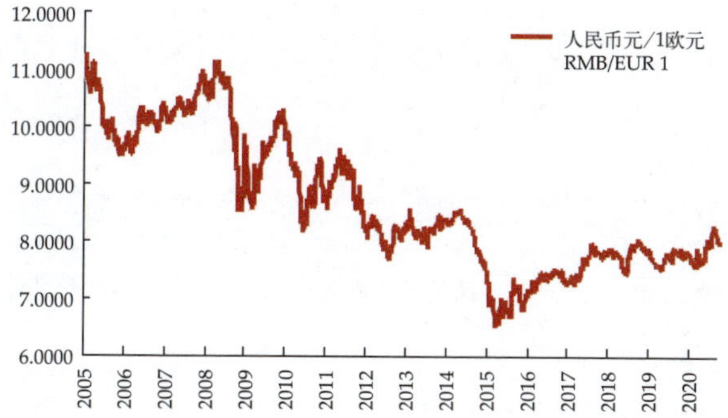

人民币/港元中间价
Central parity of the RMB against the HKD

2005年至2020年9月
From 2005 to Sept., 2020

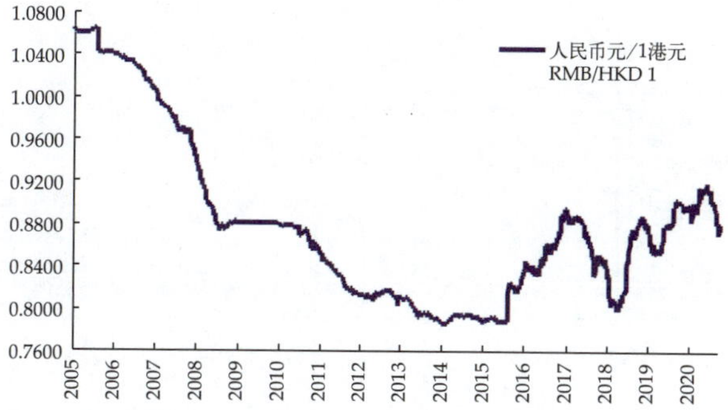

卢布/人民币中间价
Central parity of the RUB against the RMB

2010年至2020年9月
From 2010 to Sept., 2020

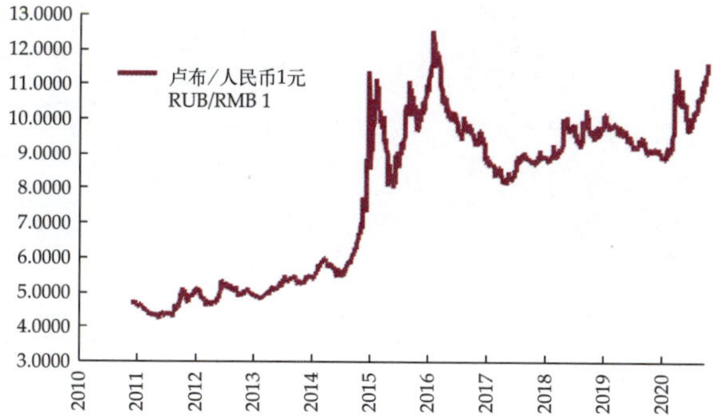

2020年1月2日以来人民币汇率中间价

Central parity of RMB against major foreign currencies
Since January 2, 2020

日期 Date	人民币/美元 RMB/USD	人民币/欧元 RMB/EUR	人民币/100日元 RMB/JPY 100	人民币/港元 RMB/HKD	卢布/人民币 RUB/RMB
2020.01.02	6.9614	7.8113	6.4060	0.8933	8.8990
2020.01.03	6.9681	7.7851	6.4180	0.8946	8.8610
2020.01.06	6.9718	7.7843	6.4620	0.8960	8.9128
2020.01.07	6.9690	7.8005	6.4294	0.8964	8.8641
2020.01.08	6.9450	7.7468	6.4271	0.8934	8.9311
2020.01.09	6.9497	7.7195	6.3682	0.8936	8.8201
2020.01.10	6.9351	7.7029	6.3322	0.8931	8.8409
2020.01.13	6.9263	7.6994	6.3206	0.8919	8.8303
2020.01.14	6.8954	7.6793	6.2705	0.8869	8.8772
2020.01.15	6.8845	7.6615	6.2635	0.8850	8.9265
2020.01.16	6.8807	7.6733	6.2615	0.8856	8.9232
2020.01.17	6.8878	7.6703	6.2493	0.8862	8.9597
2020.01.20	6.8664	7.6182	6.2329	0.8839	8.9711
2020.01.21	6.8606	7.6117	6.2278	0.8828	8.9723
2020.01.22	6.8853	7.6304	6.2641	0.8863	8.9752
2020.01.23	6.8876	7.6400	6.2742	0.8859	8.9759
2020.02.03	6.9249	7.6750	6.3863	0.8916	9.2295
2020.02.04	6.9779	7.7178	6.4222	0.8983	9.0990
2020.02.05	6.9823	7.7116	6.3790	0.8989	9.0073
2020.02.06	6.9985	7.6966	6.3723	0.9014	9.0011
2020.02.07	6.9768	7.6624	6.3446	0.8986	9.0790
2020.02.10	6.9863	7.6534	6.3760	0.8996	9.1630
2020.02.11	6.9897	7.6245	6.3673	0.9001	9.1748
2020.02.12	6.9718	7.6113	6.3483	0.8978	9.0933
2020.02.13	6.9785	7.5864	6.3420	0.8982	9.0657
2020.02.14	6.9843	7.5697	6.3621	0.8993	9.1178
2020.02.17	6.9795	7.5649	6.3569	0.8985	9.0929
2020.02.18	6.9826	7.5647	6.3584	0.8989	9.0952
2020.02.19	7.0012	7.5571	6.3705	0.9012	9.1257
2020.02.20	7.0026	7.5698	6.2965	0.9009	9.0788
2020.02.21	7.0210	7.5743	6.2657	0.9021	9.1396
2020.02.24	7.0246	7.6107	6.2977	0.9013	9.1494
2020.02.25	7.0232	7.6204	6.3388	0.9013	9.2930
2020.02.26	7.0126	7.6271	6.3600	0.8999	9.3138
2020.02.27	7.0215	7.6413	6.3588	0.9010	9.3215
2020.02.28	7.0066	7.7059	6.3919	0.8987	9.4709
2020.03.02	6.9811	7.7214	6.4834	0.8955	9.5976
2020.03.03	6.9516	7.7457	6.4206	0.8933	9.5290
2020.03.04	6.9514	7.7667	6.4991	0.8947	9.5037
2020.03.05	6.9403	7.7267	6.4488	0.8929	9.5570
2020.03.06	6.9337	7.7747	6.5229	0.8922	9.7399
2020.03.09	6.9260	7.8756	6.6620	0.8917	10.3494
2020.03.10	6.9389	7.9181	6.7633	0.8927	10.7700
2020.03.11	6.9612	7.8682	6.6216	0.8959	10.2315
2020.03.12	6.9641	7.8474	6.6633	0.8961	10.4143
2020.03.13	7.0033	7.8226	6.6800	0.9002	10.6488
2020.03.16	7.0018	7.8169	6.5968	0.9022	10.4583
2020.03.17	7.0094	7.8259	6.6036	0.9021	10.6350
2020.03.18	7.0328	7.7424	6.5526	0.9059	10.7014
2020.03.19	7.0522	7.7173	6.5183	0.9081	11.4492
2020.03.20	7.1052	7.5778	6.4047	0.9155	11.1572
2020.03.23	7.0940	7.5779	6.4099	0.9143	11.3357
2020.03.24	7.0999	7.6394	6.4074	0.9156	11.1770
2020.03.25	7.0742	7.6380	6.3588	0.9124	11.0575
2020.03.26	7.0692	7.6980	6.3743	0.9117	11.0336
2020.03.27	7.0427	7.7732	6.4438	0.9084	10.9694
2020.03.30	7.0447	7.8288	6.5467	0.9086	11.1991
2020.03.31	7.0851	7.8088	6.5544	0.9137	11.2135

续表

日期 Date	人民币 / 美元 RMB/USD	人民币/欧元 RMB/EUR	人民币 /100 日元 RMB/JPY 100	人民币 / 港元 RMB/HKD	卢布/人民币 RUB/RMB
2020.04.01	7.0771	7.8090	6.5873	0.9128	11.0785
2020.04.02	7.0995	7.7678	6.6188	0.9158	11.0820
2020.04.03	7.1104	7.7081	6.5776	0.9173	10.8781
2020.04.07	7.0939	7.6578	6.4996	0.9150	10.7091
2020.04.08	7.0483	7.6828	6.4902	0.9091	10.6802
2020.04.09	7.0536	7.6609	6.4742	0.9099	10.6321
2020.04.10	7.0354	7.6932	6.4847	0.9074	10.5487
2020.04.13	7.0300	7.6895	6.4923	0.9068	10.4434
2020.04.14	7.0406	7.6831	6.5360	0.9082	10.4240
2020.04.15	7.0402	7.7267	6.5685	0.9082	10.3656
2020.04.16	7.0714	7.7063	6.5752	0.9123	10.5846
2020.04.17	7.0718	7.6803	6.5489	0.9124	10.4096
2020.04.20	7.0657	7.6791	6.5625	0.9116	10.4766
2020.04.21	7.0752	7.6841	6.5705	0.9129	10.6663
2020.04.22	7.0903	7.6954	6.5831	0.9149	10.8609
2020.04.23	7.0887	7.6669	6.5754	0.9146	10.7104
2020.04.24	7.0803	7.6303	6.5768	0.9135	10.5714
2020.04.27	7.0703	7.6486	6.5767	0.9123	10.5316
2020.04.28	7.0710	7.6555	6.5906	0.9123	10.5041
2020.04.29	7.0704	7.6588	6.6231	0.9122	10.4688
2020.04.30	7.0571	7.6744	6.6195	0.9106	10.3384
2020.05.06	7.0690	7.6592	6.6400	0.9118	10.4296
2020.05.07	7.0931	7.6548	6.6822	0.9150	10.4920
2020.05.08	7.0788	7.6723	6.6570	0.9133	10.4245
2020.05.11	7.0769	7.6686	6.6187	0.9130	10.3739
2020.05.12	7.0919	7.6624	6.5903	0.9150	10.3633
2020.05.13	7.0875	7.6895	6.6111	0.9144	10.3917
2020.05.14	7.0948	7.6765	6.6317	0.9153	10.4171
2020.05.15	7.0936	7.6658	6.6117	0.9151	10.3497
2020.05.18	7.1030	7.6853	6.6252	0.9163	10.3288
2020.05.19	7.0912	7.7377	6.5995	0.9149	10.2299
2020.05.20	7.0956	7.7557	6.5772	0.9155	10.2041
2020.05.21	7.0868	7.7772	6.5856	0.9144	10.0384
2020.05.22	7.0939	7.7670	6.5909	0.9148	9.9800
2020.05.25	7.1209	7.7653	6.6089	0.9181	10.0349
2020.05.26	7.1293	7.7703	6.6181	0.9196	10.0407
2020.05.27	7.1092	7.8066	6.6147	0.9170	9.9315
2020.05.28	7.1277	7.8522	6.6154	0.9194	9.9089
2020.05.29	7.1316	7.8970	6.6225	0.9199	9.8472
2020.06.01	7.1315	7.9299	6.6194	0.9200	9.8365
2020.06.02	7.1167	7.9226	6.6164	0.9182	9.6950
2020.06.03	7.1074	7.9468	6.5361	0.9170	9.6574
2020.06.04	7.1012	7.9747	6.5145	0.9163	9.6208
2020.06.05	7.0965	8.0476	6.5002	0.9157	9.7150
2020.06.08	7.0882	8.0182	6.4641	0.9146	9.6225
2020.06.09	7.0711	7.9849	6.5164	0.9124	9.6384
2020.06.10	7.0703	8.0150	6.5585	0.9123	9.6934
2020.06.11	7.0608	8.0314	6.5995	0.9110	9.6871
2020.06.12	7.0865	8.0036	6.6412	0.9143	9.9059
2020.06.15	7.0902	7.9744	6.6067	0.9148	9.8065
2020.06.16	7.0755	8.0173	6.5861	0.9129	9.7996
2020.06.17	7.0873	7.9836	6.6013	0.9145	9.8163
2020.06.18	7.0903	7.9698	6.6313	0.9149	9.8218
2020.06.19	7.0913	7.9467	6.6287	0.9150	9.8519
2020.06.22	7.0865	7.9209	6.6340	0.9144	9.8152
2020.06.23	7.0671	7.9623	6.6070	0.9119	9.7820
2020.06.24	7.0555	7.9832	6.6292	0.9104	9.7412
2020.06.29	7.0808	7.9502	6.6112	0.9136	9.8628
2020.06.30	7.0795	7.9610	6.5808	0.9134	9.9077

续表

日期 Date	人民币 / 美元 RMB/USD	人民币/欧元 RMB/EUR	人民币 /100 日元 RMB/JPY 100	人民币 / 港元 RMB/HKD	卢布/人民币 RUB/RMB
2020.07.01	7.0710	7.9430	6.5479	0.9123	10.0703
2020.07.02	7.0566	7.9405	6.5701	0.9105	9.9966
2020.07.03	7.0638	7.9379	6.5702	0.9114	9.9682
2020.07.06	7.0663	7.9494	6.5694	0.9118	10.1001
2020.07.07	7.0310	7.9546	6.5469	0.9072	10.2258
2020.07.08	7.0207	7.9170	6.5250	0.9059	10.1913
2020.07.09	7.0085	7.9421	6.5296	0.9043	10.1689
2020.07.10	6.9943	7.8948	6.5241	0.9025	10.1241
2020.07.13	6.9965	7.9137	6.5459	0.9026	10.1212
2020.07.14	6.9996	7.9423	6.5240	0.9030	10.1387
2020.07.15	6.9982	7.9847	6.5244	0.9028	10.1310
2020.07.16	6.9913	7.9812	6.5404	0.9018	10.1608
2020.07.17	7.0043	7.9737	6.5263	0.9034	10.2278
2020.07.20	6.9928	7.9989	6.5319	0.9019	10.2778
2020.07.21	6.9862	8.0023	6.5164	0.9012	10.2152
2020.07.22	6.9718	8.0362	6.5224	0.8995	10.1331
2020.07.23	6.9921	8.0764	6.5147	0.9020	10.1733
2020.07.24	6.9938	8.1141	6.5464	0.9023	10.1893
2020.07.27	7.0029	8.1514	6.5973	0.9034	10.2298
2020.07.28	6.9895	8.2167	6.6311	0.9018	10.2294
2020.07.29	6.9969	8.1992	6.6586	0.9028	10.3550
2020.07.30	6.9902	8.2387	6.6558	0.9020	10.3776
2020.07.31	6.9848	8.2882	6.6726	0.9013	10.4589
2020.08.03	6.9980	8.2389	6.6118	0.9029	10.6176
2020.08.04	6.9803	8.2050	6.5809	0.9007	10.4670
2020.08.05	6.9752	8.2321	6.5963	0.9000	10.5296
2020.08.06	6.9438	8.2444	6.5753	0.8960	10.4909
2020.08.07	6.9408	8.2425	6.5767	0.8956	10.5355
2020.08.10	6.9649	8.2051	6.5788	0.8987	10.5741
2020.08.11	6.9711	8.1792	6.5758	0.8995	10.5316
2020.08.12	6.9597	8.1679	6.5335	0.8980	10.5149
2020.08.13	6.9429	8.1889	6.4968	0.8957	10.6200
2020.08.14	6.9405	8.2004	6.4878	0.8955	10.5100
2020.08.17	6.9362	8.2172	6.5087	0.8949	10.4991
2020.08.18	6.9325	8.2328	6.5388	0.8945	10.6301
2020.08.19	6.9168	8.2579	6.5659	0.8925	10.5479
2020.08.20	6.9274	8.2059	6.5332	0.8939	10.5726
2020.08.21	6.9107	8.1987	6.5352	0.8917	10.6845
2020.08.24	6.9194	8.1668	6.5381	0.8928	10.8011
2020.08.25	6.9183	8.1586	6.5277	0.8927	10.7623
2020.08.26	6.9079	8.1753	6.4952	0.8913	10.8991
2020.08.27	6.8903	8.1498	6.5022	0.8891	10.9600
2020.08.28	6.8891	8.1391	6.4581	0.8889	10.8808
2020.08.31	6.8605	8.1649	6.4957	0.8852	10.7991
2020.09.01	6.8498	8.1773	6.4646	0.8838	10.7753
2020.09.02	6.8376	8.1465	6.4520	0.8823	10.7682
2020.09.03	6.8319	8.0941	6.4304	0.8815	11.0403
2020.09.04	6.8359	8.0974	6.4441	0.8820	11.0030
2020.09.07	6.8386	8.0958	6.4347	0.8824	11.0182
2020.09.08	6.8364	8.0781	6.4314	0.8821	11.0847
2020.09.09	6.8423	8.0527	6.4572	0.8828	11.1437
2020.09.10	6.8331	8.0672	6.4321	0.8816	11.0210
2020.09.11	6.8389	8.0877	6.4425	0.8824	10.9905
2020.09.14	6.8361	8.0936	6.4412	0.8820	10.9630
2020.09.15	6.8222	8.0956	6.4526	0.8803	11.0261
2020.09.16	6.7825	8.0324	6.4348	0.8752	11.0795
2020.09.17	6.7675	7.9880	6.4427	0.8732	11.0828
2020.09.18	6.7591	8.0098	6.4521	0.8721	11.0739
2020.09.21	6.7595	8.0128	6.4679	0.8722	11.1715
2020.09.22	6.7872	7.9786	6.4770	0.8758	11.1857
2020.09.23	6.7986	7.9522	6.4727	0.8772	11.1985
2020.09.24	6.8028	7.9344	6.4601	0.8778	11.2920
2020.09.25	6.8121	7.9481	6.4588	0.8790	11.2914
2020.09.28	6.8252	7.9398	6.4654	0.8807	11.4551
2020.09.29	6.8171	7.9557	6.4608	0.8796	11.5897
2020.09.30	6.8101	7.9941	6.4429	0.8787	11.5884

九、中央银行公开市场业务
9. Central Bank Open Market Operations

中央银行公开市场业务交易
Central bank open market operations

日期 Date		操作工具 Mode of transaction	招标方式 Mode of bidding	期限品种（天） Maturity (Day)	招标数量（亿元） Bidding amount (RMB 100 million)	交易量（亿元） Transaction volume (RMB 100 million)	中标利率（%） Interest rate of successful bidding (%)
2020.01.15	周三 Wednesday	逆回购 Repurchase	利率招标 Interest rate bidding	14 天 14-day	1 000	1 000	2.65
2020.01.16	周四 Thursday	逆回购 Repurchase	利率招标 Interest rate bidding	14 天 14-day	3 000	3 000	2.65
2020.01.17	周五 Friday	逆回购 Repurchase	利率招标 Interest rate bidding	14 天 14-day	2 000	2 000	2.65
2020.01.19	周日 Sunday	逆回购 Repurchase	利率招标 Interest rate bidding	14 天 14-day	2 000	2 000	2.65
2020.01.20	周一 Monday	逆回购 Repurchase	利率招标 Interest rate bidding	14 天 14-day	2 500	2 500	2.65
2020.01.21	周二 Tuesday	逆回购 Repurchase	利率招标 Interest rate bidding	14 天 14-day	1 000	1 000	2.65
2020.01.22	周三 Wednesday	逆回购 Repurchase	利率招标 Interest rate bidding	14 天 14-day	300	300	2.65
2020.02.03	周一 Monday	逆回购 Repurchase	利率招标 Interest rate bidding	7 天 7-day	9 000	9 000	2.40
2020.02.03	周一 Monday	逆回购 Repurchase	利率招标 Interest rate bidding	14 天 14-day	3 000	3 000	2.55
2020.02.04	周二 Tuesday	逆回购 Repurchase	利率招标 Interest rate bidding	7 天 7-day	3 800	3 800	2.40
2020.02.04	周二 Tuesday	逆回购 Repurchase	利率招标 Interest rate bidding	14 天 14-day	1 200	1 200	2.55
2020.02.10	周一 Monday	逆回购 Repurchase	利率招标 Interest rate bidding	7 天 7-day	7 000	7 000	2.40
2020.02.10	周一 Monday	逆回购 Repurchase	利率招标 Interest rate bidding	14 天 14-day	2 000	2 000	2.55
2020.02.11	周二 Tuesday	逆回购 Repurchase	利率招标 Interest rate bidding	7 天 7-day	1 000	1 000	2.40
2020.02.13	周四 Thursday	中央银行票据 Central bank bills	利率招标 Interest rate bidding	3 个月 3-month	200	200	2.55
2019.02.13	周四 Thursday	中央银行票据 Central bank bills	利率招标 Interest rate bidding	1 年 1-year	100	100	2.60
2020.02.17	周一 Monday	逆回购 Repurchase	利率招标 Interest rate bidding	7 天 7-day	1 000	1 000	2.40
2020.03.26	周四 Thursday	中央银行票据 Central bank bills	利率招标 Interest rate bidding	6 个月 6-month	100	100	2.19
2020.03.30	周一 Monday	逆回购 Repurchase	利率招标 Interest rate bidding	7 天 7-day	500	500	2.20
2020.03.31	周二 Tuesday	逆回购 Repurchase	利率招标 Interest rate bidding	7 天 7-day	200	200	2.20
2020.05.18	周一 Monday	中央银行票据 Central bank bills	利率招标 Interest rate bidding	3 个月 3-month	200	200	1.77
2020.05.18	周一 Monday	中央银行票据 Central bank bills	利率招标 Interest rate bidding	1 年 1-year	100	100	1.78
2020.05.26	周二 Tuesday	逆回购 Repurchase	利率招标 Interest rate bidding	7 天 7-day	100	100	2.20
2020.05.27	周三 Wednesday	逆回购 Repurchase	利率招标 Interest rate bidding	7 天 7-day	1 200	1 200	2.20
2020.05.28	周四 Thursday	逆回购 Repurchase	利率招标 Interest rate bidding	7 天 7-day	2 400	2 400	2.20
2020.05.29	周五 Friday	逆回购 Repurchase	利率招标 Interest rate bidding	7 天 7-day	3 000	3 000	2.20

续表

日期 Date		操作工具 Mode of transaction	招标方式 Mode of bidding	期限品种（天）Maturity (Day)	招标数量（亿元）Bidding amount (RMB 100 million)	交易量（亿元）Transaction volume (RMB 100 million)	中标利率（%）Interest rate of successful bidding (%)
2020.06.04	周四 Thursday	逆回购 Repurchase	利率招标 Interest rate bidding	7 天 7-day	700	700	2.20
2020.06.05	周五 Friday	逆回购 Repurchase	利率招标 Interest rate bidding	7 天 7-day	1 500	1 500	2.20
2020.06.08	周一 Monday	逆回购 Repurchase	利率招标 Interest rate bidding	7 天 7-day	1 200	1 200	2.20
2020.06.09	周二 Tuesday	逆回购 Repurchase	利率招标 Interest rate bidding	7 天 7-day	600	600	2.20
2020.06.10	周三 Wednesday	逆回购 Repurchase	利率招标 Interest rate bidding	7 天 7-day	600	600	2.20
2020.06.11	周四 Thursday	逆回购 Repurchase	利率招标 Interest rate bidding	7 天 7-day	800	800	2.20
2020.06.12	周五 Friday	逆回购 Repurchase	利率招标 Interest rate bidding	7 天 7-day	1 000	1 000	2.20
2020.06.18	周四 Thursday	逆回购 Repurchase	利率招标 Interest rate bidding	7 天 7-day	500	500	2.20
2020.06.18	周四 Thursday	逆回购 Repurchase	利率招标 Interest rate bidding	14 天 14-day	700	700	2.35
2020.06.19	周五 Friday	逆回购 Repurchase	利率招标 Interest rate bidding	7 天 7-day	700	700	2.20
2020.06.19	周五 Friday	逆回购 Repurchase	利率招标 Interest rate bidding	14 天 14-day	1 100	1 100	2.35
2020.06.22	周一 Monday	逆回购 Repurchase	利率招标 Interest rate bidding	7 天 7-day	400	400	2.20
2020.06.22	周一 Monday	逆回购 Repurchase	利率招标 Interest rate bidding	14 天 14-day	800	800	2.35
2020.06.23	周二 Tuesday	逆回购 Repurchase	利率招标 Interest rate bidding	7 天 7-day	900	900	2.20
2020.06.23	周二 Tuesday	逆回购 Repurchase	利率招标 Interest rate bidding	14 天 14-day	1 100	1 100	2.35
2020.06.23	周二 Tuesday	中央银行票据 Central bank bills	利率招标 Interest rate bidding	6 个月 6-month	100	100	2.21
2020.06.24	周三 Wednesday	逆回购 Repurchase	利率招标 Interest rate bidding	7 天 7-day	1 800	1 800	2.20
2020.06.28	周日 Sunday	逆回购 Repurchase	利率招标 Interest rate bidding	7 天 7-day	1 000	1 000	2.20
2020.06.29	周一 Monday	中央银行票据 Central bank bills	利率招标 Interest rate bidding	3 个月 3-month	50	50	2.35
2020.07.13	周一 Monday	逆回购 Repurchase	利率招标 Interest rate bidding	7 天 7-day	500	500	2.20
2020.07.14	周二 Tuesday	逆回购 Repurchase	利率招标 Interest rate bidding	7 天 7-day	300	300	2.20
2020.07.16	周四 Thursday	逆回购 Repurchase	利率招标 Interest rate bidding	7 天 7-day	500	500	2.20
2020.07.17	周五 Friday	逆回购 Repurchase	利率招标 Interest rate bidding	7 天 7-day	2 000	2 000	2.20
2020.07.20	周一 Monday	逆回购 Repurchase	利率招标 Interest rate bidding	7 天 7-day	1 000	1 000	2.20
2020.07.21	周二 Tuesday	逆回购 Repurchase	利率招标 Interest rate bidding	7 天 7-day	100	100	2.20
2020.07.23	周四 Thursday	逆回购 Repurchase	利率招标 Interest rate bidding	7 天 7-day	500	500	2.20
2020.07.27	周一 Monday	逆回购 Repurchase	利率招标 Interest rate bidding	7 天 7-day	1 000	1 000	2.20
2020.07.28	周二 Tuesday	逆回购 Repurchase	利率招标 Interest rate bidding	7 天 7-day	800	800	2.20

续表

日期 Date		操作工具 Mode of transaction	招标方式 Mode of bidding	期限品种（天） Maturity (Day)	招标数量（亿元） Bidding amount (RMB 100 million)	交易量（亿元） Transaction volume (RMB 100 million)	中标利率（%） Interest rate of successful bidding (%)
2020.07.29	周三 Wednesday	逆回购 Repurchase	利率招标 Interest rate bidding	7 天 7-day	300	300	2.20
2020.07.30	周四 Thursday	逆回购 Repurchase	利率招标 Interest rate bidding	7 天 7-day	500	500	2.20
2020.07.31	周五 Friday	逆回购 Repurchase	利率招标 Interest rate bidding	7 天 7-day	200	200	2.20
2020.08.07	周五 Friday	逆回购 Repurchase	利率招标 Interest rate bidding	7 天 7-day	100	100	2.20
2020.08.10	周一 Monday	逆回购 Repurchase	利率招标 Interest rate bidding	7 天 7-day	100	100	2.20
2020.08.11	周二 Tuesday	逆回购 Repurchase	利率招标 Interest rate bidding	7 天 7-day	500	500	2.20
2020.08.12	周三 Wednesday	逆回购 Repurchase	利率招标 Interest rate bidding	7 天 7-day	1 400	1 400	2.20
2020.08.13	周四 Thursday	逆回购 Repurchase	利率招标 Interest rate bidding	7 天 7-day	1 500	1 500	2.20
2020.08.13	周四 Thursday	中央银行票据 Central bank bills	利率招标 Interest rate bidding	3 个月 3-month	200	200	2.70
2020.08.13	周四 Thursday	中央银行票据 Central bank bills	利率招标 Interest rate bidding	1 年 1-year	100	100	2.70
2020.08.14	周五 Friday	逆回购 Repurchase	利率招标 Interest rate bidding	7 天 7-day	1 500	1 500	2.20
2020.08.17	周一 Monday	逆回购 Repurchase	利率招标 Interest rate bidding	7 天 7-day	500	500	2.20
2020.08.18	周二 Tuesday	逆回购 Repurchase	利率招标 Interest rate bidding	7 天 7-day	1 000	1 000	2.20
2020.08.19	周三 Wednesday	逆回购 Repurchase	利率招标 Interest rate bidding	7 天 7-day	1 500	1 500	2.20
2020.08.20	周四 Thursday	逆回购 Repurchase	利率招标 Interest rate bidding	7 天 7-day	1 600	1 600	2.20
2020.08.21	周五 Friday	逆回购 Repurchase	利率招标 Interest rate bidding	7 天 7-day	1 500	1 500	2.20
2020.08.21	周五 Friday	逆回购 Repurchase	利率招标 Interest rate bidding	14 天 14-day	500	500	2.35
2020.08.24	周一 Monday	逆回购 Repurchase	利率招标 Interest rate bidding	7 天 7-day	1 000	1 000	2.20
2020.08.24	周一 Monday	逆回购 Repurchase	利率招标 Interest rate bidding	14 天 14-day	600	600	2.35
2020.08.25	周二 Tuesday	逆回购 Repurchase	利率招标 Interest rate bidding	7 天 7-day	2 500	2 500	2.20
2020.08.25	周二 Tuesday	逆回购 Repurchase	利率招标 Interest rate bidding	14 天 14-day	500	500	2.35
2020.08.26	周三 Wednesday	逆回购 Repurchase	利率招标 Interest rate bidding	7 天 7-day	2 000	2 000	2.20
2020.08.27	周四 Thursday	逆回购 Repurchase	利率招标 Interest rate bidding	7 天 7-day	1 000	1 000	2.20
2020.08.28	周五 Friday	逆回购 Repurchase	利率招标 Interest rate bidding	7 天 7-day	500	500	2.20
2020.08.31	周一 Monday	逆回购 Repurchase	利率招标 Interest rate bidding	7 天 7-day	200	200	2.20
2020.09.01	周二 Tuesday	逆回购 Repurchase	利率招标 Interest rate bidding	7 天 7-day	200	200	2.20
2020.09.02	周三 Wednesday	逆回购 Repurchase	利率招标 Interest rate bidding	7 天 7-day	200	200	2.20
2020.09.03	周四 Thursday	逆回购 Repurchase	利率招标 Interest rate bidding	7 天 7-day	1 200	1 200	2.20

续表

日期 Date		操作工具 Mode of transaction	招标方式 Mode of bidding	期限品种（天）Maturity (Day)	招标数量（亿元）Bidding amount (RMB 100 million)	交易量（亿元）Transaction volume (RMB 100 million)	中标利率（%）Interest rate of successful bidding (%)
2020.09.04	周五 Friday	逆回购 Repurchase	利率招标 Interest rate bidding	7 天 7-day	1 000	1 000	2.20
2020.09.07	周一 Monday	逆回购 Repurchase	利率招标 Interest rate bidding	7 天 7-day	1 000	1 000	2.20
2020.09.08	周二 Tuesday	逆回购 Repurchase	利率招标 Interest rate bidding	7 天 7-day	1 700	1 700	2.20
2020.09.09	周三 Wednesday	逆回购 Repurchase	利率招标 Interest rate bidding	7 天 7-day	1 200	1 200	2.20
2020.09.10	周四 Thursday	逆回购 Repurchase	利率招标 Interest rate bidding	7 天 7-day	1 400	1 400	2.20
2020.09.11	周五 Friday	逆回购 Repurchase	利率招标 Interest rate bidding	7 天 7-day	900	900	2.20
2020.09.14	周一 Monday	逆回购 Repurchase	利率招标 Interest rate bidding	7 天 7-day	800	800	2.20
2020.09.16	周三 Wednesday	逆回购 Repurchase	利率招标 Interest rate bidding	7 天 7-day	1 200	1 200	2.20
2020.09.17	周四 Thursday	逆回购 Repurchase	利率招标 Interest rate bidding	7 天 7-day	1 100	1 100	2.20
2020.09.18	周五 Friday	逆回购 Repurchase	利率招标 Interest rate bidding	7 天 7-day	1 100	1 100	2.20
2020.09.18	周五 Friday	逆回购 Repurchase	利率招标 Interest rate bidding	14 天 14-day	600	600	2.35
2020.09.21	周一 Monday	逆回购 Repurchase	利率招标 Interest rate bidding	7 天 7-day	1 000	1 000	2.20
2020.09.21	周一 Monday	逆回购 Repurchase	利率招标 Interest rate bidding	14 天 14-day	400	400	2.35
2020.09.22	周二 Tuesday	逆回购 Repurchase	利率招标 Interest rate bidding	7 天 7-day	2 000	2 000	2.20
2020.09.22	周二 Tuesday	逆回购 Repurchase	利率招标 Interest rate bidding	14 天 14-day	1 500	1 500	2.35
2020.09.23	周三 Wednesday	逆回购 Repurchase	利率招标 Interest rate bidding	7 天 7-day	1 000	1 000	2.20
2020.09.23	周三 Wednesday	逆回购 Repurchase	利率招标 Interest rate bidding	14 天 14-day	1 000	1 000	2.35
2020.09.24	周四 Thursday	逆回购 Repurchase	利率招标 Interest rate bidding	14 天 14-day	1 200	1 200	2.35
2020.09.24	周四 Thursday	中央银行票据 Central bank bills	利率招标 Interest rate bidding	6 个月 6-month	100	100	2.68
2020.09.25	周五 Friday	逆回购 Repurchase	利率招标 Interest rate bidding	14 天 14-day	900	900	2.35
2020.09.27	周日 Sunday	逆回购 Repurchase	利率招标 Interest rate bidding	14 天 14-day	200	200	2.35
2020.09.28	周一 Monday	逆回购 Repurchase	利率招标 Interest rate bidding	14 天 14-day	400	400	2.35
2020.09.29	周二 Tuesday	逆回购 Repurchase	利率招标 Interest rate bidding	14 天 14-day	1 000	1 000	2.35
2020.09.30	周三 Wednesday	逆回购 Repurchase	利率招标 Interest rate bidding	14 天 14-day	500	500	2.35

附录四 世界主要经济体经济和金融指标

Appendix 4 Economic and Financial Indicators of Major Economies

一、经济增长率

1. Economic Growth Rate

世界经济增长率

World economic growth rate

单位：% Unit: %

国际组织 International organization	增长率 Growth rate	2019	2020 年预计 Projection in 2020		
			2020	2021	2022
国际货币基金组织 IMF	按购买力平价方法计算的实际 GDP 增长率 Real GDP growth rate based on PPP	3.0	-4.4	5.2	4.2
世界银行 World Bank	按 2005 年不变价及市场汇率法计算的实际 GDP 增长率 Real GDP growth rate based on 2005 constant price and market exchange rate	2.6	-5.2	4.2	2.7

数据来源：国际货币基金组织、世界银行、Wind。

Sources: IMF, the World Bank, Wind.

世界经济增长率

World economic growth rate

单位：% Unit: %

年 Year	国际货币基金组织按购买力平价方法计算的实际 GDP 增长率 Real GDP growth rate based on PPP (IMF)	世界银行按 2005 年不变价及市场汇率法计算的实际 GDP 增长率 Real GDP growth rate based on 2005 constant price and market exchange rate (WB)
2000	4.8	4.4
2001	2.5	1.9
2002	3.0	2.2
2003	4.0	3.0
2004	5.4	4.4
2005	4.9	3.9
2006	5.6	4.4
2007	5.7	4.3
2008	3.0	1.9
2009	0.0	-1.7
2010	5.4	4.3
2011	4.2	3.1
2012	3.5	2.5
2013	3.5	2.7
2014	3.6	2.8
2015	3.5	2.8
2016	3.4	2.5
2017	3.8	3.1
2018	3.6	3.0
2019	3.0	2.6
2020*	-4.4	-5.2
2021*	5.2	4.2
2022*	4.2	2.7

注：*为预测数。

数据来源：国际货币基金组织、世界银行、Wind。

Note: *Projection.

Sources: IMF, the World Bank, Wind.

世界经济增长

World economic growth

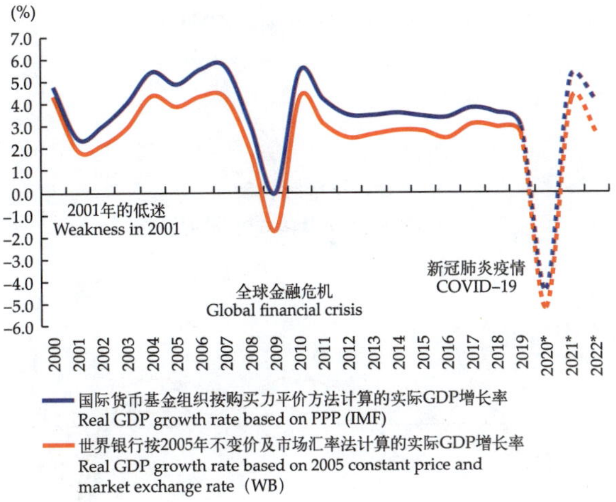

注：*为预测数。

数据来源：国际货币基金组织、世界银行、Wind。

Note: *Projection.

Sources: IMF, the World Bank, Wind.

GDP年度增长率
Annual growth rate of GDP

单位：% Unit: %

年 Year	美国 U.S.	日本 Japan	欧元区 Euro Area	英国 U.K.
2003	2.5	1.4	0.8	2.8
2004	3.6	2.7	2.1	3.3
2005	2.9	1.9	1.6	1.8
2006	2.8	2.4	2.8	2.8
2007	1.8	1.7	3.0	2.4
2008	-0.3	-1.1	0.4	-0.5
2009	-2.8	-5.4	-4.5	-4.2
2010	2.5	4.2	2.1	1.7
2011	1.6	-0.1	1.6	1.5
2012	2.2	1.5	-0.9	1.5
2013	1.7	2.0	-0.2	2.1
2014	2.6	0.4	1.3	3.1
2015	2.9	1.4	2.1	2.3
2016	1.5	1.0	1.8	1.8
2017	2.4	1.9	2.5	1.8
2018	2.9	0.8	1.9	1.4
2019	2.4	0.9	1.2	1.2
2020*	-4.3	-5.3	-8.3	-9.8
2021*	3.1	2.3	5.2	5.9

注：*为IMF预测数。
数据来源：各经济体官方统计网站、Wind。
Note: * IMF Projection.
Sources: Official statistical websites of the economies, Wind.

GDP季度环比折年率
Quarter-on-quarter annualized growth rate of GDP

单位：% Unit: %

年 / 季度 Year/Quarter	美国 U.S.	日本 Japan	欧元区 Euro Area	英国 U.K.
2016Q3	2.2	0.5	1.8	1.9
2016Q4	2.0	1.2	1.9	1.8
2017Q1	2.3	1.5	2.1	2.2
2017Q2	2.2	1.7	2.4	1.9
2017Q3	3.2	2.2	2.8	1.8
2017Q4	3.5	2.4	2.8	1.6
2018Q1	2.5	1.3	2.4	1.1
2018Q2	3.5	1.5	2.2	1.3
2018Q3	2.9	0.1	1.6	1.6
2018Q4	1.1	0.3	1.2	1.5
2019Q1	3.1	0.9	1.3	2.1
2019Q2	2.0	0.9	1.2	1.3
2019Q3	2.1	1.3	1.2	1.0
2019Q4	2.1	-6.3	0.2	0.1
2020Q1	-5.0	-2.3	-14.1	-9.7
2020Q2	-31.4	-28.8	-39.5	-58.7
2020Q3	33.1	21.4	60.5	

数据来源：各经济体官方统计网站、Wind。
Sources: Official statistical websites of the economies, Wind.

GDP年度增长率
Annual growth rate of GDP

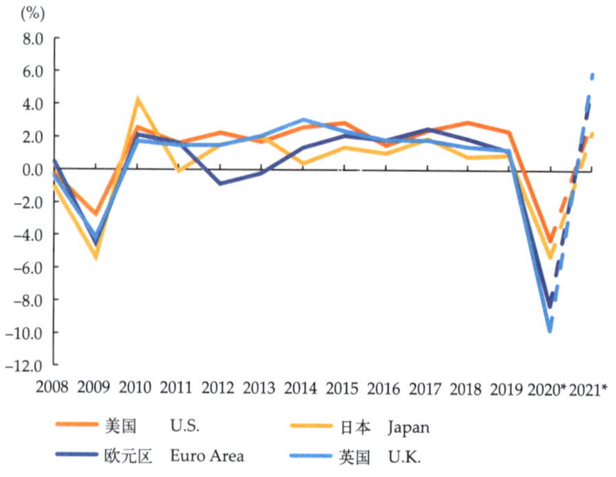

注：*为IMF预测数。
数据来源：各经济体官方统计网站、Wind。
Note: * IMF Projection.
Sources: Official statistical websites of the economies, Wind.

GDP季度环比折年率
Quarter-on-quarter annualized growth rate of GDP

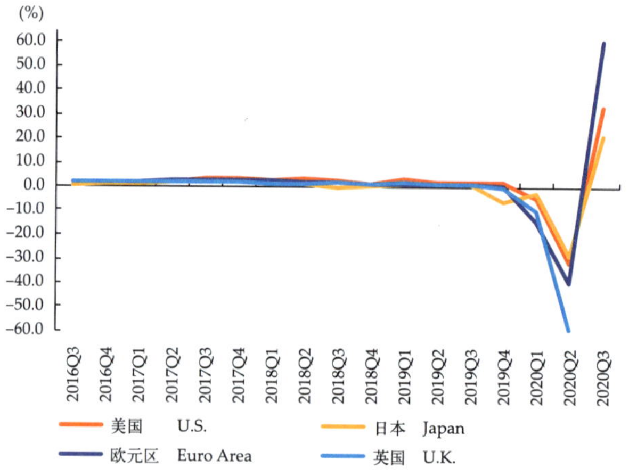

数据来源：各经济体官方统计网站、Wind。
Sources: Official statistical websites of the economies, Wind.

二、消费价格指数
2. CPI

消费价格当月同比指数
Monthly CPI (YOY)

单位：% Unit: %

年 / 月 Year/Month	美国 U.S.	日本 Japan	欧元区 Euro Area	英国 U.K.
2019.07	1.8	0.5	1.0	2.1
2019.08	1.7	0.3	1.0	1.7
2019.09	1.7	0.2	0.8	1.7
2019.10	1.8	0.2	0.7	1.5
2019.11	2.1	0.5	1.0	1.5
2019.12	2.3	0.8	1.3	1.3
2020.01	2.5	0.7	1.4	1.8
2020.02	2.3	0.4	1.2	1.7
2020.03	1.5	0.4	0.7	1.5
2020.04	0.3	0.1	0.3	0.8
2020.05	0.1	0.1	0.1	0.5
2020.06	0.6	0.1	0.3	0.6
2020.07	1.0	0.3	0.4	1.0
2020.08	1.3	0.2	-0.2	0.2
2020.09	1.4	0.0	-0.3	0.5

数据来源：各经济体官方统计网站、Wind。
Sources: Official statistical websites of the economies, Wind.

消费价格当月同比指数
Monthly CPI (YOY)

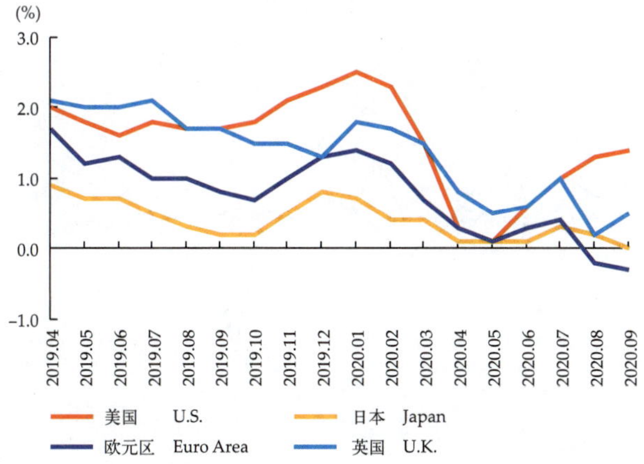

数据来源：各经济体官方统计网站、Wind。
Sources: Official statistical websites of the economies, Wind.

三、失业率
3. Unemployment Rate

失业率（季节调整后）
Unemployment rate (after seasonal adjustment)

单位：% Unit: %

年 / 月 Year/Month	美国 U.S.	日本 Japan	欧元区 Euro Area	英国 U.K.
2019.07	3.7	2.3	7.6	3.8
2019.08	3.7	2.3	7.5	3.9
2019.09	3.5	2.4	7.6	3.8
2019.10	3.6	2.4	7.5	3.4
2019.11	3.5	2.2	7.5	3.4
2019.12	3.5	2.1	7.4	3.4
2020.01	3.6	2.3	7.3	3.4
2020.02	3.5	2.3	7.3	3.4
2020.03	4.4	2.6	7.4	3.5
2020.04	14.7	2.8	7.5	5.8
2020.05	13.3	2.9	7.7	7.4
2020.06	11.1	2.8	7.8	7.3
2020.07	10.2	2.9	8.1	7.4
2020.08	8.4	3.0	8.3	7.5
2020.09	7.9	3.0	8.3	7.4

数据来源：各经济体官方统计网站、Wind。
Sources: Official statistical websites of the economies, Wind.

失业率（季节调整后）
Unemployment rate (after seasonal adjustment)

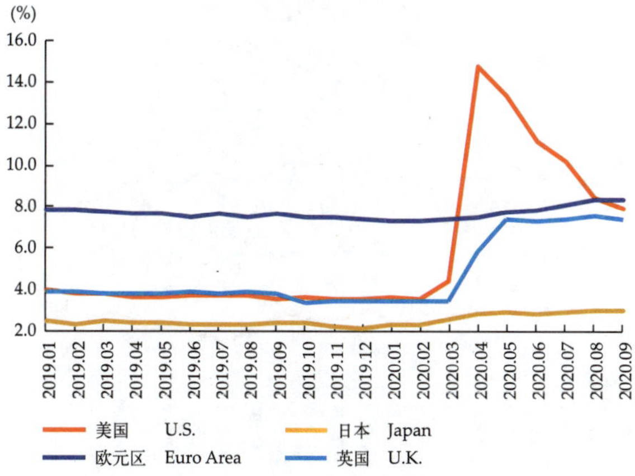

数据来源：各经济体官方统计网站、Wind。
Sources: Official statistical websites of the economies, Wind.

四、国际收支
4. BOP

经常项目差额
Current account balance

单位：10亿
Unit: billion

年 / 季度 Year/Quarter	美国（美元）U.S. (USD)	日本（日元）Japan (JPY)	欧元区（欧元）Euro Area (EUR)	英国（英镑）U.K. (GBP)
2015Q3	−109.19	4 991.10	76.12	−20.39
2015Q4	−98.39	3 305.50	70.59	−31.29
2016Q1	−112.44	6 087.20	82.56	−27.78
2016Q2	−103.32	4 899.00	99.75	−25.38
2016Q3	−106.79	6 146.40	84.74	−30.72
2016Q4	−105.81	4 258.40	81.77	−20.12
2017Q1	−104.30	6 364.80	85.50	−16.63
2017Q2	−122.87	4 759.20	52.95	−20.61
2017Q3	−99.71	7 202.40	110.91	−17.57
2017Q4	−112.77	4 280.30	101.08	−17.49
2018Q1	−114.00	5 932.90	99.92	−18.02
2018Q2	−107.31	4 993.10	102.96	−18.65
2018Q3	−125.74	5 694.40	74.83	−19.61
2018Q4	−143.93	2 601.80	81.08	−26.59
2019Q1	−136.19	5 954.10	92.19	−37.39
2019Q2	−125.21	4 567.60	70.39	−24.15
2019Q3	−125.38	5 715.50	36.01	−19.92
2019Q4	−104.32	3 855.30	64.41	−13.25
2020Q1	−111.52	5 801.60	51.30	−20.81
2020Q2	−170.54	1 416.20	43.33	−2.76

数据来源：各经济体官方统计网站、Wind。
Sources: Official statistical websites of the economies, Wind.

资本项目差额
Capital account balance

单位：10亿
Unit: billion

年 / 季度 Year/Quarter	美国（美元）U.S. (USD)	日本（日元）Japan (JPY)	欧元区（欧元）Euro Area (EUR)	英国（英镑）U.K. (GBP)
2015Q3	0.00	−65.20	5.35	−0.43
2015Q4	0.00	−47.10	10.86	−0.75
2016Q1	−0.06	−561.80	−0.74	0.31
2016Q2	0.00	3.70	−2.07	−0.31
2016Q3	−0.09	−86.40	0.95	−0.95
2016Q4	0.00	−98.80	3.37	−0.75
2017Q1	−0.06	−67.00	−6.55	−0.09
2017Q2	−0.10	−135.30	−13.52	−0.55
2017Q3	19.14	−20.30	−2.77	−0.41
2017Q4	−0.04	−57.40	3.14	−0.52
2018Q1	0.00	−97.50	6.17	−0.17
2018Q2	−0.01	−63.50	−0.46	−0.81
2018Q3	0.52	−21.70	3.04	−0.24
2018Q4	2.72	−29.80	−42.35	−1.31
2019Q1	0.00	−42.90	−4.20	−0.05
2019Q2	0.00	−94.70	−15.06	−0.21
2019Q3	−0.01	−198.60	−0.05	−0.30
2019Q4	−2.02	−73.00	−2.61	−0.48
2020Q1	−2.97	−71.10	0.06	−0.18
2020Q2	−1.05	−21.60	−4.75	−0.10

数据来源：各经济体官方统计网站、Wind。
Sources: Official statistical websites of the economies, Wind.

经常项目差额
Current account balance

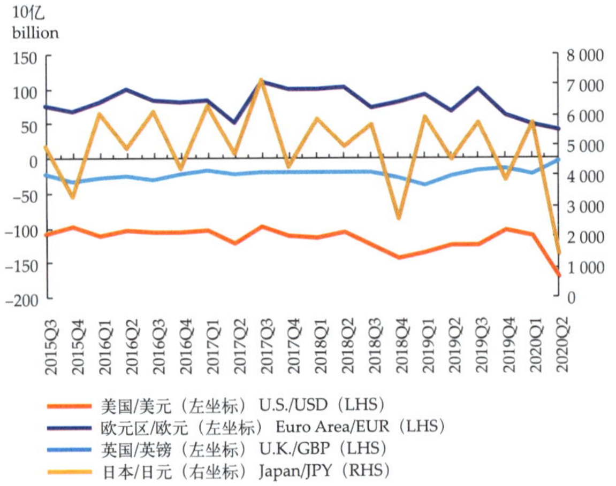

数据来源：各经济体官方统计网站、Wind。
Sources: Official statistical websites of the economies, Wind.

资本项目差额
Capital account balance

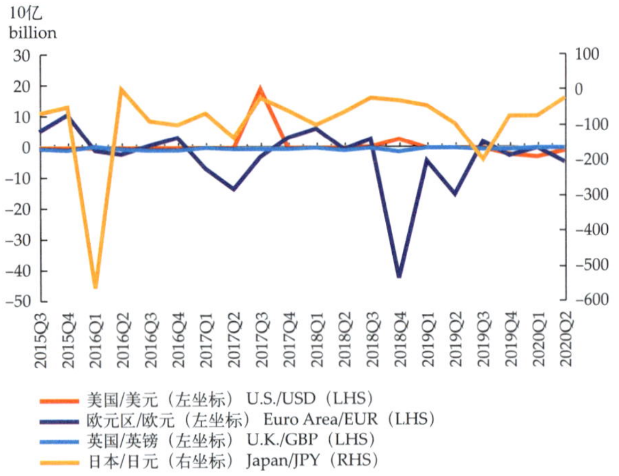

数据来源：各经济体官方统计网站、Wind。
Sources: Official statistical websites of the economies, Wind.

金融项目差额
Financial account balance

单位：10亿
Unit: billion

年 / 季度 Year/Quarter	美国（美元） U.S. (USD)	日本（日元） Japan (JPY)	欧元区（欧元） Euro Area (EUR)	英国（英镑） U.K. (GBP)
2015Q3	36.35	−5 644.30	−93.70	32.69
2015Q4	33.97	−4 525.40	−115.02	36.95
2016Q1	104.23	−9 168.40	−56.49	28.04
2016Q2	17.02	−7 195.80	−82.42	29.22
2016Q3	197.61	−10 981.50	−115.94	41.78
2016Q4	63.19	−1 260.20	−105.13	19.81
2017Q1	67.23	−5 550.40	−94.36	3.95
2017Q2	151.70	−4 886.00	−8.04	17.82
2017Q3	116.32	−5 165.40	−121.29	31.69
2017Q4	22.32	−3 038.30	−112.75	25.61
2018Q1	93.38	−7 590.80	−91.15	19.62
2018Q2	133.10	−5 226.10	−80.40	18.70
2018Q3	57.38	−4 486.40	−94.42	19.20
2018Q4	161.62	−2 701.60	−63.15	25.65
2019Q1	36.73	−8 816.90	−60.92	28.24
2019Q2	213.38	−6 522.00	−16.21	28.26
2019Q3	76.42	−6 542.40	−51.73	42.25
2019Q4	29.35	−2 341.70	−63.86	21.63
2020Q1	143.06	−6 798.30	−11.61	0.98
2020Q2	82.57	−2 037.20	−6.00	28.91

数据来源：各经济体官方统计网站、Wind。
Sources: Official statistical websites of the economies, Wind.

金融项目差额
Financial account balance

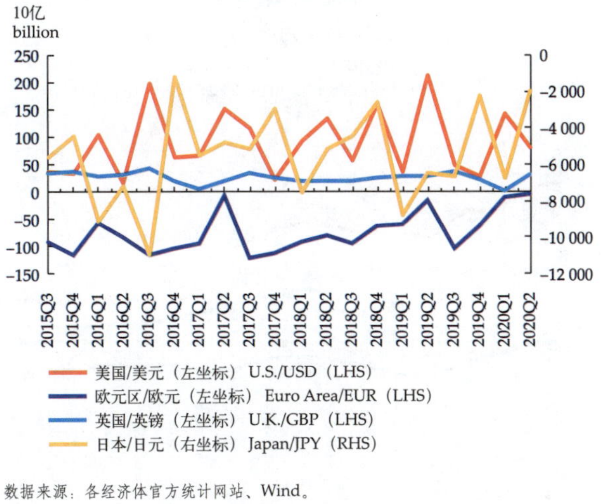

数据来源：各经济体官方统计网站、Wind。
Sources: Official statistical websites of the economies, Wind.

五、利率
5. Interest Rates

1. 中央银行政策利率
(1) Central bank policy rates

中央银行政策利率
Central bank policy rates

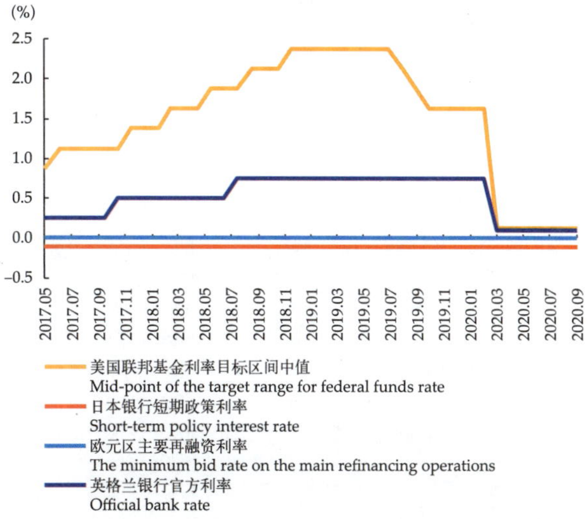

数据来源：各经济体官方统计网站、国际清算银行。
Sources: Official statistical websites of the economies, BIS.

2. 短期利率
(2) Short-term interest rates

3个月期银行间市场拆借利率
（年率，月平均）
3-month inter-bank rate
(annualized, monthly average)

单位：% Unit: %

年 / 月 Year/Month	美元 USD	日元 JPY	欧元 EUR	英镑 GBP
2019.07	2.29	0.07	−0.36	0.77
2019.08	2.16	0.07	−0.41	0.76
2019.09	2.13	0.07	−0.42	0.77
2019.10	1.98	0.07	−0.41	0.78
2019.11	1.90	0.07	−0.40	0.79
2019.12	1.91	0.07	−0.39	0.79
2020.01	1.55	0.07	−0.39	0.74
2020.02	1.54	0.07	−0.41	0.75
2020.03	0.30	0.07	−0.42	0.53
2020.04	0.14	0.07	−0.25	0.64
2020.05	0.13	0.07	−0.27	0.33
2020.06	0.16	0.07	−0.38	0.19
2020.07	0.13	0.11	−0.44	0.10
2020.08	0.10	0.03	−0.48	0.07
2020.09	0.11	0.08	−0.49	0.06

数据来源：各经济体官方统计网站、Wind。
Sources: Official statistical websites of the economies, Wind.

3. 长期利率
(3) Long-term interest rates

10年期国债收益率
（年率，月平均）
10-year government bond yield
(annualized, monthly average)

单位：% Unit: %

年 / 月 Year/Month	美元 USD	日元 JPY	欧元 EUR	英镑 GBP
2019.07	2.06	−0.14	−0.30	0.83
2019.08	1.63	−0.23	−0.59	0.58
2019.09	1.70	−0.22	−0.53	0.60
2019.10	1.71	−0.16	−0.40	0.64
2019.11	1.81	−0.09	−0.28	0.76
2019.12	1.86	−0.01	−0.22	0.83
2020.01	1.76	−0.02	−0.24	0.72
2020.02	1.50	−0.06	−0.39	0.63
2020.03	0.87	−0.02	−0.46	0.46
2020.04	0.66	0.00	−0.35	0.36
2020.05	0.67	0.00	−0.40	0.27
2020.06	0.73	0.03	−0.35	0.28
2020.07	0.62	0.03	−0.43	0.21
2020.08	0.65	0.04	−0.45	0.27
2020.09	0.68	0.03	−0.46	0.27

数据来源：各经济体官方统计网站、Wind。
Sources: Official statistical websites of the economies, Wind.

3个月期银行间市场拆借利率
（年率，月平均）
3-month inter-bank rate
(annualized, monthly average)

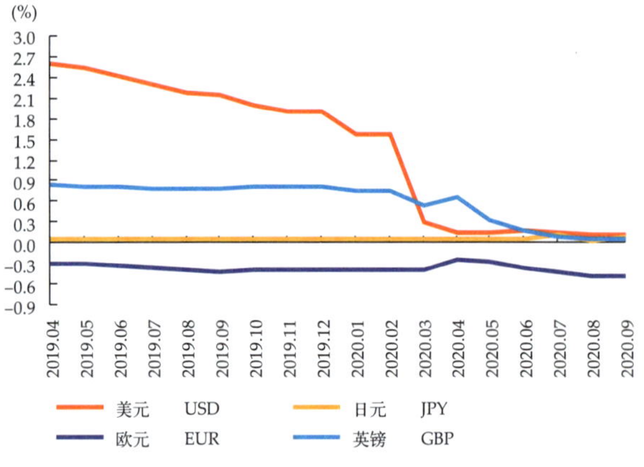

数据来源：各经济体官方统计网站、Wind。
Sources: Official statistical websites of the economies, Wind.

10年期国债收益率
（年率，月平均）
10-year government bond yield
(annualized, monthly average)

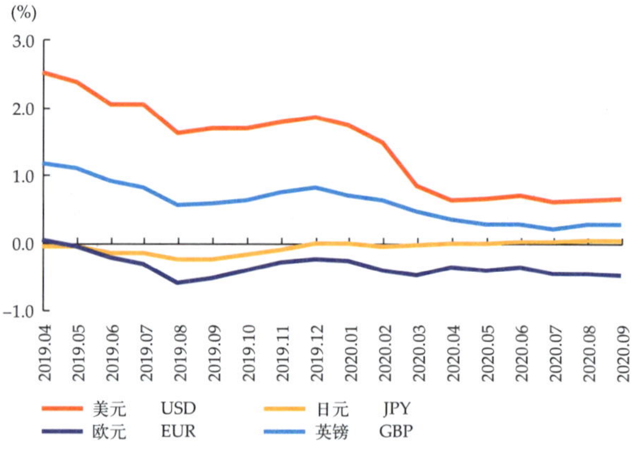

数据来源：各经济体官方统计网站、Wind。
Sources: Official statistical websites of the economies, Wind.

六、汇率
6. Exchange Rates

汇率（月平均）
Exchange rates (monthly average)

年 / 月 Year/Month	美元 / 欧元 USD/EUR	美元 / 英镑 USD/GBP	日元 / 美元 JPY/USD
2019.07	1.1218	1.2470	108.24
2019.08	1.1126	1.2146	106.27
2019.09	1.1004	1.2361	107.48
2019.10	1.1058	1.2657	108.14
2019.11	1.1051	1.2884	108.86
2019.12	1.1114	1.3109	109.10
2020.01	1.1098	1.3076	109.27
2020.02	1.0911	1.2953	110.03
2020.03	1.1046	1.2369	107.67
2020.04	1.0871	1.2420	107.74
2020.05	1.0907	1.2302	107.20
2020.06	1.1259	1.2523	107.58
2020.07	1.1488	1.2701	106.68
2020.08	1.1831	1.3143	106.01
2020.09	1.1785	1.2947	105.59

数据来源：各经济体官方统计网站、Wind。
Sources: Official statistical websites of the economies, Wind.

实际有效汇率（月平均，2010年=100）
Real effective exchange rates
(monthly average, year 2010=100)

年 / 月 Year/Month	美元 USD	欧元 EUR	日元 JPY	英镑 GBP
2019.07	115.6	91.0	76.7	95.8
2019.08	117.4	91.6	79.3	94.3
2019.09	117.8	90.7	78.5	96.6
2019.10	118.1	93.2	78.1	99.3
2019.11	117.4	92.2	77.1	101.4
2019.12	116.5	92.4	76.6	102.4
2020.01	115.9	90.7	75.7	101.9
2020.02	117.3	89.9	75.6	102.6
2020.03	121.4	94.0	78.8	98.2
2020.04	123.9	94.5	80.0	100.1
2020.05	123.4	94.6	80.3	99.0
2020.06	120.9	95.8	78.5	98.3
2020.07	120.2	96.0	78.4	98.6
2020.08	118.7	97.2	78.0	99.8
2020.09	117.8	97.1	77.8	99.0

数据来源：各经济体官方统计网站、Wind。
Sources: Official statistical websites of the economies, Wind.

汇率（月平均）
Exchange rates (monthly average)

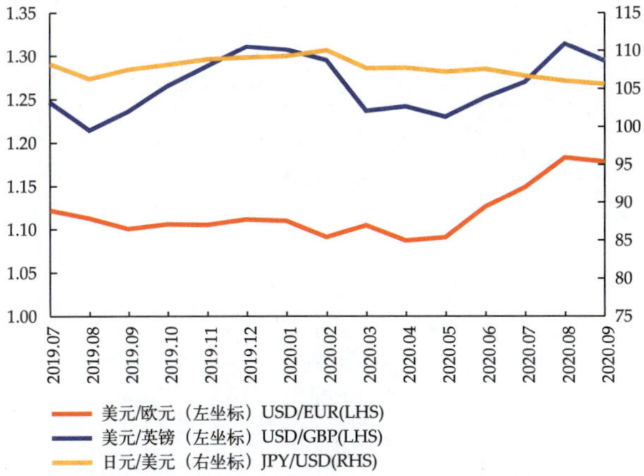

数据来源：各经济体官方统计网站、Wind。
Sources: Official statistical websites of the economies, Wind.

实际有效汇率（月平均，2010年=100）
Real effective exchange rates
(monthly average, year 2010=100)

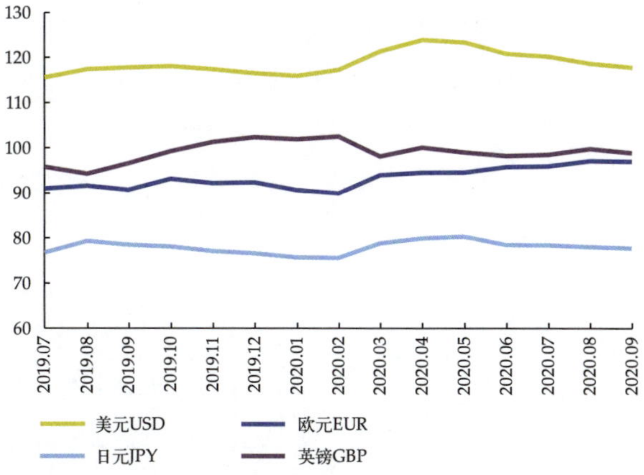

数据来源：各经济体官方统计网站、Wind。
Sources: Official statistical websites of the economies, Wind.

七、股票市场指数
7. Stock Market Indices

主要股票市场指数（期末）
Major stock market indices (end-period)

年 / 月 Year/Month	美国道琼斯 30 种股票平均价格指数 Dow Jones 30	纳斯达克综合指数 NASDAQ	日本日经 225 种股票平均价格指数 Nikkei 225	道琼斯欧元区 STOXX50 股票指数 Dow Jones EURO STOXX 50
2019.07	26 864	8 175	21 522	3 467
2019.08	26 403	7 963	20 704	3 427
2019.09	26 917	7 999	21 756	3 569
2019.10	27 046	8 292	22 927	3 267
2019.11	28 051	8 665	23 294	3 345
2019.12	28 538	8 973	23 657	3 403
2020.01	28 256	9 151	23 205	3 361
2020.02	25 409	8 567	21 143	3 060
2020.03	21 917	7 700	18 917	2 730
2020.04	24 346	8 890	20 194	2 853
2020.05	25 383	9 490	21 878	2 893
2020.06	25 813	10 059	22 288	2 989
2020.07	26 428	10 745	21 710	2 913
2020.08	28 430	11 775	23 140	2 955
2020.09	27 782	11 168	23 185	2 904

数据来源：Wind。
Source: Wind.

主要股票市场指数（期末）
Major stock market indices (end-period)

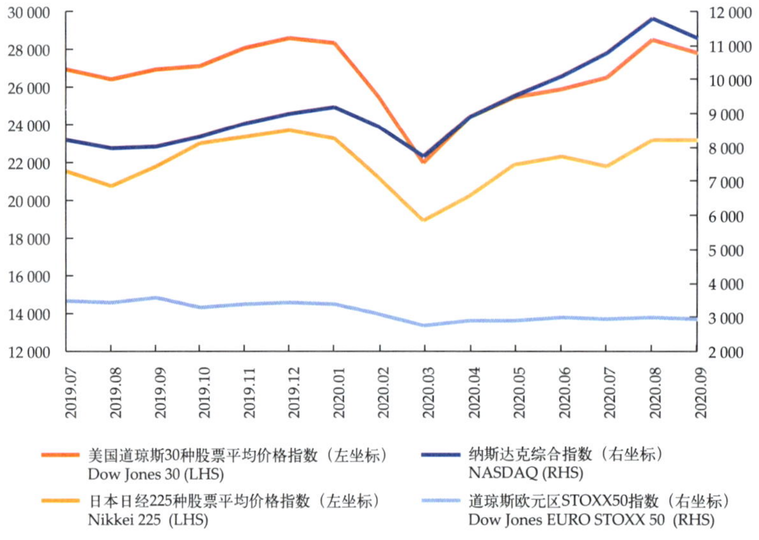

数据来源：Wind。
Source: Wind.